Werner Gilde

Dienstreisen mit Augenzwinkern

Werner Gilde

Dienstreisen mit Augenzwinkern

Erlebnisse auf vier Kontinenten

Mitteldeutscher Verlag
Halle · Leipzig

ISBN 3-354-00348-0

4. Auflage
Lizenz-Nr. 444-300/67/88 · 7001
Printed in the German Democratic Republic
Typografie: Peter Hartmann
Illustrationen und Einband: Rolf F. Müller
Gesamtherstellung: Karl-Marx-Werk Pößneck V15/30
Best.-Nr. 639 424 4

00980

Reisen ist heute nichts Besonderes. Die Düsenmaschinen bringen uns in 60 Minuten 950 Kilometer in irgendeiner Richtung über den Erdball. Die Zeit reicht gerade für einen eiligen Imbiß auf Kosten der Fluggesellschaft. Wenn die Reisenden eine Turboprop-Maschine benutzen müssen, fühlen sie sich deklassiert, weil diese Flugzeuge nur 650 Kilometer in einer Stunde zurücklegen.

Es ist aber erst 25 Jahre her, da galten 350 Kilometer in der Stunde als schnell, und ein großes Flugzeug hatte 25 oder 30 Sitze und nicht wie heute 300 oder gar 700.

Wenn der Reisende heute im Ausland ankommt, zeigt er seinen Reisepaß vor, und jeder Staat erkennt den Paß der DDR an. Ich machte viele Reisen in Länder, für deren Regierungen unser Staat damals juristisch nicht bestand. Inzwischen hat sich die Welt nicht nur in diesem Punkt geändert.

Bei den ersten Reisen in das Ausland ist noch zu bedenken, daß in den fünfziger Jahren der Weltkrieg mit seinen Folgen noch unmittelbar wirkte. Damals waren die Männer, die direkt am Krieg teilgenommen hatten, dreißig bis vierzig Jahre alt. Heute sind Generationen herangewachsen, die das Kriegsgeschehen nur aus Büchern und Filmen kennen.

Für die meisten Leser wäre es sicher sehr langweilig, wenn ich erzählen würde, was ich im Ausland fachlich zu tun hatte. Ich fühle mich auch nicht berufen, über die Kultur und Politik der besuchten Länder ein Urteil abzugeben. Dazu waren meine Aufenthalte viel zu kurz.

Was ich also schreibe, sind subjektive Eindrücke über Menschen und Sachen.

Ich bitte die Kollegen, die mich auf meinen Reisen begleiteten, um Verständnis, wenn ich ihre Namen im allgemeinen nicht nenne. Ich möchte ihnen ersparen, bei dem einen oder anderen Erlebnis zu sagen: »Das habe ich ganz anders in Erinnerung.«

Der lose Bolzen

Im Jahre 1954 dachten die Schweißfachleute in den sozialistischen Staaten über die Automatisierung der Schweißtechnik nach. Führend auf diesem Gebiet war damals Professor Cabelka in Bratislava. Wir hatten im ZIS über diese Frage einiges veröffentlicht, und daher erhielten wir eine Einladung, an einer Tagung in Bratislava teilzunehmen, um dort über unsere Arbeiten zu sprechen.

Hier sei gleich etwas über die internationale Zusammenarbeit von Wissenschaftlern gesagt: Eingeladen wird nur, wer etwas zu bieten hat. Und nur wer selbst neue Informationen gibt, erhält im Austausch die Arbeitsergebnisse des anderen.

Die Redensart: Unsere Institute sind befreundet, ist eine hübsche Umschreibung für die Tatsache, daß die Institute oder einzelne Forscher gemeinsame oder sich ergänzende Interessen haben.

Das schließt natürlich eine Freundschaft zwischen einzelnen Persönlichkeiten nicht aus.

Vor uns standen damals viele neue Probleme. Wir wußten nicht, wie man zu einem Paß kommt; ein Visum für die ČSSR zu erhalten dauerte längere Zeit und erforderte viel Lauferei in Berlin. Auch die Wahl des Verkehrsmittels war nicht einfach. An die Benutzung eines Autos war nicht zu denken. Die Eisenbahnverhältnisse waren nicht verlockend. Also beschlossen wir zu fliegen.

Damals verkehrte die gute alte IL 12. Sie sah noch wie ein »richtiges« Flugzeug aus. Im Stand lag der Schwanz der Maschine dicht über dem Boden auf einem kleinen Rad. Der

Rumpf ging dann schräg in die Höhe. Wenn man sich hinsetzte, lag man halb in den Sesseln. Erst wenn die Maschine startete und eine bestimmte Geschwindigkeit erreichte, hob sich ihr Hinterteil, und der Kabinenboden lag waagerecht.

Nun hatten die Amerikaner zu dieser Zeit eine IL 12 der ČSA in Frankfurt am Main unter dem Vorwand festgehalten, sie sei nicht betriebssicher.

Wir besahen unsere Maschine in Schönefeld daher mit einem leichten Mißtrauen. Doch dann fanden wir, daß der Pilot ein genauso großes Interesse haben müßte wie wir, heil in Prag zu landen, und bestiegen das Flugzeug. Das ging ganz schnell und einfach über eine kleine Aluminiumleiter. Die großen Gangways waren noch nicht erfunden.

Wir vier vom ZIS waren die einzigen Passagiere.

Die Maschinen flogen damals in 2000 m Höhe. Wir konnten, da das Wetter klar war, jede Einzelheit an der Erde erkennen. Die Stewardeß war rührend um uns bemüht. Wir hatten in jeder Beziehung das Gefühl, als Passagier ein gern gesehener Gast der ČSA zu sein.

In den Pausen zwischen Essen und Trinken schaute jeder von uns durch ein Fenster auf die Erde. Dabei fiel unser Blick zufällig auf die Verbindungsstellen zwischen Rumpf und Flügel. Dort hatte sich ein Bolzen gelockert. Er vibrierte im Rhythmus der Motoren und drehte sich dabei langsam, aber deutlich wahrnehmbar immer weiter aus seinem Gewinde heraus.

Nun saßen wir alle vier auf der gleichen Seite und besahen uns den Bolzen. Natürlich wußten wir als Ingenieure, daß ein Bolzen nicht maßgebend für die Verbindungsfestigkeit zwischen Rumpf und Flügel ist (falls der Bolzen überhaupt etwas damit zu tun hatte). Aber wir waren ja nicht nur Ingenieure, sondern auch Passagiere und wußten, was sich in Frankfurt abgespielt hatte (obwohl es eine reine Schikane der Amerikaner im Zusammenhang mit einem entführten Flugzeug war).

Zu allem Überfluß brauten sich vor uns schwarze Wolken hinzusammen, und gleich darauf flogen wir in ein Gewitter hinein.

Heute überfliegen die Maschinen mühelos solche atmosphärischen Störungen. Sie sind auch ziemlich unempfindlich gegen vertikale Luftströmungen. Ganz anders die leichten alten Flugzeuge. Sie spürten in 2000 m Höhe noch die Aufwinde an einem Waldrand. Noch mehr wirkten sich die Turbulenzen einer Gewitterfront aus. Es ging wie im Fahrstuhl bergab. Der Magen saß direkt unter der Zunge. Gleich darauf drückten uns riesige Kräfte in unseren Sessel, das Flugzeug wurde hochgeschleudert. Der Bolzen war draußen in Regen und Wolken nicht mehr zu sehen. Unser Interesse an ihm verschwand auch sehr schnell, weil der Magen wieder hochgedrückt wurde.

Zum Glück dauerte das Ganze nur wenige Minuten. Dann war der Himmel wieder klar, der Bolzen saß immer noch im Gewinde, und vor uns tauchten die Türme von Prag auf.

Etwas grün im Gesicht, aber vergnügt gingen wir ins Flughafengebäude. Ich muß noch daran erinnern, daß die imposanten Gebäude auf den Flughäfen in Berlin und Prag damals noch nicht gebaut waren. Bei den kleinen Maschinen und der geringen Flugfrequenz waren große Abfertigungsanlagen überflüssig. Dafür kam damals das Gepäck schneller vom Flugzeug zum Passagier. Die Paß- und Zollformalitäten waren langwierig und gründlich. Wie sinnlos sie sind, merkt man am besten, wenn sie aufgehoben werden und die Staaten trotzdem nicht zusammenbrechen.

Dann teilte uns der Service von ČSA mit, daß heute kein Flugzeug mehr nach Bratislava flöge. Für uns wären Zimmer im *Alcron* reserviert, auf Kosten der Fluggesellschaft natürlich.

Hier muß ich einfügen, daß ich in Berlin im Hotel von »Mutter Henke« in der Tieckstraße übernachtete. Mit Frühstück zahlte ich dann morgens 6,50 Mark. In Prag kamen wir nun in ein Hotel, in dem der Empfangschef mühelos aus dem Tschechischen ins Englische oder Französische überging und – nach einem kurzen Zögern – auch fließend deutsch sprach.

Der Speisesaal war auch eine Nummer vornehmer als die Ecke in der Kneipe bei Mutter Henke, wo es bestenfalls Bratkartoffeln mit Ei gab. Die ganze Feinheit der böhmischen Küche wurde von Speiseträgern, Kellnern, Weinkellnern und Oberkellnern zelebriert. Dazu spielte eine Kapelle dezente Wiener Weisen (die Elektronik für Musiker war in Mitteleuropa noch unbekannt).

Nun fällt ein Ausländer, selbst wenn er gar nichts sagt, überall auf. Damals erschienen wir in Prag bedeutend exotischer, als heute in Berlin ein Sioux-Indianer wirken würde. Der Kapellmeister ließ nur noch deutsche Lieder spielen. Als wir klatschten, kam er an unseren Tisch, stellte sich vor und fragte nach unseren musikalischen Wünschen. Außerdem lud er uns für den nächsten Tag zu einer Stadtbesichtigung ein.

Herr Gottwaldow, so hieß unser neuer Bekannter, wußte über das alte Prag sehr gut Bescheid. Als er merkte, daß ich mich für die Historie interessierte, zeigte er uns immer weitere Ecken, Winkel und Bauwerke, in denen sich die Geschichte der Stadt Prag, die Geschichte von Böhmen und die Geschichte des Heiligen Römischen Reiches Deutscher Nation abgespielt hatten.

Ich habe vor jeder Auslandsreise nachgelesen, was es über das betreffende Land Wissenswertes gab. Es ist immer gut, wenn man sich etwas in der Geschichte auskennt, wenn man weiß, wieviel Tonnen Stahl jährlich produziert werden, wenn man die wichtigsten Schriftsteller des Landes kennt oder sogar gelesen hat. Wichtig erscheint mir auch, daß man ungefähr über die Beziehungen des Gastlandes zu Deutschland im Laufe der Jahrhunderte informiert ist.

So wanderten wir einen Tag lang mit Herrn Gottwaldow durch Prag und sprachen über den Golem, den Rabbi Löw, die Karlsuniversität, den Dreißigjährigen Krieg und den Komponisten Smetana. In einem Antiquariat machte er uns mit einem Verkäufer bekannt: von Thurn und Taxis.

»Von der Familie, die das Postmonopol hatte?« fragte ich. Herr von Thurn und Taxis war hocherfreut, jemanden zu finden, der die postalischen Verdienste seiner Familie kannte, und hielt sofort einen kleinen Vortrag über die Leistungen seiner Vorfahren.

Um 1500 erhielt einer der Ururväter von Herrn von Thurn und Taxis vom Kaiser Maximilian den Auftrag, eine Postverbindung (damals sagte man natürlich noch nicht Post) zwischen dem Kaiserhof in Wien und dem Kronprinzen Philipp in Brüssel herzustellen. Wahrscheinlich sagte Majestät huldvoll: »Machen Sie schnell mal eine Verbindung, mein Lieber«.

Als Philipp dann König von Spanien wurde, verlängerte man die Verbindung weiter bis Madrid.

Uns erfüllt mit Staunen, daß als erstes eine Auslandspost geschaffen wurde.

Bereits 1516 gingen Postillone von Brüssel nach Neapel, Rom und anderen Städten. Die Postboten legten durchschnittlich über 150 Kilometer am Tag zurück. Das ist zu Pferde oder im Wagen eine beachtliche Strecke, die nur mit Pferdewechsel zu schaffen war. Eine Pferdestation (so erwähnt Herr von Thurn und Taxis in einem Nebensatz) heißt aber im Italienischen Posta, woraus unser Name Post entstanden sei.

Genau nach 100 Jahren Postdienst, also 1615, erhielt die Familie den erblichen Titel »Generaloberpostmeister«.

Natürlich waren es die Preußen, die dem österreichischen Generaloberpostmeister Ärger bereiteten. Sie gründeten 1649 sozusagen eine Gegenpost. Andere Landesfürsten, vor allem in Norddeutschland, folgten. Einmal war an der Post Geld zu verdienen, und zum anderen eröffnete ein eigener Postdienst die Möglichkeit, den Briefwechsel der Untertanen zu kontrollieren. Ganz moderne Fürsten ließen sogar alle Briefe erst einmal öffnen und lesen, bevor sie übermittelt wurden. (Die letzten Anmerkungen stammen nicht von Herrn von Thurn und Taxis, sondern von mir).

Der Krieg zwischen Österreich und Preußen beendete den Postdienst von Thurn und Taxis auch in Süddeutschland.

Wir bedankten uns bei Herr von Thurn und Taxis für die interessanten Erzählungen aus seiner Familiengeschichte, beschlossen jedoch, in einem Geschichtsbuch noch einmal nachzulesen.

Tatsächlich war alles so, wie wir es in Prag erfuhren. Nur ein Punkt war dem Nachkommen des Generaloberpostmeisters entfallen: Der preußische Staat zahlte 1868 drei Millionen Taler Entschädigung an die fürstliche Familie.

Gegen Abend flogen wir nach Bratislava weiter. 1954 lagen weder um Prag noch um Bratislava die breiten Gürtel der Beton-Vorstädte. Hatte Prag uns mit einer überwältigenden Fülle historischer Bauten empfangen, so war in Bratislava alles eher intim und auch etwas südlich lässiger.

»Jeder echte Preßburger spricht slowakisch, ungarisch und deutsch, und zwar alles mit Fehlern«, so versicherte man uns bereits auf dem Flugplatz. Wir stutzten natürlich über Preßburg. Es war die Zeit, wo in der DDR peinlichst darauf geachtet wurde, von Warszawa, Praha und natürlich Bratislava zu sprechen (nur der Name Peking blieb, obwohl kein Chinese ihn versteht).

Natürlich spielten unsere Schuldgefühle aus dem Kriege bei solchen Ausdrücken eine Rolle. Aber die Slowaken, mit denen wir zusammenkamen, hängten die Frage der deutschen Kriegsschuld nicht daran auf, ob man (auf deutsch) Preßburg oder Bratislava sagte.

Andererseits lernten wir zu unserer Überraschung, daß genau zwischen tschechisch und slowakisch unterschieden wurde. Bei den Vorträgen auf der Tagung kamen abwechselnd Forscher aus Böhmen und aus der Slowakei zu Wort. Für mich war es das erste Mal, daß ich einem Nationalitätenproblem gegenüberstand. Wir gingen damals alle von Stalins Schrift: »Über die Nationalitätenfrage« aus und glaubten, zumindest in den sozialistischen Ländern gebe es keinerlei Probleme zwischen den Nationalitäten eines Landes mehr.

Im Tagungsprogramm war für uns Ausländer ein Empfang beim Vorsitzenden irgendeiner hohen Behörde vorgesehen. Ich habe die Amtsbezeichnung im Laufe der Jahre vergessen. Der Vorsitzende residierte in einem kleinen Schloß mit einem Wachposten und einer repräsentativen Auffahrt davor.

Es war ein drückend heißer Tag. Wir waren alle in feierli-

chen schwarzen Anzügen. Der Schweiß rann uns unterm Hemd über den Rücken.

Der Vorsitzende empfing uns in einem großen Barocksaal. Sein Schreibtisch stand in der einen Ecke. Zu meinem Erstaunen blieb er hinter seinem Tisch stehen. Wir mußten zu ihm hingehen und wurden ihm vorgestellt. Dabei machte er einen etwas verlegenen Eindruck und schien nicht recht zu wissen, was er tun sollte.

Wir standen also zwanglos (wie man so schön sagt) vor seinem Tisch und schwitzten. Sekt wurde herumgereicht, und wir transpirierten noch mehr. Die Reden waren der Hitze entsprechend kurz und lustlos. Der Vorsitzende stand immer noch hinter seinem Tisch und legte sein Gewicht abwechselnd vom linken auf das rechte Bein.

Dann erfolgte schon die Verabschiedung. Ich machte auch

meine schönste Verbeugung. Aber dann trat ich schnell einen Schritt zur Seite und schaute hinter den Schreibtisch. Mit Mühe konnte ich das Lachen unterdrücken. Der Vorsitzende hatte wegen der Hitze »Marscherleichterung« gemacht. Seine obere Körperhälfte war korrekt bekleidet. Aber seine untere Hälfte steckte in leichten Leinenhosen, und an den strumpflosen Füßen trug er Sandalen.

Deshalb war er nicht hinter seinem Tisch hervorgekommen. Ich lernte inzwischen eine ganze Reihe von Leuten kennen, die ihre Besucher hinterm Schreibtisch empfangen. Natürlich sehe ich dann immer nach, welche Hosen und Schuhe sie anhaben. Und wenn sie nicht einen so guten Grund haben wie der slowakische Vorsitzende, dann sage ich, was ich so allgemein über Höflichkeit denke.

Auf der Vortragsveranstaltung prallten die Meinungen hart aufeinander. Die Hauptfrage war, ob sich die Schweißtechnik überhaupt automatisieren lasse. Das war nicht nur eine Frage, wie die Zukunft aussehen würde. Auch die Forschungsrichtung der nächsten Jahre hing von der Antwort ab.

Ich stand mit meiner Ansicht, die Schweißtechnik müsse automatisiert werden, ziemlich allein da. Am Schluß der Tagung nahm Professor Cabelka mich zur Seite und sagte: »Junger Freund, glauben Sie mir, es ist nicht möglich, den Automatisierungsgrad höher als zehn bis fünfzehn Prozent zu treiben. Ihre Vorstellungen von dreißig Prozent sind — nehmen Sie es nicht übel — einfach Unsinn!«

Cabelka war eine Generation älter als ich, und sein Wort hatte Gewicht. Ich antwortete, daß bisher noch niemand den Versuch gemacht hätte, neue Automaten zu erfinden. Es sei Aufgabe eines Forschers, alles zu probieren, was denkbar sei, damit er wisse, was noch machbar ist. Cabelka lachte und meinte, ich würde ja sehen, wohin ich mit dieser Einstellung käme.

Drei Jahre später war die DDR das Land mit dem höchsten Automatisierungsgrad der Schweißtechnik in der Welt.

Für mich sind die Fachleute der ČSSR die ersten gewesen, die uns nach dem Kriege einluden und uns die internationale Zusammenarbeit ermöglichten.

Jenseits des Urals

Hühnersuppe ist nicht jedermanns Sache. Mir persönlich ist Hühnersuppe ein Greuel. Hühnersuppe unmittelbar nach drei Stunden Luftkrankheit (dem fliegerischen Gegenstück der Seekrankheit) beeinflußt mein Innenleben katastrophal.

Wir Deutschen neigen, unsere Gesundheit betreffend, zum Pessimismus. Selten antwortet einer auf die Frage nach dem werten Befinden, dieses sei sehr gut oder mindestens gut. Meistens wird über ein Übel geklagt. Aus dieser Grundhaltung kommt auch die Frage: »Waren Sie seekrank? oder luftkrank?«

Von Kapitän Pacho, dem Hafenkapitän von Uska, lernte ich die optimistische Formulierung: Sind Sie seegesund?

Jedenfalls war ich, wie die meisten Passagiere, die an einem windigen Herbsttag ostwärts flogen, durchaus nicht luftgesund, sondern höchst elend und mit Gott, der Aeroflot und dem Schicksal eines Dienstreisenden völlig unzufrieden.

Das Flugzeug roch nach Treibstoff und Desinfektionsmitteln. Auf den Einfall, man könne die Kabine vor dem Flug heizen, war noch niemand gekommen. So war bereits beim Start ein fröstelndes Mißempfinden vorprogrammiert. Als in der Luft die Heizung eingeschaltet wurde, begannen unsere feuchten Mäntel einen unangenehmen Dunst abzusondern. Dazu tanzte die Maschine immer auf und ab.

Die Stewardeß war vollauf damit beschäftigt, die bekannten grauen Tüten einzusammeln und neue auszugeben.

In Vilnius wankte ein gutes Dutzend bleicher Gestalten

ins Freie. Doch zum Luftschnappen war keine Zeit. Höflich, aber energisch leitete man uns in das Flughafengebäude.

Die kleinen Maschinen der damaligen Zeit machten die Unterbrechung des Fluges Berlin – Moskau auf halbem Wege in Vilnius erforderlich. Wer um neun Uhr Ortszeit Berlin verließ, rechnete: drei Stunden bis Vilnius, dort zwei bis drei Stunden Aufenthalt, weitere drei Stunden bis Moskau und schließlich zwei Stunden Abfertigung und Fahrt in die Innenstadt. Das waren elf Stunden. Dazu noch zwei Stunden Zeitverschiebung. Man kam gerade rechtzeitig zu einem späten Abendbrot in Moskau an.

Daher hatte Aeroflot in Vilnius ein Mittagessen eingeplant. Ich weiß nicht, ob es immer so war, aber nach meiner Erinnerung und nach Erkundigungen, die ich bei Reisenden der damaligen Zeit einzog, gab es in Vilnius stets, immer und auf jeden Fall Huhn.

Der Verpflegungsfachmann der Aeroflot ging von der an sich richtigen Annahme aus, daß die meisten Passagiere nur selten einen Flug buchten. Daher würde es niemand stören, wenn es täglich (oder mindestens sehr oft) Huhn in suppiger, gebratener oder gekochter Form gäbe.

Wie fast alle Flughafengebäude in der SU, die kurz nach dem Krieg gebaut wurden, war auch in Vilnius ein flaches Gebäude mit einem höheren Mitteltrakt errichtet worden. Und wie überall erhob sich auf dem Mitteltrakt spitz und ohne einen besonderen Zweck ein Türmchen. Meistens befand sich im Mittelgebäude die Empfangshalle mit Säulen und einer geschwungenen Treppe. Aber diese Halle war »die gute Stube« und nur besonderen Fällen vorbehalten.

Wir mußten jedenfalls in das Seitengebäude. In einem großen Raum, dessen grüner Ölanstrich sehr gut zu unserer Gesichtsfarbe paßte, durften wir uns hinsetzen und warten. Vor jeder der beiden Türen stand ein Posten und paßte auf, daß keiner von uns verlorenging. Hinter einem Schalter saß ein

Offizier und musterte sorgfältig Seite für Seite unsere Pässe. Über dem Ganzen lag eine bedrückende Stille. Schließlich rief ein Oberleutnant unsere Namen auf, verglich unser Gesicht nochmals mit dem Paßbild und gab uns unsere Reisepapiere zurück. Der eine Posten öffnete die Tür und machte eine entsprechende Handbewegung, den Raum zu verlassen. Wir gingen durch den Kuppelbau des Flughafens, stiegen eine Treppe hinauf und betraten den Speisesaal. Hier war für uns mit einem großen Aufwand an Kristall, Silber und Porzellan gedeckt. Die Chefin, eine sehr vollbusige Dame, leitete aus dem Hintergrund eine Kellnerschar an. Dann begann das berühmte Vilniuser Hühneressen.

In Moskau warteten auf dem Flughafen unser Dolmetscher und ein Vertreter unserer Botschaft auf uns. So selten waren damals Reisende, daß die Botschaft sich noch um sie kümmern konnte.

Im Hotel Sowjetskaja besah sich der Empfangschef nochmals unsere Pässe.

»Ihr Bundeskanzler Adenauer wohnt auch in diesem Hotel«, erklärte er uns.

Über den Dolmetscher machten wir ihm klar, daß Adenauer nicht unser Bundeskanzler sei.

Der Empfangschef blätterte nochmals die Pässe durch. Dann ging ein Leuchten über seine Züge.

»Ah, Walter Ulbricht.«

Wir verzichteten darauf, ihm die staatsrechtliche Stellung von Walter Ulbricht zu erläutern, dazu waren wir viel zu müde.

Beim Gang durch die Stadt sah man, daß überall gelesen wurde, daß die Menschen optimistisch und unkonventionell waren und daß überall modernste Methoden eingeführt wurden.

Ein Beispiel hierfür war mein Schweißerkollege Nowoshilow, den wir in Moskau besuchten. Er entwickelte die Grund-

lage der CO_2-Schweißung, die heute das wichtigste Schweißverfahren darstellt.

Zwar waren in Deutschland bereits 1924 Versuche auf diesem Gebiet gemacht worden. Sie waren aber erfolglos. Die Metallurgen wiesen nach, daß aus theoretischen Erwägungen das Schweißen unter CO_2 überhaupt nicht möglich sei.

Nowoshilow setzte sich über alle Bedenken hinweg und umging die theoretischen Schwierigkeiten.

Anders ausgedrückt: Alle Fachleute sahen 30 Jahre lang die Schwierigkeiten, Nowoshilow sah die Möglichkeiten.

Moskau zeigte ein pulsierendes Leben, in dem alt und neu unmittelbar nebeneinander standen. Wir genossen die Sehenswürdigkeiten. Die Touristenströme hatten die Stadt noch nicht erobert, sogar für das Bolschoi-Theater gab es ohne Schwierigkeiten Karten. Ich habe in den fünfziger Jahren fleißig alle Opernhäuser in Moskau, Leningrad, Kiew, Swerdlowsk, Tbilissi und Nowosibirsk (um die bedeutendsten zu nennen) besucht. Die Karten gab es leicht, schwieriger war es, die Fragen der Einheimischen zu beantworten.

»Finden Sie nicht auch, daß unser Ballett besser ist als das in Moskau?«

Ich habe immer viel Diplomatie benötigt, um die richtigen Antworten zu finden. Erschwert wurde die Sache noch, wenn der gleiche Dolmetscher (aus Moskau) die gleiche Frage in zwei verschiedenen Städten übersetzen mußte.

Auf der gleichen Ebene liegen Fragen, ob Kiew schöner sei als Moskau oder Leningrad. Selbst sehr intelligente Sowjetbürger in leitender Stellung möchten gerne hören, daß »ihre Stadt« die schönste oder grünste aller Städte im großen Sowjetland ist.

Ich antworte dann immer salomonisch, daß Theater, Städte, Flüsse und Parks sich nicht unmittelbar vergleichen lassen. Leningrad liegt am Meer und Taschkent in einer Wüstenzone. Auch die Menschen sind vom Temperament her verschieden. Daher ist die Auffassung eines usbekischen Regisseurs und eines usbekischen Städteplaners anders als die eines russischen in Leningrad. Das Argument befriedigt im allgemeinen.

Am ersten Tag in Moskau gingen wir zur Staatsbank, um unsere Kreditbriefe einzulösen.

Der Kassierer fragte: »Wollen Sie alles umtauschen?« Wir wollten, denn wir hatten keine Lust, in jeder größeren Stadt zur Staatsbank zu gehen und dort die langwierige Prozedur des Geldempfanges über uns ergehen zu lassen.

Aber wir hatten nicht bedacht, daß der Rubel damals ziemlich wertlos war. Der Kassierer zählte uns etwa 200 Scheine zu je 100 Rubel auf den Tisch. Uns blieb nichts übrig, als einen kleinen Koffer als Reisetresor zu nehmen.

Nach drei Wochen war das Geld alle. Daraufhin gingen wir zu unserer Botschaft und ließen uns einen Vorschuß über weitere zehntausend Rubel geben. So einfach war das damals!

Andere Dinge waren dafür viel komplizierter. Heute reise ich ins Ausland mit einer kleinen Tasche, in der sich zwei Hemden und etwas Wäsche befinden. In jedem Hotel gibt es die Möglichkeit, über Nacht die Wäsche zu waschen und zu trocknen. Aber die bügelfreien Hemden gab es erst in den sechziger Jahren. Vorher lagen im Koffer für jeden Tag ein Oberhemd, dazu kam die übrige Wäsche für vier Wochen, ein dunkler Anzug, schwarze Schuhe, sogar einen Schlafrock führte ich auf den ersten Reisen mit. Unser Gepäck lag bei der Flugabfertigung immer an der Obergrenze des zulässigen Gewichtes.

Unser Leben in Moskau entwickelte sich sehr angenehm, zu sehen gab es genug. Nur fachlich ging es nicht so recht weiter. Keine sowjetische Dienststelle wußte mit uns etwas anzufangen. Vor allem schien sich niemand für unsere geplante Reise zuständig zu fühlen. Besuche in einigen Instituten endeten mit höflichen Gesprächen im Direktorzimmer. Doch an die Fachleute kamen wir nicht heran.

Unser Dolmetscher vertröstete uns immer wieder mit: »Wir werden sehen« und »vielleicht morgen«. Aber dann erschien er eines Morgens mit verlegenem Gesicht: Wir sollen ins Ministerium kommen. Mehr war nicht aus ihm herauszuholen.

Vor der Tür eines der Hochhäuser mit vielen kleinen Türmchen auf dem Dach prüfte eine Wache sorgfältig unsere Papiere. Dann reichte sie uns weiter an einen Pförtner, der einen Einlaßschein ausfüllte. Dieser wurde dann an einer Tür zum Vorraum des Gebäudes nochmals geprüft und mit unseren Pässen verglichen.

Den nächsten Aufenthalt gab es an der Garderobe. Ich halte es für eine sehr gute Einrichtung, daß in sowjetischen Instituten und Ämtern die Mäntel am Eingang abgegeben werden. Der Garderobier fragte aber auch nach unseren Gummiüberschuhen. Als er merkte, daß wir ohne Galoschen von der Straße kamen, blickte er auf den glänzend gebohnerten Fußboden. Sein Gesicht ließ keinen Zweifel, er hielt uns für höchst unkultivierte Barbaren aus dem fernen Westen.

Dann schritten wir über endlose Korridore. Auf dem Parkett erstreckte sich ein grüner Läufer, und auf dem Läufer lag ein weißes Leinentuch. Wir hätten am liebsten unsere Schuhe ausgezogen und wären auf Strümpfen über die makellose Pracht geschritten.

Schließlich hielten wir vor einer der hohen Türen. Der Türdrücker befand sich in Kopfhöhe; er war aus Messing und auf Hochglanz poliert.

Es bedurfte schon einer ganzen Portion Selbstbewußtsein, um sich nicht klein und häßlich vorzukommen.

Der Raum, den wir nun betraten, war ebenfalls nicht geeignet, den Besucher aufzumuntern. Die Eingangstür befand sich an dem einen Ende und der Schreibtisch des Zimmerbewohners am anderen. Erfahrungsgemäß muß man bei einem Marsch durch so große Räume aufpassen, nicht über die eigenen Beine zu stolpern. An dem langen Konferenztisch saßen einige Männer mit betont uninteressierten Gesichtern. Unser Dolmetscher schrumpfte immer mehr zusammen. Die ganze Atmosphäre mußte ihn sehr beeindrucken.

Nach einer kurzen Vorstellung (natürlich verstanden wir keinen einzigen Namen) kam der Genosse, der in dem Zimmer residierte, gleich zur Sache.

»Sie haben den Wunsch geäußert, außer Moskau noch Swerdlowsk, Cherson, Kiew und Leningrad zu besuchen. Warum wollen Sie ausgerechnet nach Swerdlowsk?«

Nun hätte ich natürlich erklären können, daß wir aus der damals sehr spärlich in die DDR kommenden sowjetischen Fachliteratur den Eindruck gewonnen hätten, in Swerdlowsk sei ein Zentrum der Schweißtechnik. Dann wäre aber sicher die Frage gekommen, worauf sich dieser Eindruck aufbaue. Und daraus wären weitere Fragen entstanden, was wir über die Schweißtechnik in der UdSSR so alles wüßten. Das war zwar alles legal, aber es ist doch umständlich, den Nachweis zu führen, daß man nur ein harmloser Techniker sei.

Daher sagte ich, wir hätten gehört, die Sowjetunion begänne erst so richtig östlich von Moskau, und das wollten wir uns gerne einmal ansehen. Swerdlowsk sei die einzige östliche Industriestadt, deren Name uns geläufig sei, und in der Tagespresse seien Fotos von den großen Schreitbaggern aus dem URALMASCH veröffentlicht worden, die wir gerne sehen möchten.

Die Gründe waren alle richtig, nur ihre Reihenfole war etwas verschoben.

In späteren Jahren hörte ich in Sibirien oft: »Die aus dem Westen«, womit nicht etwa Bewohner kapitalistischer Länder gemeint waren, sondern solche, die in Moskau oder Kiew leben. Mein Wunsch, uns das Land östlich von Moskau anzusehen, erschien daher gar nicht so abwegig. Die Gesichter hellten sich auf, und es begann ein sehr freundschaftliches Gespräch. Am Schluß erhielten wir einen handtellergroßen Zettel mit einer schwungvollen Unterschrift und einem Stempel. Damit war unsere Reise bewilligt.

Vor dem Ministerium hatte ich den Eindruck, wir Deutschen brauchten einen starken Kaffee, und der Dolmetscher einen starken Tee. Nun war das Getränk Kaffee damals in Moskau weitgehend unbekannt. Für Fremde boten die Intourist-Hotels ein bräunliches Getränk an, das penetrant nach Mottenpulver schmeckte. Meistens gab es eine Zitronenscheibe dazu, entweder auf einem Extrateller oder gleich im Kaffee. Nur im Hotel »Prag« wurde ein trinkbarer Kaffee serviert. Wir begaben uns also dorthin und planten die weitere Reise.

Nach Swerdlowsk benutzten wir die Eisenbahn. Unser Dolmetscher protestierte anfangs, es sei zu weit, wir sollten fliegen. Ich führte eine Karte der UdSSR bei mir, die ich aus meinem Atlas herausgerissen hatte. Danach lag Swerdlowsk gar nicht so weit von Moskau entfernt. Ich glaube, die Tradition, sich russische Entfernungen nicht vorstellen zu können, geht auf den Schwedenkönig Karl XII. zurück. Ihm folgten in

der Fehleinschätzung französische und deutsche Generäle. Ihnen allen fehlte einfach eine Reise zwischen zwei nicht allzuweit auseinanderliegenden russischen Städten. Von Moskau bis Swerdlowsk sind es nur 2000 Kilometer. Auf dem kleinen Kartenblatt ist das keine große Strecke, aber in der herbstlichen Wirklichkeit waren es für uns gute zwei Tage Bahnfahrt. Inzwischen habe ich gelernt, was 1000 Kilometer in der SU sind, nämlich nichts.

Die Fahrt selbst war ein großes Erlebnis. Das Land zeigte sich im Übergang vom Herbst zum Winter von seiner schönsten Seite. Ich begriff durch diese Reise, warum in der UdSSR die Bahnfahrt zum Urlaubsort als Erholung gilt.

Wir reisten mit einem Hauptmann zusammen im gleichen Abteil. Gleich hinter Moskau zogen er und unser Dolmetscher Schlafanzüge an. Auch auf dem Gang liefen Männlein und Weiblein in Schlafanzügen herum.

»Im Zug fühlen wir uns wie zu Hause«, wurde mir erklärt. Nun ziehe ich zu Hause vormittags nie einen Schlafanzug an, aber wenn es Landessitte ist, wollte ich mich nicht ausschließen. Doch irgend etwas schien bei mir falsch zu sein, denn ich fing Blicke auf, die mich an den Ausdruck des Mannes in der Garderobe vom Ministerium erinnerten, als wir ohne Galoschen ankamen.

Also fragte ich den Dolmetscher.

Er druckste etwas herum: »Sie haben keinen Pyjama an.«

Ich schaute mir meinen einfarbigen blauen Schlafanzug an und sagte, ich hätte einen sehr schönen Pyjama an.

»Nein, das ist ein Schlafanzug und kein Pyjama.«

Ein Pyjama, geeignet für das Tragen in einem Weitstrekkenwagen, so wurde mir erklärt, müsse gestreift sein und nicht, wie meiner, einfarbig.

So belehrt, zog ich wieder Straßenkleidung an und widmete mich dem Anblick der Pyjamas der weiblichen Passagiere, die zum Teil sehr offenherzig waren.

Abends zogen wir Deutschen unsere Schlafanzüge an, die sowjetischen Reisenden zogen ihre Pyjamas aus und krochen in langen Unterhosen unter die Decke.

Für Unterhaltung im Wagen sorgte unser Hauptmann. Er weihte uns in die Geheimnisse des Kartenspiels Durak ein. Es entspricht etwa unserem Schwarzen Peter. Mit der richtigen Einstellung kann man sich dabei wunderbar entspannen. Zwischendurch erzählte der Hauptmann Witze. Die Russen sind ja Meister des politischen Witzes. In der Übersetzung verloren sich mitunter die Pointen. Aber der Hauptmann lachte so herzlich, daß es ansteckend war.

Ich beschloß damals, Russisch zu lernen. Vom ND war eine Art Lehrbuch für die Umgangssprache erschienen.

Bei meinem nächsten Besuch in der UdSSR sagte ich im Restaurant meine Wünsche fließend in Worten, die ich für die Landessprache hielt. Der Kellner sah mich nachdenklich und völlig verständnislos an. Dann ging ein Leuchten über sein Gesicht, und er fragte:

»Do you speak English?«

Unverzagt nahm ich am nächsten Morgen das Lehrbuch

mit zum Frühstück. Aber irgendwie hatte ich den falschen Dialekt. Schließlich hielt ich dem Kellner das Buch unter die Nase und zeigte mit dem Finger auf den Satz: Bringen Sie mir bitte zwei Spiegeleier.

»Ham and eggs? Yes Sir« war die Antwort.

Ich klappte das Buch ärgerlich zu.

»Welcher Idiot hat das bloß geschrieben? Das Berliner Russisch versteht hier kein Mensch.«

Da erhob sich vom Nebentisch ein offensichtlicher Nichtrusse und kam zu uns.

»Mein Name ist Steinitz. Ich bin der Idiot, der das Buch schrieb.«

Professor Steinitz nahm meine Bemerkung mit Humor auf. Im Ausland ist man immer geneigt, anzunehmen, daß keiner der Anwesenden deutsch versteht und man daher ungeniert Dinge sagen kann, die man zu Hause lieber herunterschluckt.

Überhaupt sprechen wir im Verhältnis zu slawischen Völkern meistens sehr laut und fallen daher auch auf. Ein Freund von mir aus Kiew gab einmal folgende Erkennungsmerkmale für Deutsche an: der preußische Haarschnitt, die Lautstärke beim Sprechen, das Hochziehen der Hosenbeine bis zur halben Wade (soweit gelten die Merkmale nur für Männer), das Auf-dem-Sprung-Stehen auf Bahnhöfen und Flugplätzen (für Frauen und Männer).

Inzwischen habe ich Russisch für den Hausgebrauch gelernt, aber zum Verständnis russischer Witze reichen meine Sprachkenntnisse auch heute noch nicht aus.

In Swerdlowsk empfing uns das Hotel »Bolschoi Ural« gastlich in seinen Räumen. Der Betrieb URALMASCH war technisch ein großes Erlebnis. Wir sahen viele neue Techniken, und uns wurde alles gezeigt. Der kleine handgeschriebene Zettel aus dem Ministerium wirkte Wunder.

Unsere sonstigen Erlebnisse in Swerdlowsk hingen alle irgendwie mit den Füßen zusammen.

Zuerst fuhren wir ein Stück in den Ural zu dem berühmten Stein, der die Grenze zwischen zwei Erdteilen darstellt. Das eine Bein stand in Asien und das andere in Europa. Der Ural ist an dieser Stelle etwa so sanft wie der Thüringer Wald. Der Wald ist auf beiden Seiten des Steines der gleiche. Trotzdem fühlt man sich innerlich erhoben, auf zwei Erdteilen gleichzeitig zu stehen.

Abends besuchten wir das Theater und sahen uns »Schwanensee« an.

Dabei lernte ich, daß dieses Ballett je nach Auffassung des Choreografen verschieden anfangen kann. Entweder beginnt es mit einem nicht getanzten Vorspiel, und das erste Bild ist das Fest am Königshofe. Oder das Vorspiel wird auch getanzt und zeigt, wie Odette Blumen pflückt und dabei in einen

Schwan verzaubert wird. In Swerdlowsk sahen wir die getanzte Version.

Nach dem Theater aßen wir im »Bolschoi Ural«. In Moskau hatten wir uns schon an die russische Sitte gewöhnt, während des Essens vor und zwischen den gedeckten Tischen zu tanzen. Hier in Swerdlowsk sahen wir zum erstenmal Rock and Roll in seiner »schrägsten« Form. Bei uns zu Hause wetterten die Zeitungen gegen das Produkt westlicher Dekadenz. Unsere Swerdlowsker Begleiter sahen das Problem nicht vom ideologischen Standpunkt. Sie meinten, diese Art des Tanzens mache Hunger und vor allem Durst. Daher sei Rock and Roll sehr gut.

Überhaupt habe ich in der UdSSR gefunden, daß die Menschen viel praktischer denken als wir Deutschen und nicht überall Grundsatzfragen sehen.

Zum letztenmal befaßten wir uns im Museum mit Füßen. Wir hatten den Palast der Demidows, den jetzigen Pionierpalast, besichtigt und uns die mit Ei angerührten Farben an den Wänden angesehen. Die Erzählung, daß bei historischen Bauwerken die Farben mit Ei angerührt waren oder der Mörtel mit Quark, fand ich bei meinen Reisen noch öfter. Vom Pionierpalast gingen wir ins Museum.

Sowjetbürger werden bereits in der Schule dazu erzogen, in guter Haltung den Ausführungen von Museumsführern zu lauschen. Wer in der UdSSR einen Zeigestock in der Hand hat, darf ungestört reden. Meine Geduld wird dabei auf das äußerste strapaziert, weil mir einmal die Erziehung in meiner Jugend gefehlt hat und weil Museumsführer meistens ihre Ausführungen nach dem Besucher richten, der am langsamsten begreift.

Daher war ich dankbar, als in die Führung der Museumsdirektor hineinplatzte. Er habe gehört, hier seien deutsche Besucher, ob wir es wären. Wir bestätigten, Deutsche aus der DDR zu sein.

»Fein«, sagte der Direktor. »Ich richte gerade eine Abteilung über den Großen Vaterländischen Krieg ein. Würden Sie mich bitte beraten?«

Ich wollte, wenn auch nicht gerade mit Begeisterung. Der Krieg war erst zehn Jahre her.

Das Museum hatte einige Kisten mit Beutewaffen erhalten, und der Direktor benötigte dazu Erklärungen, was es sei, wie sie benutzt wurden und welche Wirkung sie hatten. Schließlich führte er uns vor eine Vitrine und sagte: »Können Sie mir erklären, wer diese Stiefel benutzte? Es muß ja ein Riese von zwei Meter fünfzig gewesen sein.«

Im Kreml-Museum werden die Stiefel von Peter I. gezeigt, der auf einem wirklich großen Fuß lebte. Im Swerdlowsker Museum standen ein Paar Filzstiefel Größe 55–60. Wenn man sich vorstellte, diese Stiefel wären so getragen worden, wie der Museumsdirektor seine im Winter trug (unmittelbar über die Strümpfe), so hätte nur ein Riese darin gehen können. Ich konnte aber dem Direktor versichern, daß ganz normale Soldaten diese Überschuhe trugen. Sie traten mit ihren Lederstiefeln in die Filzschuhe hinein. Natürlich konnten sie mit dieser Stiefelkombination nicht gehen. Daher hat sie irgendein Posten bei einem Rückzug einfach stehenlassen.

Der Direktor schrieb alles auf, was ich erklärte. Wahrscheinlich erzählen die Museumsführer in Swerdlowsk heute ausführlich ihren geduldigen Zuhörern, was ich damals sagte.

Von Swerdlowsk nach Kiew flogen wir. Der Winter war inzwischen in weiten Teilen der Sowjetunion eingezogen, und es war schrecklich kalt in den Flugzeugen. Die fast 3000 Kilometer bis Kiew waren nahezu ein 24-Stunden-Flug.

In Kiew bahnten wir die Zusammenarbeit mit dem Paton-Institut an, dem größten Schweißinstitut der Welt. Diese Zusammenarbeit läuft nun nahezu 25 Jahre mit großem Erfolg. Der Institutsdirektor, Prof. Paton (Junior), ermöglicht mir Besuche von Werken mit besonders interessanten Techniken

und den Besuch besonders reizvoller Gegenden (mit russischer Exotik, wie er zu sagen pflegt).

Die Abreise von Kiew nach Cherson (am Dnepr) sollte früh am Morgen erfolgen. Das Büfett im Hotel hatte noch nicht geöffnet. Wir fuhren daher etwas früher zum Flughafen, um dort zu frühstücken. Doch aus irgendeinem Grunde arbeitete dort weder das Restaurant noch das Büfett. Außerdem lag der Flugplatz unter einer dichten Nebeldecke, und der Verkehr war eingestellt.

Nach sechs oder sieben Stunden stieg endlich unsere Maschine auf. Bei den Inlandstrecken gab es im Flugzeug nichts zu essen. Wir hockten hungrig in der Maschine und schmiedeten Essenpläne für Nikolajew, wo wir umsteigen mußten. Doch dort ließ man uns überhaupt nicht in das Flughafengebäude. Unsere Koffer, einschließlich des Koffers mit den vielen Rubeln, wurden direkt von Maschine zu Maschine verladen, und wir mußten gleich mit. Nun saßen wir in einem kleinen Doppeldecker mit sechs oder acht Plätzen und flogen in 200 Meter Höhe Richtung Cherson. Die Maschine bockte und schwankte im Herbstwind, und wir vergaßen für einige Zeit den Hunger.

In Cherson landeten wir auf einem Grasfeld. Ein LKW transportierte uns zu einer kleinen Baracke. Dort erwartete uns eine große Delegation der Chersoner Werft.

Der Direktor hielt eine Rede zur Begrüßung. Uns blieb nichts übrig, als auch eine entsprechende Rede zu halten. Allgemeines Händeklatschen.

»Die Mittagszeit ist vorbei«, meinte der Direktor, »wir sehen uns die Werft an, und anschließend essen wir richtig.«

In uns kämpften Höflichkeit und Hunger. Die Höflichkeit gewann.

Die Werft war wirklich sehenswert. In einer Halle entstand der Bug eines Schiffes, etwa 30 Meter lang. Wenn er fertig war, wurde er auf einem Wagen so weitergefahren, daß sein Anfang im Freien stand und sein Ende noch in der Halle. Hier baute man nun die nächsten 30 Meter und schob dann das Ganze entsprechend weiter. Schließlich stand dann ein 150 Meter langes Motorschiff vor der Halle auf einem riesigen Wagen.

Die Begeisterung über die Technik ließ uns Hunger und Durst vergessen. Dafür drängten unsere Gastgeber. Sie wollten mit uns eine »Kleinigkeit« essen.

Bevor wir uns setzten, gab es die berühmten sto Gramm Wodka. Nun gefällt mir Wodka von allen Dingen, die es in der UdSSR gibt, am allerwenigsten. 100 Gramm Schnaps 24 Stunden nach der letzten Mahlzeit sind schrecklich. Heute gebe ich vor solchen offiziellen Essen die Erklärung ab, mein Arzt hätte mir das Wodkatrinken verboten, ein Argument, das überall anerkannt wird. Aber man muß immer erst durch Schaden, oder in diesem Fall durch einen mächtigen Kater, klug werden.

Von allen Seiten wurden Trinksprüche ausgebracht, die wir beantworten mußten. Mit reichlichen Portionen von Sprotten in Öl gelang es, die Alkoholwirkung noch etwas einzudämmen. Ein Hoffnungsschimmer war, daß die sowjetischen Schweißer beim Sprechen auch schon reichliche Schwierigkeiten hatten.

Tatsächlich erhob sich der Werftdirektor »zu einem allerletzten Toast«. Er und seine Mitarbeiter müßten leider Schluß machen, daher tränke er auf unser Wohlergehen. Aber sein Stellvertreter und die Mitarbeiter aus der zweiten Schicht würden mit uns weiterfeiern.

Und während er und seine Kollegen aus der einen Tür hinaustaumelten, strömte zur anderen Tür eine neue Mannschaft hungrig, durstig und vor allem stocknüchtern herein. Der Rest des Abends und der folgende Morgen waren grauenhaft.

Ein gewissenhafter Betreuer verfrachtete uns am nächsten Mittag in den Zug nach Simferopol auf der Krim. Die Schaffnerin erkannte unseren Zustand. Sie versorgte uns mit starkem Tee und sauren Gurken, bis sich unser Befinden wieder normalisierte.

Inzwischen weiß ich, daß die meisten offiziellen Trinksprüche mit Selterswasser im Wodkaglas ausgebracht werden. Auch ist das Schnapstrinken in den meisten Ländern zurückgegangen. Und im Notfall berufe ich mich eben auf meinen Arzt.

Nach Simferopol waren wir nur gefahren, um das Wochenende totzuschlagen. Nun standen wir vor dem Bahnhof im Regen und dachten nach, was zu tun sei. Schließlich bestiegen wir ein Taxi und fuhren Richtung Schwarzmeer-Küste.

Zuerst ging es immer bergauf ins Jailagebirge. Der Regen ging in einen nassen Nebel über. Unser Fahrer brauste mit Gottvertrauen ohne Sicht durch die vielen Kurven. Dann erreichten wir den Gebirgskamm. Schlagartig blieben Regen und Nebel hinter uns, und vor uns lag eine sonnige Landschaft. In Jalta blühten noch die Rosen, und am liebsten hätten wir im Meer gebadet.

Aber wir mußten abends auf dem Flugplatz sein. Unser

Taxi schaffte es gerade noch rechtzeitig. Die wenigen Passagiere und ihr Gepäck wurden auf einen LKW verladen. Dieser raste durch Pfützen und Schlamm über den Rasen des Flugfeldes zu einer Maschine, stieß rückwärts gegen die Kabinentür, und wir konnten trockenen Fußes von der LKW-Plattform die Kabine betreten. Wenn ich heute mitunter zehn Minuten bei schlechtem Wetter vor der Gangway stehen muß, denke ich an die elegante Lösung dieses Problems von Simferopol.

Wir flogen nach Moskau zur Feier der Oktoberrevolution und später weiter nach Leningrad.

Wenn heute ein Reisender zum erstenmal nach Leningrad kommt, so ist er durch Film, Bücher und Erzählungen auf die Kunstschätze vorbereitet. Wir hatten nur eine dunkle Vorstellung von dem, was es zu sehen gab, und waren überwältigt.

An einem Nachmittag verließen wir die Stadt Richtung Pulkow und Puschkin (das damals noch nicht wieder aufgebaut war). Etwas abseits der Hauptstraße lag ein Dorf, und wir wollten es uns einmal ansehen. Unserem Dolmetscher war es zu kalt, und er blieb im Auto sitzen.

Wir streiften durch die Dorfstraßen. Vor einigen Häusern blieben wir auch stehen, um sie näher zu besehen. Einige Kinder folgten uns in einigem Abstand, dann kamen einige Frauen hinzu. Uns wurde die Aufmerksamkeit, die wir erregten, schon peinlich, und wir kehrten um zum Kraftwagen. Inzwischen liefen aber aus mehreren Häusern Männer heraus. Wir wurden umringt und offensichtlich beschimpft, wenn wir auch nicht verstanden, was man sagte. Russische Frauen sprechen in einer hohen Tonlage, und wenn sie erregt sind, hört es sich für mich ziemlich hysterisch an.

Zum Auto ließ man uns nicht, sondern drängte uns zur Dorfmitte ab. Das Wort Miliz ertönte immer häufiger. Ich sah mich um, ob wir vielleicht versehentlich ein militärisches

Objekt betreten hätten. Das schien aber nicht der Fall zu sein.

Schließlich nahte die uniformierte Obrigkeit. Nach einer vielstimmigen Aufklärung über uns begann er uns zu befragen. Doch wir konnten nur die Schultern zucken und sagen: »nje ponemaju«. (Wir hatten also schon etwas Russisch gelernt). Nun kam unser Dolmetscher im Laufschritt angerannt. Das Gespräch konzentrierte sich auf ihn und den Milizionär. Die Dorfbevölkerung lauschte gespannt, und wir machten ein verständnisloses Gesicht. Schließlich allgemeines Aufatmen, und dann ein lautes Gelächter.

Im Dorf war mehrere Male eingebrochen worden. Uns hielt man für Angehörige der Diebesbande, die die Möglichkeit ausbaldowerten.

Wir mußten allen Bewohnern die Hand schütteln, und unter Winken bestiegen wir den Wagen und fuhren weiter.

Unser Dolmetscher ließ uns bis zum Schluß der Reise nur noch im Hotel alleine. In uns festigte sich der Eindruck, daß man etwas Russisch sprechen müßte.

Nach vier Wochen hatten wir viel erlebt. Alle Hemden waren schmutzig. Es ging heimwärts. Diesmal mit einer IL 14 der neuen Lufthansa (so hieß anfangs die Interflug).

Sobald wir gestartet waren, sagte die Stewardeß: »Sie wollen sicher einen Kaffee trinken. Alle Deutschen, die wir aus Moskau abholen, wollen Kaffee haben.«

Für die zehn Passagiere konnte ein individueller Service geleistet werden. Das Flugpersonal hatte viel Zeit und konnte sich um die Gäste kümmern.

Zwischenlandung war diesmal in Minsk.

»Wir werden essen und etwa drei Stunden hierbleiben«, sagte die Stewardeß. Also aßen wir (kein Huhn!). Dann überlegte ich, wie ich die zwei Stunden bis zum Weiterflug nutzen könne. Meine Haare waren ziemlich lang geworden. Auf dem Flugplatz war ein sehr schöner Frisiersalon, Rubel hatte ich auch noch. Daher vertraute ich meinen Kopf dem dortigen Meister an. Die Haare waren gewaschen, und die Schere begann ihr Werk, da ertönte aus dem Lautsprecher: Die Passagiere der Lufthansa nach Berlin bitte zur Abfertigung. Ich schaute in den Spiegel. Mit halbgeschorenem Kopf konnte ich nicht nach Hause fahren. Auch konnte ich dem Friseur nicht erklären, er solle sich beeilen.

Er schnitt das Haar noch ganz fachmännisch nur mit der Schere. Aber das geht natürlich viel langsamer als mit der Maschine.

»Mister Gilde zur Abfertigung«, rief der Lautsprecher. Als Luftreisender ist man ja ein Mister.

Der Friseur schnippelte an meinem Hinterkopf. Zwischendurch legte er Pause ein und besah wohlgefällig sein Werk.

Nun kam unsere Stewardeß hereingestürzt. Sie sah aber ein, daß ich nicht weg konnte. Zwar trieb sie den Friseur an, aber das Flugzeug mußte warten, bis wir mit dem Haarschnitt fertig waren.

Die Verkehrsdichte war damals so gering, daß keine Schwierigkeiten durch diese Verzögerung auftraten. Die sowjetischen Angestellten lachten, als sie von der Stewardeß hörten, warum ich verlorengegangen war. Auch der sowjetische Flugkapitän (die Piloten wurden zu Beginn der DDR-Luftfahrt von der UdSSR gestellt) besah sich nur meinen Haarschnitt und meinte dann: Sehr gut.

Auf dieser Reise sahen wir viele neue technische Verfahren. Wir lernten viel interessante Menschen kennen und schätzen. Wir bemerkten, daß sie ebenfalls ihre Probleme hatten. Jenseits des Urals wurde auch Brot gebacken, aber auch mit Wasser gekocht. Schließlich hatte sich noch herausgestellt, daß das ZIS den sowjetischen Fachkollegen Forschungsergebnisse anbieten konnte, die für sie interessant waren. Dadurch war eine enge Zusammenarbeit zum gegenseitigen Nutzen möglich geworden.

Ein Ständchen für die Königin

Vor dem Kriege lernte ich in der Schule acht Jahre lang Englisch. Der Studienrat betonte immer wieder, er lehre uns das Englisch von Shakespeare und Shaw, nicht etwa das Englisch von Kellnern und Kaufleuten, wie es an den Handelsschulen gelehrt würde. Als ich dann einmal bei Shakespeare im Originaltext nachschlug, konnte ich sein Englisch aus dem Jahre 1650 nicht verstehen. Bei Bernhard Shaw ging es schon besser. Gebraucht habe ich dann später das Englisch für Kellner, Polizisten, Kaufleute und Schweißtechniker. Sie benutzten grammatikalische Wendungen, die meinen alten Studienrat zur Note *vier und schlechter* veranlaßt hätten. Auch ihre Aussprache war weit von »the king's english« entfernt. Doch bei einigem guten Willen haben wir uns immer gegenseitig verstanden.

Weiter hatte ich in der Schule über England gelernt, daß es 25 Prozent der Erdoberfläche beherrsche. Ein Engländer konnte, wenn er wollte und genug Geld hatte, von Kairo bis Kapstadt durch Afrika reisen, ohne das Gebiet der englischen Kolonien zu verlassen. »Fest wie die Bank von England« oder »fest wie das englische Pfund« waren in meiner Jugend beliebte Vergleiche.

Ich lernte aber auch das Gedicht von Lord Byron über Englands Zerfall, dessen letzte Strophe lautet:

> Auch deine Macht wird einst ihr Ende seh'n
> Und du, der Erde Bollwerk, wirst vergeh'n.

Daß der Zerfall des Weltreiches so schnell gehen würde, hatte der Lord sicher nicht erwartet. Die Wirtschaftskrise von 1930 zerstörte den Ruf der Bank von England und des britischen Pfundes. In wenigen Jahren nach dem Weltkrieg II wurden immer mehr Kolonien selbständig. Aus dem Kaiserreich Indien mit dem englischen König an der Spitze wurden die Staaten Indien und Pakistan (und später Bangladesh). Die Kette der Kolonien und beherrschten Gebiete von Ägypten bis Südafrika zerriß. Als ich nach England reisen wollte, kämpfte gerade Kenia um seine Freiheit.

Wenn die englische Regierung auch genug Sorgen im eigenen Land hatte, so bestand sie doch damals darauf, die DDR als nicht existent zu betrachten. Das führte bei dem Austausch von Wissenschaftlern zu einigen Schwierigkeiten.

Die DDR war zwar »nicht vorhanden«, oder bestenfalls existierte sie als Sowjetische Besatzungszone, aber ihre Schweißfachleute waren führend auf dem Gebiet der automatischen Schweißverfahren.

Als wir in Weimar über diese Thematik eine Tagung veranstalteten, meldeten sich Fachleute aus England, USA, Frankreich und Italien an. Für uns war es ein schönes Beispiel, wie fachliche Leistung hilft, politischen Unsinn zu überwinden. Man darf ja nicht nur den einzelnen Besucher sehen, sondern muß auch an die vielen oft einflußreichen Leute denken, denen er über seine Reiseeindrücke mündlich und schriftlich berichtet.

Jedenfalls kam vom Abington Hall, dem Sitz des englischen Institutes für Schweißtechnik, ein Mister Smith. Er war sehr begeistert von der Tagung und einem Besuch im ZIS. Uns fiel er angenehm auf, wegen seiner klugen Diskussionen und wegen seiner roten Weste. Um 1960 waren farbige Westen modern, und Mr. Smith war in der Kleidung ein Gentleman, wie er in Filmen dargestellt wird.

Nach einem anstrengenden Tag saßen wir abends in der

Bar des »Elephanten« in Weimar, und so nach und nach gingen die Fachgespräche zu weniger ernsten Themen über. Schließlich wurde die Stimmung ausgesprochen vergnügt, und Mr. Smith zog seine Jacke aus. Dadurch kam der Vorteil seiner roten Weste besonders wirksam zur Geltung. Aber leider auch ihre Rückseite – und die war total zerschlissen.

An dem Abend in der Bar war das nicht weiter störend. Doch bei meiner Reise in das Vereinigte Königreich von Großbritannien und Nordirland mußte ich oft an den Widerspruch zwischen Westenvorderseite und -rückseite denken.

Bald nach dem Besuch von Mr. Smith kam eine Einladung aus England, an einer Tagung in Cambridge teilzunehmen und dort zu sprechen. Wir meldeten zwei Personen als Vortragende an und begannen, uns um die Reiseformalitäten zu bemühen.

Das Haupthindernis war das Britische Visa Office Board in Westberlin. Weil England (und andere Staaten) keine diplomatischen Vertretungen in der DDR hatten (und den Ausdruck Deutsche Demokratische Republik offiziell nicht kannten), mußten wir zu der alliierten Reisestelle. Der englische Mitarbeiter sah sich unsere Einladung an und sagte, er wolle sehen, was er für uns tun könne.

Zum Glück wußten wir, daß Engländer ungern *nein* sagen und dafür lieber die Formen eines unverbindlichen Versprechens wählen, das sie nicht einhalten wollen. Daher diskutierten wir weiter und drängten auf eine Entscheidung. Seufzend über diese Hartnäckigkeit holte der Mitarbeiter seinen Chef. Der ließ sich alles noch mal erklären und las die Einladung durch. Dann holte er den Oberchef (oder was auch immer sein Titel war).

Das Wort Cambridge übt auf den Engländer einen besonderen Zauber aus. Bei uns war es nun die berühmte Universität, in der die Tagung stattfinden sollte. Und in der Universität war als Tagungs- und Wohnort Downing-College vorgesehen. Dieses Downing-College war um 1800 herum von dem Mr. Downing gestiftet worden, nach dem die Downing-Street in London heißt (in Nummer 10 residiert der Premierminister).

Jedenfalls spitzte sich die Diskussion der drei auf das Downing-College zu. (Wir verstanden natürlich kein Englisch und machten völlig unbeteiligte Gesichter.) Schließlich entschied der Oberchef, wir dürften in England einreisen.

Mit dieser vorläufigen Entscheidung wanderten wir zum Allied Travel Office. Dort stellte uns ein freundlicher Franzose, Monsieur Grange, einen »vorläufigen Reiseausweis an Stelle eines Passes für deutsche Staatsangehörige« aus, und zwar in Englisch, Französisch und Deutsch. Mit diesem Paß gingen wir wieder zu den Engländern. Dort bestätigte ein Mister Mac Collins, daß wir einmal einreisen könnten, jedoch dürften wir weder bezahlte noch unbezahlte Arbeit annehmen. Besonders die Auflage, nicht umsonst zu arbeiten, fand meinen ungeteilten Beifall.

Nun brauchten wir nur noch darüber nachzudenken, wie

wir am einfachsten England erreichten. Für eine Flugreise ergaben sich fast unüberwindliche Schwierigkeiten. Der Flugplatz Schönefeld war vom internationalen Verkehr noch nicht so richtig entdeckt. Das Reisebüro stellte uns einen Plan für eine Fahrt mit dem Zug auf. Dafür benötigten wir aber wieder Visa für Belgien und Holland.

Der Chef de la Mission des Königreiches Belgien stempelte uns ein Transit-Visum in den Paß. Danach mußten wir ohne Aufenthalt durch das Land reisen, und außerdem wurde zusätzlich der freiwillige Aufenthalt (was damit auch immer im Verhältnis zu einer Reise ohne Aufenthalt gemeint war) ausdrücklich verboten, vorsichtshalber in französisch und flämisch. Das Ganze kostete 20 belgische Franken.

Nun brauchten wir nur noch das Consulat der Niederlande zu bemühen. Gegen 4,15 Westmark gestattete man uns dort eine zweimalige Durchreise innerhalb von 60 Tagen ohne besondere Auflagen, dafür aber auf holländisch, französisch und englisch.

Die Fachleute im Reisebüro hatten herausgefunden, der beste Weg nach England sei, zuerst nach Hamburg zu fahren, ab dort einen Schlafwagenzug zu benutzen, der bis Hoek van Holland fuhr, hier auf eine Fähre nach Harwich umzusteigen und dann mit dem Zug weiter nach London zu fahren.

Für die Fahrt durch Westdeutschland waren unsere Dokumente für den Interzonenverkehr gültig. Ab Holland zeigten wir den Beamten an der Grenze unseren »Vorläufigen Reiseausweis« usw., wobei die englisch Sprechenden unter *»Temporary Travel Document in lieu of passport for German Nationals«* nachsahen. Die französisch Sprechenden bevorzugten den Teil: »Titre de voyage provisoire tenant lieu de passeport pour personnes de nationalité allemande.«

An allen Grenzen drehten die Beamten das grüne Buch mit den drei Aufschriften unschlüssig hin und her. Dann riefen sie einen Vorgesetzten, der angestrengt auf holländisch, englisch und (auf der Rückseite) auf französisch nachdachte. Anschließend wurden wir durchdringend gemustert. Aber wir waren gut rasiert und trugen weiße Hemden mit Krawatten und machten für Leute, die aus einem nicht existierenden Lande kamen, einen guten Eindruck. Auch in den dicken Fahndungsbüchern von Interpol standen unsere Namen nicht. Daher nickte der jeweilige Vorgesetzte, und sein Untergebener stempelte den Paß ab.

Abends fuhr unser Zug, von Harwich kommend, durch endlose Vorstädte mit grauen Häusern, auf deren Dächern unzählige Schornsteine qualmten, bis zu einem der riesigen Londoner Bahnhöfe.

Den meisten Lesern wird das Gefühl bekannt sein: ein großer Bahnhof, man steigt aus, niemand erwartet einen, die anderen Reisenden stürzen zu den Ausgängen, man selbst bleibt zurück und fühlt sich sehr alleine.

Nach einer kleinen Besinnungspause nahmen wir unsere Koffer und gingen den Bahnsteig entlang. Jetzt, wo ich Zeit hatte, den Bahnhof genauer anzusehen, kam er mir bekannt vor. Tatsächlich, dort stand ein Zeitungskiosk, den ich ganz genau kannte. Nun fiel es mir ein, in englischen Kriminalfilmen pflegte der Detektiv von Scotland Yard hinter diesem Kiosk zu stehen und zu beobachten, wie der voraussichtliche Bösewicht sich mit dem unschuldigen, aber stark verdächtigen Mädchen aus besseren Gesellschaftskreisen traf.

Auch den Betrieb vor dem Bahnhof kannte ich. Die Autodroschken (man muß die viereckigen, hochbeinigen Fahrzeuge schon Droschken nennen) mit dem Platz für das Gepäck neben dem Fahrer, fuhren in langen Kolonnen an und ab. Und aus dem Wagen stieg tatsächlich die »alte grauhaarige Lady«, die im Film den entscheidenden Hinweis auf den Verbrecher gibt.

Schlimm war nur, daß alle Autos links fuhren. Ich habe mir damals angewöhnt, vor Überqueren der Straße laut den abgeänderten Kinderspruch zu sagen: ›Willst du übern Fahrdamm geh'n, mußt erst rechts, dann links du seh'n.‹ Trotzdem habe ich immer wieder Fahrer zu einer Schnellbremsung veranlaßt. Glücklicherweise tragen Engländer solche Dummheiten eines Fußgängers mit Humor. Das »Vogel zeigen« ist ein Privileg der deutschen Kraftfahrer.

Auf dem Bahnhof fiel uns noch auf, daß niemand unsere Fahrkarten haben wollte. Die Reichsbahn zu Hause bestand damals immer noch darauf, vor jedem Bahnsteig ein Häuschen mit einem Mann zur Fahrkartenkontrolle aufzustellen, und zum Betreten eines Bahnsteiges, um einen Besucher abzuholen, mußte noch eine Bahnsteigkarte gekauft werden. Die Engländer hatten dieses System bereits abgeschafft.

Die Britische Schweißergesellschaft hatte für uns direkt neben dem Bahnhof ein Hotelzimmer reserviert. Gleich in der Eingangshalle umfing uns alt-viktorianische Pracht aus dem Jahr 1900 mit verstaubten Palmen, schmiedeeisernen Fahrstuhlgittern und einem leicht muffigen Geruch.

Die Dame in der Rezeption empfing uns mit der Frage: »Sie kommen zu der bidabbeljuaä, Sir?«

An das Sir gewöhnten wir uns durch Unterhaltungen mit dem Zöllner in Harwich und den Zugschaffnern so langsam. Wer durch Dienststellung, Geld, Aussehen, Kleidung oder dialektfreie Aussprache »dazugehört«, hat den Anspruch, mit Sir angeredet zu werden. Bernhard Shaw schrieb darüber die Komödie »Pygmalion«, und daraus entstand das Musical: »My fair Lady«.

Wir gehörten offensichtlich dazu.

Wenige Jahre später erschütterte ein Matrose der Flotte die Grundfesten Englands, als er statt des geheiligten »Yes, Sir« (gesprochen jessö) zu seinem Leutnant: »Yes, Mister Brown« sagte.

Das Sir, von einer Frau gesprochen, mochte also noch hingehen. Aber was hieß bidabbeljuaä? Bei Shakespeare kam das Wort bestimmt nicht vor. Die Empfangsdame bemerkte unsere verständnislosen Gesichter und wiederholte bi dabbelju a ä, mit deutlichen Pausen. Natürlich: B W R A, British Welding Research Association. Britische Schweißergesellschaft. Die Gewohnheit der Engländer, lange Abkürzungen zu gebrauchen und die Buchstaben in einem Wort zu buchstabieren, sollte uns in den nächsten Tagen noch viel Schwierigkeiten bereiten.

Unser Zimmer war feuchtkalt und ungeheizt. Wir ahnten damals noch nicht, was ein Durchschnittsengländer alles an Kälte, Nässe und Durchzug erträgt. Schaudernd eilten wir wieder in das Erdgeschoß und fragten nach dem Speisesaal.

Erstaunte Blicke der Empfangsdame und des Fahrstuhlführers. Jetzt um »8.30 nachmittags« sei er bereits geschlossen. Dann der gute Rat, im »Pub, gleich um die Ecke« unser Glück zu versuchen. Wir müßten uns aber beeilen, denn dort würde um 9.00 Uhr geschlossen.

Wir eilten durch den naßkalten Märzabend »um die Ecke«. Das Pub war eine Art Stehbierhalle und voller durstiger Männer. Ihr Problem bestand darin, bis 9 Uhr noch möglichst viele Biere in sich hineinlaufen zu lassen. Der Wirt war voll beschäftigt, diesem Bedürfnis zu entsprechen. Zu essen gab es nichts, aber ein Bier erhielten wir. Mit unseren Gläsern schoben wir uns durch die Mengen der herumstehenden Trinker und fanden schließlich in der einen Ecke einen »Stehtisch«, auf dem wir die Gläser abstellen und wie alte Londoner die Ellbogen aufstützen konnten.

Man sagt, ein leerer Magen mache geistig rege. Plötzlich erkannte ich Pub und Tische als alte Bekannte wieder. Hier pflegte der Gentleman-Detektiv sich mit seinem Verbindungsmann zur Unterwelt zu treffen.

Der klassische englische Kriminalroman (und der danach gedrehte Film) stellt wirklich mit seinen Schauplätzen und Gestalten ein Stück des alten Englands dar. Der Erfolg von

Agatha Christie in neuerer Zeit scheint darauf zu beruhen, daß sie in die englische Umwelt den französischen Detektiv Hercule Poirot setzt.

Mit einem Maß labberigen Bieres im Bauch gingen wir auf unser Zimmer zurück. Nach angelsächsischer Sitte waren die Bettdecken rundherum fest unter die Matratzen gesteckt. Es bedurfte erst einiger Überlegung von uns, um das herauszufinden. Dann schlugen wir die Decke zurück. Eine herrliche Wärme stieg aus dem Bett heraus.

Gelobt seist du, alte englische Wärmflasche aus Kupfer, die du mir in jenen März- und Apriltagen jeden Abend ein warmes Bett beschertest.

Den Rücken kuschelte ich tief in die Stelle, die von der Wärmflasche durchgeheizt war, und so schlief ich die erste Nacht auf englischem Boden zwar hungrig, aber doch tief und fest.

Am nächsten Morgen sah die Welt optimistisch aus. Die Frühlingssonne schien zum Fenster herein, der große Messingwasserhahn spendete zu unserer Überraschung reichlich heißes Wasser; es gelang uns, den Stecker des elektrischen Rasierapparates auf englische Steckdosen umzubauen, und dann kam das Frühstück!

»Wünschen Sie kontinental oder englisches Frühstück, Sir?«

Mein Grundsatz ist, im Ausland möglichst wie die »Eingeborenen« zu leben, es sei denn, sie essen dauernd Kohlsuppe oder rohen Fisch. Daher ließen wir uns ein englisches Frühstück servieren mit gebratenem Hering, Eiern mit Speck, Käse, Röstbrot, verschiedenen Marmeladen und Wurstsorten. Dazu sehr, sehr starken Tee mit Milch.

Eine halbe Stunde später machten wir uns satt und unternehmungslustig auf den Weg, London dienstlich und privat zu erforschen.

Die B. W. R. A. ließ uns dazu auch genügend Zeit. (Ich

halte es für einen großen Fehler, daß die meisten Betriebe und Institute in der DDR ihren Gästen nur Dienst und ein offizielles Essen bieten. Auch unser Land ist sehr schön und sehenswert!)

Der Fahrstuhlführer des Hotels erklärte uns, wie wir zu unserer Bank kommen könnten. Eine große Rolle spielte dabei das Wort tube, also Rohr. Irgendwie sollten wir das Rohr benutzen? Davon hatte mein Studienrat nie gesprochen. Schließlich kamen wir dahinter, tube war der gängige Ausdruck für Untergrundbahn.

In den folgenden Tagen wurden wir eifrige Benutzer der tube. Sie brachte uns schnell und billig zu allen Plätzen der riesigen Stadt.

In der Bank warf der Angestellte einen kurzen Blick auf unseren Kreditbrief. Dann griff er in eine Schublade und zählte uns das Geld vor. Eine Unterschrift, und der Fall war erledigt.

England schien ein Land mit wenig Formularen zu sein. Auch im Hotel wurden keine Anmeldescheine gefordert. Man sagt, wie man heißt oder wie man genannt werden will, und dieser Name wird in das Fremdenbuch eingetragen, damit das Personal den Gast anreden kann.

Damals (das Wort damals kommt oft in diesem Buch vor) rechneten die Engländer noch nicht mit dem Dezimalsystem in Maßen und Gewichten. Das Pfund hatte 20 Schilling zu 12 Pence. In den Luxusgeschäften waren die Waren in Guinee ausgezeichnet, wobei eine Guinee 21 Schilling wert war. Ein englisches Gewichtspfund entspricht natürlich nicht (wie bei uns) 500 Gramm, und bei Zoll und Gallone ist der Festländer völlig überfordert. Doch wenn wir Schwierigkeiten hatten, halfen uns die Engländer immer mit viel Humor. Die Ungeduld, die Deutsche gegenüber Ausländern oft zeigen, wenn diese etwas nicht begreifen, habe ich in England nie gefunden.

Vielleicht hängt diese Toleranz auch mit dem Völkergemisch zusammen, das sich durch London wälzt.

Ich will nicht von dem Tower, der Nationalgalerie, der Tate-Galerie und dem Britischen Museum erzählen. In jungen Jahren ist man sowohl mit den Beinen als auch mit dem Kopf ungeheuer leistungsfähig. Die Gemälde der englischen Maler um 1800, die Kronjuwelen des Königshauses, den Stein von Rosette (mit dessen Hilfe die Hieroglyphen entziffert wurden) haben wir im wahrsten Sinne des Wortes erlaufen, und alle Dinge fanden nebeneinander auch noch Platz im Kopf.

Daneben erschloß sich uns London aber auch mit einigen Erlebnissen, die nicht in Reisehandbüchern zu finden sind. Ein Teil von ihnen ergab sich aus dem Widerspruch zwischen dem, was ich in der Schule über England gelernt hatte, und der Wirklichkeit 30 Jahre danach. Als ein Symbol der englischen Demokratie (so wurde gelehrt) gelten die open air preacher an der Hyde-Park-corner. Dort könne jedermann, der irgend etwas der Öffentlichkeit mitzuteilen wünsche, hingehen und reden.

Das schien auch bei unserem Besuch noch so zu sein, nur war das Bedürfnis dazu sowohl bei den Rednern als auch bei den Zuhörern nicht sehr groß. Ganze drei Männer redeten zu einer Volksmenge von mindestens 15 Touristen und Jugendlichen.

Um ein Redner an der Hyde-Park-Ecke zu werden, braucht man vor allem einen Stuhl mit einer möglichst hohen Lehne. Auf den Stuhl steigt man, und an der Lehne hält man sich fest. Dann fehlt nur noch das Thema und die Art des Vortrages. Ein alter Mann mit einem langen weißen Bart hatte seine religiösen Anschauungen in Verse und Melodie gesetzt und sang mit zitteriger Stimme über die Vorzüge des Himmelreiches. Es gehört viel innere Überzeugung dazu, eine Stunde im Freien zu singen, ohne daß auch nur ein einziger Zuhörer vor dem Stuhl verweilt.

Der zweite Redner sprach über den Goldstandard. Wenn die Bank von England wieder den Goldstandard einführen würde, ginge es mit dem Britischen Weltreich bergauf. Er hatte zwei feste Zuhörer und einige Laufkundschaft. Die beiden festen Zuhörer redeten ihm nach jedem Satz dazwischen. Sie wollten von einer Golddeckung der Währung überhaupt nichts wissen. Soweit ich die Sache verstand, redeten beide Parteien aneinander vorbei und konnten daher endlos reden und widersprechen.

Die meisten Menschen (etwa 10) standen um den dritten Redner herum. Er machte auf »Volksredner« und appellierte an das Gefühl der Zuhörer. Sein Problem war die Herauslösung der Kolonie Kenia aus dem englischen Empire. Natürlich war er dagegen. Wenn er sich mit einigen Sätzen in Ekstase geredet hatte, begann er mit den Armen zu fuchteln.

Dafür stand sein Stuhl aber zu wackelig, und er mußte mitten im Satz aufhören und nach der Stuhllehne suchen, um nicht herunterzufallen. Die Zuhörer quittierten den Zwischenfall jedesmal mit schallendem Gelächter. Mühsam nahm der Redner dann den Faden seines Vortrages wieder auf. Aber nach einigen Minuten riß ihn die eigene Begeisterung wieder mit, er ließ die sichere Stuhllehne los, hob anklagend oder beschwörend die Arme zum Himmel empor und verlor prompt wieder das Gleichgewicht.

Das Ganze war sehr lustig, nur so hatte ich mir diese vielgepriesene demokratische Ausdrucksform nicht vorgestellt.

Von der Hyde-Park-corner bummelten wir durch die Anlagen. Schilder wiesen darauf hin: Papier oder Zigarettenstummel wegwerfen kann hier kostspielig werden. 10 Pfund Sterling (damals etwa 60 M) kann der »Bobby«, der Londoner Polizist, als Strafe verlangen. Soweit ich weiß, streiten sich die Rechtsphilosophen über den Sinn einer Strafe. Im Augenblick scheint die Richtung modern zu sein, die in einer Strafe nicht die Abschreckung sieht, sondern eine Erziehungsmaßnahme. Als Beispiel wird unter anderem angeführt, daß die Todesstrafe bei Mord keinen Einfluß auf die Zahl der Morde hat. Ich will mich hier nicht mit Fachleuten, die es besser wissen müßten, streiten. Aber bei Geldstrafen spielt zumindest bei mir selbst die Abschreckung eine große Rolle. Und bei den Engländern offensichtlich auch, denn die Papierkörbe wurden eifrig benutzt.

In Chikago kostet das Wegwerfen von Abfall im Park entlang den Ufern des Michigansees sogar 20 Dollar (über 100 Mark), woran man sieht, daß die Sitten in Chikago rauher sind als in London.

Nun könnte man noch annehmen, die Engländer und speziell die Londoner seien von Natur aus besonders reinlich. Nun, wir gingen einmal ins Kino, um einen Film in Breitwand (damals noch sehr neu) anzusehen. Die Zuschauer lutschten Bonbons und Eis. Die Tüten und Umhüllungen ließen sie einfach auf den Boden fallen, auf dem bereits eine breitgetretene Schicht Abfall von den vorausgegangenen Vorstellungen lag. Am Schluß der Vorstellung erhoben sich alle Zuschauer. Eine Schallplatte spielte die Nationalhymne. Mit ernstem Gesicht standen alle in dem Dreck und hörten sich: »God save the Queen« an.

Am darauffolgenden Abend wurde uns die englische Auffassung von Sauberkeit und Nationalhymne noch deutlicher vorgeführt. Wir besuchten das berühmte Old Vic, eine Art Kabarett mit Musik, Sketchen und Tanz von dezent bekleideten jungen Damen, etwa vergleichbar dem Fernsehballett oder dem Friedrichstadtpalast-Ballett.

Am Ende der Vorstellung standen die Damen sehr langbeinig auf der Bühne, und wir standen in den Resten der Papiertüten, und die Musik spielte feierlich dazu.

Das Victoria-Theater war übrigens das einzige, das auch während des »Blitz« (so wird die Zeit der Luftangriffe im letzten Krieg auf London genannt) nicht geschlossen wurde. Nun läßt sich in der undeutlichen englischen Aussprache geschlossen (closed) von bekleidet (clothed) schlecht unterscheiden, so daß es nie ganz klar ist, ob es nie geschlossen war oder nie bekleidet, was natürlich im ersten Fall auf das Theater an sich, im zweiten Fall mehr auf die Darstellerinnen zutrifft.

Man erzählte mir, daß das Theater für seinen Anteil an der Truppenbetreuung den Hosenbandorden erhielt. Das Ordensband trägt die (französische) Inschrift: »Ein Schuft, der Schlechtes dabei denkt.«

Doch weiß ich nicht, ob die Ordensgeschichte stimmt oder ob es nur einer der englischen Witze ist.

Über die »Moral« der Theater wacht übrigens eine Behörde, deren Leiter damals ein General war. Nun wird auch klar, warum das Old Vic zu dem Wortspiel nie geschlossen – nie bekleidet kam.

Inzwischen ist das Victoria-Theater aus finanziellen Gründen eingegangen. Das Angebot des Fernsehens an Bettgeschichten ist so groß, daß eine Bühne schwerlich damit konkurrieren kann.

Jedenfalls, der Hyde-Park war sehr sauber. In der Märzsonne spielten Kinder auf der großen Rasenfläche, kein Parkwächter jagte sie fort. Aber kein Engländer legte einen Trampelpfad an, um eine Ecke abzukürzen. Das fiel uns besonders auf, als ein großer Touristenstrom durch den Park eilte, um von den Horse-guards zum Wachaufzug vor den Buckingham Palace zu kommen.

Die Horse-guards sind ein fotogenes Objekt militärischer Tradition. Auf großem Rappen sitzt ein Kürassier in der Uniform von etwa 1870 mit einem Brustpanzer, einem Messinghelm mit Nasenschutz und Schuppenkette und vor allem mit geschultertem Säbel. Eine weitere Besonderheit ist das Schilderhaus, in das Roß und aufgesessener Reiter hineinpassen. (Was würde mein Bekannter, der Museumsdirektor in Swerdlowsk, zu diesem Schilderhaus sagen?)

Pferd und Mann bemühen sich, möglichst unbeweglich zu stehen. Leider hat der General, der diesen Posten aufziehen ließ und der die Vorschrift aufstellte, daß er (der Posten, nicht etwa der General) nebst Pferd stillzustehen habe, nicht an die Kinder der Touristen gedacht. Sie versuchen, den armen Gaul mit Zucker und Brötchen zu verführen, einen Schritt vorzutreten, während der Herr Vater mit Kamera oder Schmalfilmgerät bereitsteht, diesen Verstoß gegen die militärischen Sitten aufzunehmen. Immer wenn der Rappe glaubt, dem Angebot nicht widerstehen zu können, zuckt die weißbehandschuhte Linke des Reiters kurz an der Kandare und erinnert sein Roß an die Disziplin.

Vor der Kaserne musterte ein Wachtmeister einige Reiter,

die auf Wache ziehen sollten. Mit unendlicher Verachtung im Ton rügte er einen dunklen Fleck auf einem Helm und einige Pferdehaare, die nicht genau parallel im Schweif des einen Rappen saßen. Mit einem Taschentuch und einem Kamm wurde der Schaden behoben.

Mit einiger Mühe saßen die Reiter auf. So ganz einfach ist es nicht, in voller Ausrüstung ein großes Pferd zu »erklimmen«. Der Wachtmeister kontrollierte noch einmal den Schuhputz. Es konnten sich ja Erdreste an der Sohle befinden, die den Steigbügel beschmutzen würden. Dann verließen Roß und Reiter die Kaserne, um irgendwo in der Stadt auf Wache zu ziehen.

Wir hatten es nun eilig, um noch rechtzeitig zum Wachaufzug am Buckingham Palace zu kommen. Einige hundert Menschen eilten durch den Hyde-Park. Doch fast alle benutzten die Wege, obwohl diese in großen Bögen verlaufen. Wenn wirklich einer über den Rasen läuft, erkennt man an der Zahl der Kameras, die ihm vor dem Bauch baumeln, daß er kein Engländer ist.

Um den Hof des Palastes läuft ein hoher Zaun mit dicken schmiedeeisernen Stäben. Sie lassen ausreichend Platz, um bequem hindurchzuschauen. Etwa ein Meter vor dem Zaun ist ein weißer Strich gezogen. Das ist die Grenze. Näher darf man nicht herantreten. Alle 20 Meter steht ein »Bobby«, die Schuppenkette unter der Unterlippe (nicht unterm Kinn), die Hände auf dem Rücken (das ist die Standardhaltung), vor der Brust die geflochtene Schnur mit der Trillerpfeife. Waffen trägt der Bobby traditionsgemäß nicht. Als die Londoner Polizei gegründet wurde, war das Verbrechertum sehr stark. Man ging davon aus, daß selbst ausgekochte Ganoven Hemmungen haben, auf einen unbewaffneten Mann zu schießen, und verzichtete auf Schlagstock, Säbel und Gewehr. Diese Voraussetzung scheint sich bewährt zu haben. Es gibt aber auch Leute, die behaupten, Polizistenmörder würden nicht

den Gerichten übergeben, das heißt nicht lebendig. Womit wir wieder bei dem Problem der Abschreckung wären.

Der Bobby besitzt wirklich eine große Autorität. Mir wurde erzählt, es gäbe sehr scharfe Auslesebedingungen. Zum Beispiel prüfe die Einstellungskommission, ob der Bewerber gelbe Raucherfingerkuppen habe. Wenn ja, sei er ungeeignet.

Wenn einer der Zuschauer vor dem Buckingham Palace einmal über den weißen Strich trat, um besser fotografieren zu können, so schritt (man muß es schreiten nennen) der Ordnungshüter gemächlich auf den Sünder oder die Sünderin zu, nahm die rechte Hand vom Rücken und wies auf den Strich. Beschämt trat der so Zurechtgewiesene zurück, und der Bobby wandelte langsam wieder auf seinen Platz, genau 20 Meter von seinem Kollegen entfernt.

Der Wachaufzug nahte mit einer großen Militärkapelle vorweg. Alle Soldaten trugen hohe Bärenfellmützen, wobei ich vermute, der Bär war ein harmloses Karnickel oder ein Stück aus der Retorte eines Chemiebetriebes. Warum in England die Schuppenkette von Armee- und Polizeikopfbedekkung nicht unterm Kinn, sondern unter der Unterlippe getragen wird, konnte mir niemand erklären. Vielleicht, weil es einen trotzigen Eindruck macht, wenn man die Unterlippe vorschiebt?

Bei Paraden in vielen Ländern, so auch in Großbritannien, marschieren die Soldaten nicht wie bei uns auf Tuchfühlung nebeneinander, sondern mit großem seitlichen Abstand. Das sieht »nach mehr aus«. Englische Soldaten (es sind alles Berufssoldaten, die Wehrpflicht wurde bald nach dem Kriege wieder aufgehoben) marschieren auch anders, als wir es gewohnt sind, sie »stolzieren« mehr. Musikalisch versteht man das am besten, wenn man den River-Quay-Marsch mit dem Yorkschen Marsch vergleicht. Die Wache zog durch das Tor in den Hof des Palastes. Dort fand nun die Ablösung der alten Wache statt. Das Exerzierreglement sieht vor, daß der Untergebene vor dem Vorgesetzten bei An-und Abmeldungen das linke Bein anzieht und damit kräftig auf den Boden stampft, etwa wie ein kleiner Junge, der seine Suppe nicht essen will.

Die Filmamateure unter den Zuschauern nahmen diese Motive mit immer neuer Begeisterung auf.

Die Kapelle marschierte indes vor den Palast und baute sich unter einem Fenster auf. »Die Räume der Königin«, raunte es in der Menge der Zuschauer. Der Tambourmajor hob den Stab (übrigens anders herum als in Deutschland, mit dem Knopf nach oben), die Bläser setzten ihre Instrumente an die Lippe, der Pauker, der über der roten Uniformjacke ein Pantherfell trug, hob den Schlegel.

Der Tambour senkte seinen Stab, und die Königin sowie die Zuschauer erfreuten sich an: »Ganz Paris träumt von der Liebe«.

In England ist eben vieles anders als auf dem Festland. Das wurde uns nochmals klar, als wir am nächsten Tag die Stätten großbritannischer Politik besuchten. Vor allem wollten wir natürlich das Parlament sehen. Von außen ist das kein Kunststück. Es ist der größte Bau Londons und daher leicht zu finden. Vom »Big Ben«, dem bekannten Turm, tönte das ebenso bekannte Glockenspiel, als wir davorstanden. Davorstehen ist bei dreieinviertel Hektar Fläche eine Sache, den richtigen Eingang für Besucher finden ist eine andere. Schließlich bemerkten wir eine Tür, an der die Leute »Schlange standen«. Ganz richtig vermuteten wir, daß es dort nicht etwa Mangelware gäbe, sondern daß dort der Eingang für Besucher sei. Wir stellten uns erst einmal an das Ende der Schlange. Aber die Tür wurde nur selten geöffnet, und nur wenige Personen durften eintreten. Es konnte noch stundenlang dauern, bis wir an die Reihe kamen.

Ein kleines Stück entfernt stand eine Toreinfahrt offen, durch die von Zeit zu Zeit Leute ein- und ausgingen. Jedesmal tippte ein Bobby, der dort Wache hielt, höflich grüßend an seinen Helm. Warum sollten wir nicht bei ihm unser Glück versuchen?

Unseren Wunsch konnten wir ihm schnell erklären: Besucher aus der DDR, wenig Zeit, wichtiger Vortrag in Cambridge, viel vom Parlament gehört, ob er uns helfen könne.

Appelle an die Hilfsbereitschaft sind meistens erfolgreich. Er sagte: »Einen Augenblick, Sir« und ging ins Gebäude. Nach wenigen Minuten kam er mit einem Begleiter heraus, der eine große Gold- oder Messingkette um den Hals trug und sehr feierlich angezogen war. Der Tonfall seiner Worte und seine Bewegungen, mit denen er uns einlud, ihm zu folgen, können am besten mit den Ausdrücken gemessen oder würdig bezeichnet werden. Da er uns mit Sir anredete, schlossen wir, daß er trotz der großen Kette nicht der Präsident des Oberhauses sei, sondern ein Parlamentsdiener.

Als erstes mußten wir unseren Namen und Herkunft in ein dickes Buch eintragen. Ich weiß nicht, wann die Regierung ihrer Majestät erstmalig ein Schreiben mit der Abkürzung

DDR erhielt, aber ich glaube, in den Houses of Parliament war ich der erste, der dort diese Bezeichnung schrieb.

Die Häuser (houses) des Parlaments sind das Unterhaus (House of Commons) und das Oberhaus (House of Lords), erklärte uns der Gentleman mit der Kette. Das Parlament sei 1840 bis 1857 gebaut worden und nach seiner teilweisen Zerstörung durch den Krieg nun neu aufgebaut. Das Unterhaus habe 625 Mitglieder. Bei den Lords seien es runde 1000.

Im Augenblick, belehrte man uns weiter, sei das Unterhaus fest in der Hand der Konservativen Partei mit einer Mehrheit von 100 Stimmen. Man bat uns nun, auf der Zuschauertribüne des Unterhauses Platz zu nehmen, jedoch höchstens für eine Stunde, weil noch viele Besucher vor dem Parlament warteten.

Das Unterhaus gleicht einem Kirchenraum. In der Mitte zwischen links und rechts aufsteigenden Bankreihen stehen einige riesige Tische mit Folianten bedeckt. An ihnen sitzen einige eifrig schreibende Männer mit grauen Perücken. Manche dieser Haarersatzteile sind im Laufe der Sitzung verrutscht und verleihen dem Träger in der feierlichen Halle einen Hauch von Humor.

Der berühmte und viel zitierte Mister Speaker leitet die Versammlung von einem überdachten Sessel aus, der ebenfalls in der Längsachse des Raumes steht. Man erzählt, der Parlamentspräsident sitze auf einem ausgestopften Wollsack. Es soll dafür Traditionsgründe geben, genauso wie für die Perücke von Schreibern und Juristen. Aber von diesem Wollsack war nichts zu erkennen.

An der Längswand, unserer Tribüne gegenüber, steht der Thronsessel der Königin. Einige Gentlemen sitzen auf den Stufen, die zum Thron hinaufführen. Man sagte uns, es wären hohe Regierungsbeamte, die etwas im Parlament zu erklären hätten, die aber nicht Mitglied seien.

Natürlich stellte ich mir vor, der Vorsitzende der Volkskammer präsidiert von einem Wollsack aus, die Stenografen würden Perücken tragen und ein Minister oder Staatssekretär würde bei uns die Bügelfalten seiner Hose leicht anziehen und sich dann in einer Ecke auf den Fußboden setzen. Unsere mitteleuropäische Denkweise unterscheidet sich doch in einigen Punkten von der insularen englischen. Das soll kein Werturteil sein. Wahrscheinlich erscheinen einem reisenden Engländer manche Dinge in Berlin ungeheuer komisch.

Nach der Langeweile des Unterhauses begaben wir uns in das Oberhaus. Der englische Ökonom Parkinson hat sehr ironisch beschrieben, wie das Oberhaus entstand. Nach Parkinson ist ein Gremium nur arbeitsfähig, solange es eine bestimmte Kopfzahl nicht übersteigt. Für Regierungen hält er 20 für einen Höchstwert. Aber, so meint Parkinson, jede Kommission wächst, weil man aus »irgendwelchen« Gründen (die oft mit der Sache nichts zu tun haben) immer mehr Mitglieder beruft. Schließlich ist das Kabinett, die Regierung, die Kommission nicht mehr handlungsfähig, weil jedes Mitglied reden will und man vor Reden nicht zur Arbeit kommt.

In diesem Augenblick läßt man zwar die Mitglieder ruhig weiterreden, gründet aber ein neues kleines Gremium, das arbeitet (und die Macht ausübt!).

Das Oberhaus mit 900 adligen Mitgliedern und 25 Bischöfen ist in seinen Aufgaben immer mehr beschränkt worden. Man kann sich das auch vorstellen. Die Lords werden ja nicht gewählt, sondern sie kommen in das Oberhaus, weil sie als älteste Söhne eines Adligen die Lordschaft erbten. (Neuerdings gibt es auch einige wenige, die auf Lebenszeit wegen ihrer Verdienste berufen werden, es dürfen sogar Frauen sein.) So ein Lord vertritt daher nicht eine Partei, sondern seine Meinung. Was geschieht nun, wenn fast 1000 Leute ihre »persönliche Meinung« sagen? Sicher nicht sehr viel.

Zu unserer Überraschung ging es im Oberhaus viel lebhafter zu als im Unterhaus. Ein Lord sprach über Kenia. Natürlich wollte er Kenia als Kolonie behalten, und die Mehrheit des ziemlich besetzten Hauses stimmte ihm zu. Tiefer als die Meinung zu dieser Frage beeindruckten uns die Lords, die in den beiden ersten Reihen saßen. Auch hier standen in der Mitte der Halle in der Längsachse große Tische. Aber außer den dicken Büchern wie im Unterhaus lagen auch noch die Füße der Lords, die in Tischnähe saßen, oben auf seiner Fläche. Sicher, die Schuhe waren auf Hochglanz geputzt, und die Socken saßen faltenfrei, auch gebe ich sofort zu, daß eine längere Rede am besten mit hochgelegten Füßen zu überstehen ist, aber so ganz entsprach diese Haltung nicht meiner Vorstellung von einem House of Lords.

Nun fehlte zu unserem Streifzug durch London nur noch die Vergnügungsindustrie. Von unserem Besuch im Kino und im Old-Vic-Theater erzählte ich bereits. Einen Abend sahen wir für Soho vor, in der stillen Hoffnung, dort Macky Messer zu treffen.

Gleich, nachdem wir vom Piccadilly Circus in den Stadtteil Soho einbogen, kam eine Gestalt auf uns zu, die durchaus in Brechts »Dreigroschenoper« gepaßt hätte. Der Mann war lang und dürr. Ein schmutziger grauer Mantel reichte ihm bis auf die Füße. Auf dem Kopf trug er einen schwarzen steifen Hut (eine Melone), unter dem sein Haar strähnig nach allen Seiten herausquoll. Dieser Mann kam also auf uns zu und ging dann neben uns her. Dazu rief er mit salbungsvoller Stimme: »Liebe Freunde! Ihr seid nach Soho gekommen, um zu sündigen! Aber Jesus sieht euch! Er sieht euch immer! Er sieht euch auch jetzt! Darum kehrt um! Wie spricht der Prophet?« Er holt aus der Manteltasche eine Bibel und schlug im Schein der Lampe eines Striptease-Clubs die passenden Seiten auf.

Wir benutzten diesen Augenblick, um schnell weiterzugehen. Das schien ihn aber nicht weiter zu stören, denn gleich darauf hörten wir ihn eine andere Gruppe ansprechen: »Liebe Freunde, ihr seid nach Soho gekommen, um zu sündigen.«

Mit dem Sündigen (was man auch immer darunter verstehen will) ist es in England so eine Sache. Mich wundert, daß Bertolt Brecht dieses Problem nicht als ein verfremdetes Beispiel der Dialektik auf die Bühne brachte. Etwa so:

These: England ist ein christlicher Staat, dessen Bevölkerung eine hohe Moral besitzt. Um diese Moral nicht zu gefährden, sind öffentliche Schaustellungen des un- oder mangelhaft bekleideten weiblichen Körpers mit allen daraus abzuleitenden Möglichkeiten verboten.

Antithese: Es gilt der Rechtsgrundsatz: my home is my castle. Innerhalb meiner vier Wände kann ich machen, was ich will.

Synthese: Man gründet einen Club. Jedermann kann gegen einige Pfund Sterling für einen Tag oder genauer für eine Nacht Mitglied werden. Das Clubgelände ist privat. Die Mitglieder können dort ganz legal machen, was an einem Ort, der nicht ein Club wäre, streng verboten ist.

Brecht hätte sicher ein tolles Stück mit entsprechenden Songs darüber schreiben können, um so mehr, als diese Clubs in Soho Hauseingang neben Hauseingang liegen und vor jeder Clubtür ein Zuhälter oder einige Damen des Etablissements herumlungern.

Sicher ist heute Soho durch die Film- und Fernsehkonkurrenz auch nicht mehr, was es einmal war.

An der nächsten Ecke hinderte uns ein Menschenauflauf an eventuellen Sündigungsplänen. Um eine Kapelle der Heilsarmee standen etwa 50 Leute, größtenteils Angehörige der

Navy, der Kriegsmarine. Die Kapelle beendete einen flotten Marsch. Ein junger Mann in der blauen Uniform mit Offiziersabzeichen der Heilsarmee trat vor und hielt in einem gepflegten Englisch eine Ansprache. Der Inhalt war uns bereits bekannt: »Ihr seid hierhergekommen, um zu sündigen« usw.

Die Matrosen hatten, zumindest teilweise, schon gesündigt und sich »dem Teufel Alkohol ergeben«, wie der Redner sagte. Sie schwankten wie ein Torpedoboot in einem schweren Sturm. Einige von ihnen glichen Schiffen mit Schlagseite. Aber die Disziplin war bei ihnen größer als die Macht des Rums oder Whiskys. Wenn ein Offizier, selbst wenn er von der Heilsarmee ist, spricht, ist ihm zuzuhören, und die Hände sind dabei auf den Rücken zu legen.

Der Redner beendete seine kurze Ansprache mit den Worten: »Und nun wird Kamerad Smith euch sagen, wie er aus seinen Sünden erweckt wurde.«

Kamerad Smith trat vor. Er war ein 100-Kilo-Mann mit dickem Bauch, Hängekinn und einer herrlichen blauroten Säufernase. Sein Cockney-Dialekt war für uns kaum verständlich, doch die Bewegungen, mit denen er seine Worte unterstrich, ließen keinen Zweifel am Inhalt. »Ich habe gesoffen, gespielt und gehurt«, brüllte er und schlug sich auf die Brust. »Aber Jesus hat mich erlöst. Er wird auch dich erlösen.«

»Jawohl«, sagte uns der Offizier, »so ist das! Wir singen gemeinsam das Lied auf Seite dreißig.«

Während Kamerad Smith seine Sünden schilderte, hatten Heilsarmee-Soldatinnen (ich weiß keinen anderen Audruck) Gesangbücher verteilt.

Die Kapelle schmetterte einen fröhlichen Marsch, und die herumstehenden Sünder sangen mit. Ich übrigens auch, denn ich kannte den deutschen Text aus meiner Jugend. Nur wurde er in Deutschland nicht so marschmäßig gesungen, sondern entsprechend unserer Kirchentradition mehr getragen. Während des Gesanges gingen die Soldatinnen mit Sammelbüchsen herum. Die Matrosen steckten großzügig Scheine hinein. Sei es, weil sie ein schlechtes Gewissen hatten, sei es, weil sie betrunken waren.

Die Heilsarmee marschierte mit einem schmetternden Marsch weiter bis zur nächsten Straßenecke. Von dort hörten wir gleich darauf: »Ihr seid hierhergekommen, um zu sündigen.«

In Soho gibt es viele Straßenecken, und an jeder wurde die gleiche Show aufgezogen.

Damit ein eifriger Revisor der Staatlichen Finanzrevision nicht auf die Idee kommt, wir hätten die Tagegelder in Soho verpraßt, sei hier erklärt: Die Vergnügungsviertel der ganzen Welt von Amsterdam bis Yokohama beruhen auf Nepp. Was sie interessant macht, sind nicht die meist angejahrten Damen in den Clubs oder ähnlichen Lokalen (die hübschen sind wahrscheinlich in festen Händen) oder die überhöhten Preise für Alkohol, sondern das Drum und Dran. Jedenfalls konnten wir am nächsten Morgen mit klarem Kopf in den Zug nach Cambridge steigen.

Vorher nutzten wir noch eine freie Stunde, um Mr. Macmillan, den Prime-Minister, in Downingstreet Nr. 10 zu besuchen. Downingstreet ist ein Gäßchen. Nummer 10 ist ein unscheinbares Backsteinhaus. Damals war das Werfen von Bomben noch nicht so modern wie heute. Zwei Bobbys genügten für die Bewachung, und die Neugierigen konnten sich unmittelbar vor der Haustür aufstellen, in der Hoffnung, einen Minister fotografieren zu können.

Es kamen auch einige in schlichten Limousinen. Sie blieben alle einen Augenblick vor dem Eingang stehen und zeigten sich von ihrer fotogenen Seite.

Englische Minister, so wurde uns berichtet, fahren Wagen ohne Blaulicht. Ein Prime-Minister, ich glaube, es war Churchill, ließ sich einmal eine entsprechende Lampe einbauen.

Sofort gab es einen Aufstand im Unterhaus, und der Wagen mußte wie alle anderen wieder vor den Verkehrsampeln warten.

Wir kauften uns also eine »Times« und stiegen in den Zug. Andere Leute lieben andere Zeitungen, ich bevorzuge die gute alte »Times«. Die Hofnachrichten auf der ersten Seite lassen mich zwar kalt, auch was Mr. Macmillan Gutes sagte und was Mr. Chrustschow oder Mr. Ulbricht (damals) so Bitterböses sagten oder taten oder besser, was die »Times« dazu meinte, interessierte mich nur am Rande. Aber wichtig und ungeheuer lesenswert ist die Spalte: Briefe an den Herausgeber. Dort werden die wirklich wichtigen Themen dieser Zeit abgehandelt, zum Beispiel: Wie liest man ein Buch oder eine Zeitung im Bett in einem kalten Schlafzimmer? Einfache Hausfrauen, Gelehrte und sogar Lords äußern sich in langen Briefen zu diesen und anderen Fragen. Die Vorschläge gehen von Fausthandschuhen und Flanellüberjacken bis zu raffinierten Lösungen mit Ärmellöchern in der Bettdecke!

Alle Briefe sind durchdrungen von dem tiefen Ernst des Problems. Dazwischen finden sich natürlich auch Zuschriften über Kenia oder die Wirtschaftslage. Aber die kann man ja überschlagen.

Das Aprilwetter zeigt uns die englische Landschaft einmal regenverhangen, einmal von der Frühlingssonne beschienen. Die Fahrt nach Cambridge verstreicht sehr schnell. Vom Bahnhof bringt uns ein Taxi zum Downing-College. Es ist ein großer Komplex von Bauten im klassischen Stil. Der Pförtner übergibt uns in einer der Wohnanlagen einem Zimmermädchen (etwa 60 Jahre alt), und dieses weist uns unsere Räume an. Jeder der ausländischen Besucher dieser Konferenz erhält eine Studentenwohnung. (Die Studenten haben Ferien.) Die Zimmer liegen an einem langen Gang. Auf der einen Seite befinden sich die Wohnräume. Jeder College-Student hat ein mit Eiche getäfeltes Wohnzimmer mit Arbeitstisch, zwei tiefen Klubsesseln und einem Kamin mit Gasheizung. Dafür muß er auf einen Ofen oder auf eine Zentralheizung verzichten. In den folgenden Tagen werde ich vorne geröstet, und hinten kriecht die Kälte trotz der tiefen Sessel über den Rücken.

Auf der anderen Seite des Ganges liegt das Schlafzimmer. Hier geht es spartanisch zu. Eine Metallbettstelle, Waschbecken mit Wasserkrug, Eimer für schmutziges Waschwasser und eine feuchte Kälte, die durch Mark und Bein geht.

Wer hier erzogen wurde, hatte bestimmt nur einen Wunsch: Indien oder sonst ein warmes Land zu erobern und die naßkalten englischen Schlafzimmer zu vergessen.

Der einzige Trost bleibt auch hier die Wärmflasche im Bett. Doch am nächsten Morgen kommt noch ein zweiter Trost. Das Zimmermädchen kommt ins Schlafzimmer und bringt eine riesige Tasse – es ist fast eine Suppenschüssel – voll Tee mit Milch. (Nun wissen wir, warum das »Mädchen« 60 Jahre alt ist. Die Moral ist gesichert.)

Ein halbes Liter starken Tees im Magen gibt mir den Mut, Hände und Gesicht mit dem kalten Wasser aus dem Wasserkrug leicht zu befeuchten und dann in die Kleider zu schlüpfen. Es folgt der lebensgefährliche Kampf zwischen englischer Steckdose und dem Stecker meines Rasierapparates. Ich habe den Isolierteil entfernt und arbeite mit den nackten Kontakten.

Dann begebe ich mich zum Frühstück in die »Hall«, einen großen Bau auf der anderen Seite des Hofes. Wir sitzen an langen Tischen und harren des englischen Frühstücks, für das ich immer mehr schwärme.

Aber erst einmal wird gebetet. Leider komme ich nicht dahinter, worum der Sprecher (ich nehme an, es ist der Kaplan des College) bittet. Er spricht das Gebet auf lateinisch. Aber er spricht die lateinischen Worte englisch aus. Diese Kombination wurde in meiner Schulzeit nicht gelehrt. Ich nehme aber an, daß der Gebetsinhalt so ist, daß ich mich ihm anschließen kann, und stimme befriedigt in das Amen (sprich: äm'n) ein.

Die nächsten Verständigungsschwierigkeiten für mich verursachen zwei Diener (ich weiß keinen anderen Ausdruck), die die Tafel entlanggehen. In jeder Hand tragen sie eine große Kanne. Ununterbrochen murmeln sie vor sich hin. Mit großer Mühe verstehe ich endlich »Tea or coffee« und »black or white«, wobei jeder Satz in einem Wort gesprochen wird. Antwortet man »tea«, so ergießt sich in hohem Bogen ein Srahl dunkelbraunen Tees und ein Strahl Milch in die großen Tassen. Wünscht man Kaffee, so hat man die Wahl zwischen schwarz und mit Milch.

Das Geräusch kauender und schwatzender Frühstücksgäste wird die ganze Zeit überlagert von: »tea or coffee« und »black or white.«

Die Durchführung der Tagung war damals für uns noch ungewohnt. Die Vortragenden reichten ihre Arbeiten ein Vierteljahr vorher ein. Die Teilnchmer erhielten die gedruckten Vorträge einige Wochen vor der Tagung. Auf der Konferenz hatte jeder Vortragende zehn Minuten Zeit, um auf wesentliche Punkte hinzuweisen oder Ergänzungen zu bringen. Dann begann die Diskussion.

Am Beginn kamen meistens einige Fragen: »Ich habe diesen Punkt nicht verstanden.« Dann folgten die Ergänzungen: »Wir haben ähnliche Versuche gemacht und dabei gefunden . . .« Danach wurde es ernst: Die abweichenden Meinungen wurden vorgetragen.

Und zum Schluß traten meistens die »Dauerdiskussionsredner« auf. »Wir haben ganz andere Untersuchungen gemacht, die mit Ihren nichts zu tun haben. Aber da ist mir ein Gedanke gekommen . . .«

Der Vortragende steht dann eine Stunde und länger am

Podium. Es wird von ihm erwartet, daß er schlagfertig und möglichst geistreich antwortet.

Trotz der ungewohnten Bedingungen waren unsere Vorträge sehr große Erfolge. Aber anschließend mußte ich das Hemd wechseln, weil es, trotz der englischen Kühle, durchgeschwitzt war.

In einer Tagungspause fuhr mein Bekannter aus Weimar, Mr. Smith, uns nach Abington Hall, wo sich das englische Schweißinstitut befindet. Die Fahrt mit dem Wagen war anfangs sehr aufregend wegen des Linksverkehrs. In jeder Kurve kamen uns Autos auf der »falschen Straßenseite« entgegen. Doch mit der Zeit gewöhnt man sich auch daran.

»Der Linksverkehr ist die logische Verkehrsform«, klärte mich Mr. Smith auf. »Sie stammt aus der Zeit, als noch geritten wurde. Ein Pferd wird doch auch in Europa von links bestiegen?«

Ich bejahte diese Frage.

»Sehen Sie«, sagte Mr. Smith, »im Mittelalter befand sich vor jeder Haustür ein Stein, auf den der Reiter beim Aufsteigen trat. Sein Pferd stand dann auf der linken Straßenseite und somit gleich verkehrsrichtig. Das ist doch einleuchtend?«

Ich hatte inzwischen einiges von den diskutierfreudigen Engländern übernommen und widersprach: »In fünfzig Prozent aller Fälle mußte der Reiter nach dem Aufsitzen sein Pferd auf die andere Straßenseite reiten, weil, bezogen auf seinen Weg, dort links lag.«

»Das ist wahr, aber links war die ursprüngliche Seite«, beharrte Mr. Smith.

Wir wußten natürlich beide, daß es für links und rechts gleichviel Gründe und Gegengründe gibt. Das Gespräch ist aber ein schönes Beispiel für das, was die Angelsachsen die Philosophie einer Sache nennen. Also aus welchem Blickwinkel man ein Problem betrachtet. Dabei gibt es nicht so sehr richtige oder falsche Blickwinkel, sondern nur verschiedene.

Ich erzählte einem englischen Ingenieur von einem neuen Verfahren zur Erhöhung der Dauerfestigkeit von Stählen. Er ließ sich alles genau erklären. Dann rückte er mit seiner Philosophie zu diesem Fall heraus: »Ob die Sache gut ist, kann ich nicht beurteilen, aber Schaden kann sie auf keinen Fall anrichten. Daher werden wir sie einmal anwenden.«

Ich war anfangs über solche Gesichtspunkte sehr verblüfft, denn wir Deutschen streiten uns vorzugsweise, ob eine neue Methode richtig oder falsch ist. Der Engländer fragt, ob sie schaden kann oder nicht. Diese Betrachtungsweise hat viel für sich.

Mr. Smith meinte, die Philosophiegedanken haben sich in England durch das Schulsystem ausgebildet. Dort würden die Kinder lernen, über Themen zu diskutieren, wobei sie einmal diesen, einmal jenen Standpunkt vertreten müssen, ohne von der Richtigkeit überzeugt zu sein.

In Abington Hall zeigte mir Mr. Smith seine Forschungsergebnisse. Ich wunderte mich über seine Forschungsrichtung, die mir etwas zu theoretisch erschien.

»Ich habe es nicht so gut wie Sie in Halle«, erklärte er. »Wir werden zum Teil von der Industrie unterstützt. Daher darf ich keine Forschung machen, die irgendwie in die Belange der Gerätehersteller eingreift.«

Mit der »Freiheit der Forschung« schien es nicht weit her zu sein.

Abends lud das Ehepaar Smith uns in seine Wohnung zum Essen ein. Es bewohnte ein kleines Einfamilienhaus bei Cambridge. Frau Smith war eine schlanke Blondine. Wie die meisten Engländerinnen war sie entsprechend der Mode im Gesicht sehr stark gepudert. Ich habe immer wieder versucht, Frauen mit dem vielgerühmten englischen Teint zu finden. Die feuchte Seeluft soll eine besonders rosige Gesichtshaut hervorrufen, die bei den Malern des 18. und 19. Jahrhunderts und den entsprechenden Schriftstellern eine so große Rolle spielte. Doch leider ließ die Puderschicht nichts von der Haut sehen.

Angenehm enttäuscht war ich hingegen vom englischen Essen. Über das Frühstück berichtete ich schon. Auch das warme Essen hat mir gut geschmeckt. Ich komme gut ohne die mitteldeutsche Soße aus, in der Fleisch und Kartoffeln schwimmen. Die verschiedenen kalten Soßen in Flaschen gestatten es dem englischen Esser, sich selbst den richtigen Geschmack zusammenzukomponieren.

Wir verließen Cambridge sehr ungern. Der Ort, die Parkanlagen, die verschiedenen Colleges gaben eine Atmosphäre, in der das Hochschulleben die ausschlaggebende Rolle spielt. Sicher, das Studium in Cambridge ist vorzugsweise einer bestimmten Gesellschaftsschicht vorbehalten. Wer »nicht vornehm genug« für Oxford ist, aber immer noch zu vornehm für eine der übrigen Hochschulen, wird nach Cambridge geschickt. Es soll Eltern geben, die ihre Söhne gleich nach der Geburt in berühmten Colleges anmelden. Ich weiß nicht, ob das stimmt, aber es würde zu dem College-Betrieb passen.

Wer in Cambridge studiert, hat Aussichten, in den berühmten Achter-Rennruderer zu kommen, der alljährlich gegen den der Oxford-Universität antritt. Obwohl nur verhältnismäßig wenige Engländer dem Rennen zuschauen und das Interesse am Rennrudersport als Sportart nicht übermäßig groß ist, spielt dieses Rennen für sehr viele Männer eine große Rolle: sie wetten auf den Sieger.

Wetten abzuschließen ist eine weitverbreitete Leidenschaft. Überall finden sich Buchhalter, die neben Wetten auf Rennpferde noch Wetten auf alle möglichen anderen Ereignisse annehmen. Die Spielregeln und der Reiz solcher Wetten bleiben einem europäischen Festländer genauso verschlossen wie die Regeln für Crickett oder in anderen Ländern die Regeln für Baseball.

Das England der fünfziger Jahre bleibt in der Erinnerung zurück als ein sehr grünes Land mit besonderen Sitten und viel Toleranz. Inzwischen hat sich manches geändert. Es gibt Bobbys mit Schutzschilden und Schlagstöcken, und das Victoria-Theater ist geschlossen. Die Darsteller waren im Vergleich zu modernen Stücken wie »Hair« oder »O Calcutta« viel zu bekleidet. Der DDR-Paß wird ohne weiteres bei der Einreise anerkannt, und Kenia ist ein selbständiger Staat geworden.

Aber wahrscheinlich sind die englischen Schlafzimmer immer noch so feuchtkalt wie damals.

Hände hoch – oder ich schieße

Zu den Aufgaben des ZIS gehört auch, auf dem Gebiet der Plaste zu arbeiten. Um 1960 herum bahnte sich die Entwicklung der glasfaserverstärkten Polyester an. Wenn Sie heute Integralhelme für Motorradfahrer tragen oder ein Boot aus Polyester besitzen oder mit einer guten Angelrute einen Hecht fangen, so gehen diese Erzeugnisse (und viele andere) auf Forschungen zurück, die einmal im ZIS gemacht wurden.

Um einen neuen Werkstoff einzuführen, ist es günstig, etwas daraus anzufertigen, was von der Form oder der Beanspruchung her überzeugt. Wer zum Beispiel einen neuen Damenstrumpf auf den Markt bringen will, wird ein paar Mädchen mit hübschen Beinen schaulaufen lassen.

Wir dachten lange nach, womit wir die Verwendung von Polyesterharz beschleunigen könnten. Endlich einigten wir uns auf eine Hochsee-Yacht. Nun gab es damals bereits in den USA die ersten Serienboote aus dem neuen Werkstoff. Wir wollten aber etwas Besseres bauen. Daher entwickelten wir ein Boot in Sandwichkonstruktion.

Ein Sandwich ist bekanntlich der vornehme Name für ein Stück Wurst, das auf beiden Seiten mit einer Brotscheibe bedeckt ist. In der Technik versteht man darunter eine Konstruktion, bei der ein Werkstoff mit bestimmten Eigenschaften auf beiden Seiten von einem anderen Werkstoff mit abweichenden Eigenschaften bedeckt ist.

In unserem Fall bauten wir die Bootswand in drei Schichten. Außen und innen kamen jeweils einige Millimeter glasfaserverstärkte Polyester (GUP) und dazwischen 19 mm

PVC-Schaum. Eine solche Kombination mußte nach unserer Meinung große Vorteile in der Festigkeit, der Steifigkeit und der Isolation bringen.

Heute lernt das jeder Ingenieur-Student, aber damals gab es viele Zweifler.

War eine Sandwichkonstruktion an sich schon zweifelhaft, so war sie es als Konstruktionselement eines Bootes noch viel mehr. Die Werften, bei denen wir anfragten, winkten alle ab. Schließlich stellte die Bootswerft in Wieck auf Rügen Kapazität für unser Vorhaben bereit.

Zufällig mußte ein Mitarbeiter um diese Zeit in die BRD reisen. Ich nutzte die Gelegenheit und schickte ihn zu der berühmten Bootswerft von Abeking und Rasmussen in der Nähe von Bremen. Er traf dort den Werftleiter und fragte ihn, was er als alter Bootsbauer von unserem Vorhaben halte.

Der hörte sich alles an, dann schüttelte er den Kopf und sagte: »Holz bleibt Holz. Kunststoff hat im Bootsbau keine Zukunft.«

Für uns war das natürlich ein ziemlicher Tiefschlag. Aber er forderte auch unseren Trotz heraus. (Inzwischen baut Abeking und Rasmussen keine Holzboote mehr.)

Im Winter 1957/58 entstand unsere Yacht, und im Frühjahr lief das fast zehn Meter lange Segelboot vom Stapel. Sogar das Fernsehen war dabei.

Fast wäre die Schiffstaufe schiefgegangen. Der älteste Arbeiter sollte die Ansprache halten und das Boot taufen. Er sagte bereits im ersten Satz, daß er der Älteste sei, doch dann kam er von dieser Feststellung nicht los und wiederholte sie in mehreren Variationen. Die Fernsehleute filmten darauf los und ließen ihre Tonbänder mitlaufen.

»Ich als der Älteste taufe das Boot, und weil ich der Älteste bin, werde ich das Boot taufen, und für mich ist es eine große Freude, das Boot zu taufen.«

Der Kameramann nahm die Kamera von der Schulter.

Der Film war zu Ende. Der Reporter zog das Mikrofon zurück. Im gleichen Augenblick war der Redner von der Last befreit, für das Fernsehen sprechen zu müssen. Er taufte das Boot auf den Namen ZIS I und wünschte ihm immer eine Handbreit Wasser unter dem Kiel.

Zur Überraschung der Fischer des Dorfes, die zusahen, schwamm das Schiff sogar. Die Erprobung der nächsten Wochen zeigte, daß sein Rumpf viel stabiler war als der eines Holzbootes.

Soweit war alles gut, nur der Wunsch mit der Handbreit Wasser ging nicht immer in Erfüllung.

In den darauffolgenden Sommern bereisten wir mit ZIS I die polnischen Küsten und Teile der Küste von Schweden. Überall wurde unser Boot von den Fachleuten bestaunt. Wir hatten auch bei schlechtem Wetter viel Vertrauen zum Schiff gefaßt. Die große Bewährungsprobe kam aber ganz anders, als wir es uns gedacht hatten.

In der Urlaubszeit mieteten (und mieten auch heute noch) ZIS-Mitarbeiter das Schiff für Familienfahrten. Ein Schiff kann letztlich nur erprobt werden, wenn es fährt. Vor allem war die Frage völlig offen, wie sich unsere Konstruktion nach fünf oder zehn Jahren verhält. Daher trafen sich die Wünsche der Segler mit den Anforderungen des Institutes, wenn im Urlaub viel gesegelt wurde.

Im Sommer 1961 wollte ich mit Frau und Tochter nach Gdynia segeln. Gleich zu Beginn der Reise traf uns das Unangenehmste, was einem Segler so passieren kann: der Wind blieb weg. Mehr als 30 Stunden lang herrschte völlige Windstille. Die Sonne brannte tagsüber auf uns herab, und die Nacht brachte kaum eine Abkühlung.

Nun sind Sonnenschein und Windstille an sich durchaus zu ertragen. Doch bei uns kam eine hohe Dünung dazu. Irgendwo auf der Ostsee mußte sehr viel Wind sein. Die Wellen aus diesem Gebiet liefen in unsere Flautenzone. Sie waren nicht besonders hoch und eigentlich ganz harmlos. Nur stimmte der Abstand, in dem die Dünung heranrollte, mit der Eigenfrequenz von ZIS I überein. Das Boot schaukelte sich auf, bis die Seiten des Decks in die See tauchten. Die Segel schlugen wild durch die Gegend. Wir mußten uns festhalten, um nicht von den Sitzen oder aus der Koje geschleudert zu werden. Nach etwa zehn wilden Bewegungen kam die Bootsbewegung im Vergleich zu den Wellen aus dem Takt. Es gab einen Ruck, und das Taumeln hörte auf. Dann begann das Schiff sich leicht in der See zu wiegen. Diese sanfte Bewegung ging in ein stärkeres Schaukeln über, und das Spiel begann von neuem.

Nach 30 Stunden ist die stärkste Mannschaft dann erschöpft. Bei Anbruch der zweiten Nacht wurde es immer schwüler. Über dem Land bauten sich Gewitter auf. Stundenlang blitzte es, ohne daß wir auch nur einen Lufthauch spürten.

Die Lichter der Stadt Ustka und die Leuchtfeuer der polnischen Küste waren über viele Meilen übernatürlich hell zu sehen. Man hatte den Eindruck, die Gewitter würden uns nicht erreichen, sondern über der Küste stehenbleiben. Wir saßen alle drei an Deck und sahen uns das Naturschauspiel an.

Unvermittelt brach eine Böe über uns herein. Der Wind pfiff in allen Tonarten in der Takelage. Peitschender Regen verminderte die Sicht auf wenige Meter. Das Schiff arbeitete schwer in der See.

Wir hatten alle Hände voll zu tun, um die Vorsegel zu wechseln und das Großsegel zu reffen. Eine Arbeit, für die man bei ruhigem Wetter nur wenige Minuten braucht, dauert in schwarzer Nacht bei sehr starkem Wind zehnmal so lange. Zu allem Überfluß ging noch die Reffkurbel, die zur Verkleinerung des Großsegels benötigt wird, über Bord. Dadurch wuchs der Zeitbedarf für die Manöver nochmals um das Doppelte. Nach etwa einer Stunde hatten wir am Schiff alles in Ordnung und waren dem Wind (es war schon ein kleiner Sturm) gewachsen. Solange hatten wir uns nicht um unseren Kurs kümmern können. Wir mußten das Boot immer so steuern, daß es seinen Bug möglichst gegen den Wind drehte und ihm so eine geringe Angriffsfläche bot.

Nun steuerten wir wieder Richtung Gdynia nach dem Kompaß, und ZIS I schoß mit hoher Fahrt durch die Wellen. Ringsumher war es immer noch stockdunkel, und wir wunderten uns, daß wir die starken Leuchtfeuer der Küste nicht sahen.

Auf einmal rief meine Frau, die sehr gute Augen hat: »Wir sind in der Brandung.«

»Unmöglich«, sagte ich.

Im gleichen Augenblick stieß unser Boot hart auf dem Grund auf und legte sich quer zur See. Wir waren gestrandet!

Die notwendigen Handgriffe folgten nun fast automatisch. Segel loswerfen, um den Winddruck herauszunehmen, Schlauchboot aussetzen, Bootspapiere einstecken und vor allem gut festhalten, denn die Brandung ging ziemlich hart mit Schiff und Mannschaft um.

»ZIS I« wurde noch schnell einmal zum Abschied gestreichelt. Es war ein gutes Boot. Dann brachte uns das Schlauchboot ohne Schwierigkeiten an den Strand. Der Wind wehte in diese Richtung und trieb uns vor sich her.

Da standen wir nun. Ringsum alles dunkel, außer den Positionslampen unseres Bootes in der Brandung nirgends ein Licht. Wir hatten keinen trockenen Faden am Leib, und uns war bitter kalt. Nur unsere Schwimmjacken gaben uns einen kleinen Schutz vor dem pfeifenden Wind.

Diese Schwimmjacken sind ein Mittelding zwischen Schwimmweste und wasserdichter Jacke. Sie sind hellorange gefärbt. Durch die eingenähten Auftriebskörper macht die Jacke ihre Träger sehr groß und sehr breit. Ich muß das hier so ausführlich beschreiben, weil Form und Farbe für die kommenden Ereignisse eine große Rolle spielen. Auch rufe ich nochmals in das Gedächtnis zurück, daß wir das Jahr 1961 haben und der kalte Krieg gegen die sozialistischen Staaten seinem Höhepunkt zustrebt.

Nachdem wir also feststellten, daß wir noch lebten, gingen wir einige Meter landeinwärts. Dort erhob sich ein Steilufer. Mühsam kletterten wir hinauf. Oben war auch alles dunkel, und der Wind schien uns hier noch kälter zu sein als am Strand.

Wir beschlossen, wieder hinunterzurutschen und dann am Strand entlangzugehen. Irgendwo mußten doch auch an der polnischen Küste Menschen wohnen.

Es wurde zu unserer Erleichterung auch schon etwas heller, so daß wir sahen, wohin wir traten. Ein letzter Blick zum Boot, und wir wollten losgehen.

»Da steht doch ein Mann«, sagte meine Frau.

Tatsächlich, in der schnell anbrechenden Morgendämmerung sah ich zehn Meter neben mir jemanden stehen. Freudig trat ich auf ihn zu. Aber der Mann hob einen Gegenstand hoch und hielt ihn in meine Richtung. Dieser Gegenstand hatte eine überraschende Ähnlichkeit mit einer Kalaschnikow. Gleichzeitig rief er mir etwas zu, was dem Klang nach: »Halt« oder »Zurück« bedeuten mußte.

»Da stehen noch mehr Leute«, rief meine Tochter.

Tatsächlich, um uns herum stand eine Gruppe polnischer Soldaten, und nun sahen wir, daß alle ihre Maschinenpistolen auf uns gerichtet hielten.

Einer trat einen Schritt auf uns zu und rief dauernd einige Worte. Dabei wurde seine Stimme immer energischer, und irgendwie hatten wir das Gefühl, er wolle etwas von uns.

»Vielleicht sollen wir die Hände hochheben«, flüsterte meine Frau. Vorsichtig hob ich die Arme etwas an. Sofort erhielt die Stimme einen zustimmenden Klang. Unsere Kenntnisse der polnischen Sprache machten enorme Fortschritte. Also verschränkten wir drei die Arme am Hinterkopf. Das schien richtig zu sein. Der Kreis um uns öffnete sich nach einer Seite. Ein weiteres polnisches Kommando, unterstützt durch eine Bewegung mit der Maschinenpistole. Wir begriffen und setzten uns am Wasser entlang in Marsch.

Ein Teil der Soldaten begleitete uns. Andere blieben zuück und suchten eifrig den Strand ab.

Im Mittelalter beteten die Küstenbewohner: »Herr segne unseren Strand«, und sie schlugen die Schiffbrüchigen kurzerhand tot, um damit alle Besitzansprüche über das Strandgut zu klären. Etwas humaner schienen die Zeiten inzwischen geworden zu sein. Aber als frisch gestrandeter Schiffer hatte man doch das Gefühl, daß unser Empfang ausgesprochen unfreundlich war.

Ich versuchte einige Male, unsere Begleiter anzusprechen. Doch das war ihnen gar nicht recht. Was sie in ihrer Sprache sagten, schien in der Richtung: »Halt den Mund« (um es vornehm auszudrücken) zu liegen. Dazu kam immer die entschiedene Bewegung mit der Waffe.

Nach etwa einem Kilometer kamen wir an einen Stützpunkt der Küstenwache. Ich mußte mich mit dem Gesicht an eine Mauer stellen. Meine Frau dachte, ich würde nun erschossen, aber ich wurde nur nach Waffen abgetastet.

Dann marschierten wir einige Kilometer durch eine Heidelandschaft bis zu einer Kaserne. Unsere Bewacher hatten inzwischen bemerkt, daß ihre Gefangenen zu 66,6 Prozent aus Frauen bestanden. Die Mündungen der Waffen waren nicht mehr ununterbrochen auf uns gerichtet.

Auf dem Kasernenhof mußten wir erst einmal warten. Schließlich kam ein Dolmetscher, der uns zu einem Offizier brachte.

»Wo sind die anderen vom Kutter?« war die erste Frage. Ich sagte, es gäbe keine anderen.

»Wir haben sechs Fußspuren am Steilhang gefunden.«

Ich erklärte, wie die Spuren entstanden seien. Aber irgendwie ritt der Offizier immer auf dem Kutter herum. Ich meinte, es handle sich nicht um einen Kutter (also ein verhältnismäßig großes Boot), sondern um eine kleine Yacht mit zwei Frauen und einem Mann.

Ein Gespräch des Offiziers mit dem Unteroffizier, der uns abgeliefert hatte, klärte dann den Kutter und die fehlenden drei Mann auf.

Ich glaube, außer uns waren alle etwas enttäuscht. Unsere orangefarbigen Jacken und die Fehleinschätzung der Bootsgröße hatten den Eindruck erweckt, irgendwelche üblen Menschen wollten in Polen landen.

Nachdem alles geklärt war, wurden die Frauen in Militärbetten gesteckt, und wir erhielten heißen Kaffee. Ich ging unter Bewachung (so ganz traute man uns doch nicht) zum Boot zurück.

Es war inzwischen an den Strand gespült. Große Steine lagen in der Brandungszone, über die die Brecher nun hinwegrauschten. Ziemlich erstaunt fragte ich mich, wie wir da lebendig durchgekommen waren.

Das zweite große Wunder war: Unser Schiff war immer noch heil. Die Segel waren etwas beschädigt, einige Taue waren zerrissen, in der Kajüte stand das Wasser. Aber der Bootsrumpf zeigte kein Loch, und der Mast stand noch. Unsere Konstruktion hatte sich bewährt, wo von einem Holzboot nur noch Splitter nachgeblieben wären.

Mit Hilfe der Soldaten räumten wir das Schiff aus und stapelten Decken, Konserven und Bootszubehör am Strand. Gegen Mittag kam ein kleiner dicker Mann in der Uniform eines Kapitäns der polnischen Handelsmarine zu uns. Er stellte sich als Kapitän Pacho, Hafenkapitän von Ustka, vor. Kapitän Pacho brachte in seinem Wagen eine große Kiste mit, die bis oben hin voller Ausrüstungsstücke für Schiffbrüchige war. Daraus kleidete er uns völlig neu ein. Es war ein herrliches Gefühl, endlich trockenes Zeug am Leibe zu haben.

Wir verabschiedeten uns von den Soldaten des Küstenabschnittes.

»Sie müssen verstehen, wie es zu Ihrer Verhaftung kam«, sagte der Offizier, »die politische Lage ist sehr schlecht. Und dann waren Ihre Rettungsjacken so ungewohnt für meine Soldaten.«

Der Dolmetscher fügte hinzu: »Als Sie strandeten, war der Strom an der Küste ausgefallen. Es hätten ja auch Saboteure sein können.«

Nun wußten wir wenigstens, warum wir nirgends Licht gesehen hatten.

»Aber die Leuchtfeuer hätten doch brennen müssen?« fragte ich Kapitän Pacho.

»An sich werden die Feuer bei Stromsperre auf Notstrom umgeschaltet, aber mitunter hoffen die Wärter, daß der Strom gleich wiederkommt, und warten, bevor sie den Notdiesel einschalten.«

»Hier stranden öfter Kutter«, erzählte der Dolmetscher weiter. »Es steht hier eine harte Strömung auf das Land zu. Sie waren die ersten, mit denen es Schwierigkeiten gab. Wegen der politischen Lage und der Stromsperre. Sie verstehen?«

Wir verstanden und dachten an unser armes Schiff, das hilflos am Ufer lag. Wie würde es den nächsten Sturm überstehen?

Dann fuhr Kapitän Pacho uns nach Ustka und brachte uns im Gebäude des Hafenamtes unter.

Unmittelbar vor dem Amt lag der Seenotkreuzer. In uns keimte eine Hoffnung auf. Vielleicht könnte er ZIS I wieder flottmachen.

Der Kapitän vom Kreuzer sprach genauso wie Kapitän

Pacho ein gutes Deutsch. Er hörte sich unser Problem ruhig an.

»Sind Sie versichert?«

Nun machte es sich bezahlt, daß wir trotz der Aufregung bei der Strandung die Schiffspapiere mitgenommen hatten. Ich zeigte unsere Versicherungspolice vor.

»Gut«, sagte der Kapitän, »unterzeichnen Sie diesen Vertrag.«

Er schob mir einen gedruckten Vertrag in englischer Sprache zu, in dem nur der Schiffsname und meine Unterschrift fehlten. Der entscheidende Punkt war: no cure — no pay, kein Erfolg — kein Geld.

Ich unterschrieb.

Kurz darauf liefen der Seenotkreuzer und ein kleines Begleitschiff aus.

Wir haben uns später erzählen lassen, wie die Bergung von ZIS I ablief. Ein Landkommando legte ein dickes Tau um das Schiff, um beim Abschleppen die Kräfte gleichmäßig auf den Rumpf zu verteilen. Das Begleitschiff lief auf einige 100 Meter an den Strand heran und schoß mit einer Rakete ein dünnes Seil hinüber. Mit dessen Hilfe wurde eine dicke Trosse vom Schiff an Land geholt und ZIS I daran befestigt. Das Begleitschiff fuhr nun langsam zum Seenotkreuzer, der wegen seines Tiefganges weiter vom Ufer entfernt wartete. Die Trosse wurde übergeben und festgemacht. Die Maschinen begannen erst langsam, dann immer stärker zu arbeiten. Die Trosse spannte sich wie eine Geigensaite. Ganz langsam rutschte ZIS I vom Ufer herunter, über die innere Sandbank, über die äußere Sandbank, über die großen Felsbrocken hinweg und schwamm!

Ein Taucher untersuchte den Rumpf. Das Schiff hatte auch dieses Belastungsproblem überstanden. Nur ein fast zwei Finger dicker Bolzen, an dem das Steuerruder hing, war abgebrochen. Ein Beweis, wie groß die Beanspruchung war.

Als wir am nächsten Morgen aus dem Fenster des Hafenamtes sahen, schaukelte unser Boot friedlich im Hafen.

Der Stein, der uns vom Herzen fiel, muß so laut auf den Fußboden geschlagen sein, daß Kapitän Pacho zu uns in das Zimmer kam. Er freute sich mit uns. Durch seine Vermittlung halfen uns die Fischereigenossenschaft und der Hafenbetrieb von Ustka, das Boot wieder seeklar zu machen.

Gdynia und Gdansk besuchten wir von Ustka aus mit dem Wagen. Die Zeit reichte nicht mehr zum Hinsegeln. Für die Rückreise nach Stralsund ebnete Kapitän Pacho alle Schwierigkeiten. Die Zoll- und Grenzbehörden fertigten uns sehr schnell ab und wünschten uns gute Fahrt. Die Behörde der Grenztruppe teilte uns mit, wir dürften zur Abkürzung des Weges durch ein Sperrgebiet segeln. Theoretisch waren alle Vorbedingungen für eine schnelle Heimfahrt gegeben. Aber zwischen Theorie und dem Wetter bestehen kleine Unterschiede.

Der Wind blies genau gegenan und frischte immer mehr auf. Schließlich konnten wir mit Mühe und Not Darlowo als Schutzhafen erreichen. Dort wehten wir für eine Woche ein. Jeden Morgen pilgerten wir zur Mole und sahen uns die steile See an, die sich dort aufgebaut hatte. Jeden Abend besuchten wir den dort stationierten Seenotkreuzer und hörten den Wetterbericht von Rügen-Radio. Der Sprecher prophezeite immer so unangenehme Dinge wie Westwind, Stärke sechs bis sieben. Leider trafen seine Prophezeiungen auch ein, was bei Wetterberichten bekanntlich nicht unbedingt der Fall zu sein braucht. An sich wäre das alles nicht so tragisch gewesen, denn wir lagen ja im geschützten Hafen, wenn uns nicht unser Proviant ausgegangen wäre. Wir hatten mit etwa drei Tagen für die Rückreise gerechnet, dazu noch etwas Reserve. Ein Segler, der nichts zu tun hat außer warten, scheint besonders hungrig zu sein. Jedenfalls zeigten die Stauräume für unsere Vorräte gähnende Leere. Auch unser

Złoty-Vorrat war erschöpft. Wir hatten alles in Ustka ausgegeben (damals waren Devisenein- und -ausfuhren in Złoty noch beschränkt).

Wie immer, wenn man in Schwierigkeiten sitzt, denkt man nach, wer einem helfen kann. An sich wäre unsere diplomatische Vertretung in Warschau dafür zuständig gewesen. Aber von denen hatte ich bereits in Ustka einen Kredit aufgenommen, und das spielte sich so ab:

Als wir im Zimmer des Hafenamtes saßen und auf die Bergung von ZIS I warteten, kam Kapitän Pacho hereingestürzt, ich solle sofort zum Telefon kommen. Natürlich war ich erstaunt. Wer konnte wissen, daß ich seit einigen Stunden in Ustka weilte?

Am Telefon fragte eine Stimme auf englisch, ob ich der Kapitän der gestrandeten Yacht sei. Kapitän ist zwar ein großes Wort, und ich denke dabei immer an den Führer einer Viermastbark oder eines Supertankers. Aber weil auch solche Kapitäne ihre Schiffe auf Klippen und Strände gesetzt haben, fühlte ich mich wenigstens in dieser Beziehung ihnen gleichgestellt, und ich sagte, ich sei tatsächlich der Kapitän der gestrandeten Yacht.

»Gut«, meinte der Mann am Telefon »ich bin der Agent von Lloyd in Gdansk. Sind Sie bei Lloyd versichert?«

Das war ich nicht. Wir waren in Rostock versichert.

»Dann kann ich nichts für Sie tun«, sagte der Mann von Lloyd und legte auf.

Durch den Anruf wurde uns erst klar, daß wir finanziell in einer Zwickmühle saßen. Wir hatten keine Złotys bei uns. Polnisches Geld sollten wir von einem Bekannten in Gdansk bekommen. Den hätten wir von Ustka aus erst einmal mit der Bahn aufsuchen müssen. Dazu hätten wir Geld gebraucht, das wir nicht hatten.

Wenn sich eine englische Versicherung um uns kümmerte, konnte auch die Botschaft der DDR etwas für uns tun. Kapitän Pacho telefonierte einige Stunden für uns, dann hatte er unser Generalkonsulat in Warschau in der Leitung.

Ich erzählte, was uns passiert sei und wie es im Augenblick um unsere Finanzen stünde.

Im Umgang mit Schiffbrüchigen fehlte es in Warschau noch an Erfahrung. Erstaunt wurde gefragt:

»Was soll ich denn für Sie tun?«

»Schicken Sie uns zweitausend Złoty.« Ich weiß, daß es leichter ist, eine größere Summe zu erhalten als eine kleinere. Der Złoty stand damals viel höher im Kurs als heute.

»Ich kann Ihnen doch nicht einfach zweitausend Złoty schicken«, kam es ganz entsetzt aus dem Fernsprecher, »ich kenne Sie doch gar nicht.«

Die Zahl 2000 war demnach schon in das Gehirn meines Gesprächspartners eingedrungen. Ich sagte ihm die Telefonnummer meines Ministers (der damals für solche Reisen zuständig war). Er würde schon für mich bürgen.

Tatsächlich kamen einige Stunden später telegrafisch 2000 Złoty. Wir brauchten sie auch dringend, um Reparaturen zu bezahlen und den Wodka für die Leute zu kaufen, die uns ohne Bezahlung halfen. Dann fuhren wir nach Gdansk, Oliva und Malbork. Das Generalkonsulgeld und unser eigenes schmolzen schnell dahin. Die letzten Złoty legten wir in Ustka bei unserer Ausfahrt in Brot und Eiern an.

Als nun die Hungersnot in Darlowo ausbrach, wollte ich ungern nochmals unsere Vertretung in Warschau anrufen, wie man sicher verstehen kann. Ich dachte mir, sie haben zu Hause bereits genug Wirbel verursacht, und ich wollte ihn nicht noch vergrößern.

Zu unserem Glück wußte der Kapitän vom Seenotkreuzer Rat. Er sprach über Funk mit seiner Dienststelle in Gdynia. Von dort wurde uns ein Kredit auf Rechnung unserer Versicherung bewilligt. Wir konnten uns beim Schiffshändler neu verpflegen.

Kein Sturm währt ewig! Nach einer Woche konnten wir endlich auslaufen und die Heimreise antreten. Mit Dankbarkeit denke ich an die polnischen Freunde, die uns damals halfen.

Der Ärger zu Hause hielt sich übrigens in mäßigen Grenzen. Die Freude, daß wir noch lebten, überwog alles. Eine Woche später lief ZIS I schon wieder zu einer neuen Auslandsfahrt aus.

Solange die Häfen nicht überfüllt sind, haben wir eigentlich nur nette Hafenmeister und Zöllner gefunden. Wenn mich jemand fragt, wo die höflichsten und rücksichtsvollsten Leute an einem Hafen wohnen, so gebe ich ohne zu zögern Falkenberg in Schweden an.

Falkenberg ist ein kleiner Hafen an der schwedischen Westküste. Wir hatten schon eine lange Fahrt durch die dänischen Inseln hinter uns und überquerten das Kattegat von der jütländischen Küste nach Schweden. Zwar war das Wetter gut, aber wir hatten uns mit der Zeit verschätzt. Die schwierige Einfahrt nach Falkenberg mußten wir um Mitternacht bewältigen. Es zehrt an den Nerven, wenn man im Dunkeln mit einem Segelboot einen unbekannten Hafen anlaufen muß. Zuerst einmal ist da das unangenehme Gefühl, auf einem Fahrzeug zu sitzen, das nicht bremsen oder stoppen kann und dem ein Sektor von 45° nach jeder Seite der Windrichtung verschlossen ist. Ein Segler kann eben nicht gegen den Wind segeln, und einen Motor hatten wir damals nicht. Erschwert wird die Einfahrt in den Hafen weiter, weil das Land voller Lichter von Straßenlaternen und Autoscheinwerfern ist, gegen die sich die oft schwachen Leuchtfeuer auf Tonnen und Molenköpfen kaum abheben.

Jedenfalls, als wir endlich im Hafen waren, schauten wir kurz auf den Kai, ob dort einer vom Zoll oder von der Grenze stünde, und weil das nicht der Fall war, legten wir uns schlafen.

Der Schlaf muß sehr fest gewesen sein, denn als wir endlich von der Sonne geweckt wurden und aus der Kajüte herauskamen, lagen wir an einer ganz anderen Stelle, als wir vor sechs Stunden festgemacht hatten. Natürlich kränkt es den Schipper, wenn sein Boot bewegt wurde, ohne daß er es merkte, und unsere Gesichter sahen wohl auch entsprechend aus.

Dort, wo wir nach unserer Erinnerung festgemacht hatten, lag nun ein großes Motorschiff und verlud Holz. Einer der Arbeiter kam zu uns und fragte, ob wir englisch verstünden. Wir verstanden.

»Entschuldigen Sie«, sagte er, »daß wir Sie verlegt haben. Es war heute morgen um vier Uhr, und wir wollten Sie nicht im Schlaf stören. Ich hoffe, Sie sind uns nicht böse.«

Natürlich waren wir über soviel Rücksicht nicht böse. Wir stellten uns nur vor, bei uns zu Hause käme ein Motorschiff und wollte an den ihm zustehenden Kai, und dort läge eine winzige Segelyacht. Der Kapitän des Motorschiffes wäre wahrscheinlich morgens um vier auch müde und leicht gereizt. Außerdem ist bei ihm Zeit bares Geld. Wir stellten uns also vor, was dann alles gesagt worden wäre, und frühstückten dabei.

Am Mast flatterte derweilen die gelbe Signalflagge Q. Diese gelbe Flagge bedeutet nicht (wie oft angenommen wird): Ich habe die Pest an Bord, sondern genau das Gegenteil: Bei mir ist alles gesund, und ich möchte die Genehmigung haben, mit dem Land zu verkehren.

Da niemand kam, um uns diese Genehmigung zu erteilen, machte ich mich auf den Weg in der Hoffnung, irgend jemanden in Uniform zu treffen, der für uns zuständig sei. Tatsächlich fand ich am Ende des Hafens ein Haus mit einem Wappen und der Aufschrift Toll. Ein Wappen weist in Schweden immer auf eine Dienststelle hin, und Toll konnte ich mühelos mit Zoll übersetzen.

Drinnen fand ich einige freundliche Herren, die deutsch sprachen.

»Es ist sehr freundlich von Ihnen, daß Sie kommen«, sagte einer von ihnen zu mir. »Wir beobachteten, wie Sie heute nacht einliefen. Wir dachten, Sie würden müde sein, und wir haben Sie daher nicht belästigt. Wäre es Ihnen angenehm, wenn wir nun zu Ihnen an Bord kämen?«

Überwältigt von soviel Höflichkeit, antwortete ich, es sei uns sehr angenehm, doch bäte ich, auch den zuständigen Herren für unsere Pässe mitzubringen.

»Ich rufe sofort beim emigration officer an.«

Es folgte ein längeres Telefongespräch mit viel Gelächter. Unser Problem schien dabei keine große Rolle zu spielen. Dann legte der Zöllner den Hörer auf und sprach: »Mein Kollege läßt Ihnen bestellen, wenn er Zeit hat, kommt er vorbei und stempelt Ihre Pässe ab. Wenn er keine Zeit hat, so bittet er Sie, diese Formalität in einem anderen Hafen zu erledigen.«

Er hatte übrigens keine Zeit, und wir bekamen unseren Stempel erst einige Tage später in einem anderen Hafen. Das war gut, denn als wir in Göteborg einliefen, kam die Grenzpolizei sofort an Bord und prüfte, ob wir ordnungsgemäß einklariert hatten.

Wer jemals Umgang mit Hafenarbeitern, Schiffskapitänen, Zollbeamten und Grenzpolizisten hatte, wird zugeben, daß Falkenberg wirklich der Hafen mit den höflichsten Leuten ist.

Man kann den Empfang in einem Hafen auch nach anderen Kriterien beurteilen, z. B. nach dem Gewicht der Zöllner und Grenztruppen.

Meine Frau und ich waren mit unserem Segelboot nach einwöchiger Fahrt vor Leningrad angekommen. Mit zwei Personen ein Segelboot über die Ostsee zu bringen ist eine schöne, aber harte Beschäftigung. Vier Stunden Wache wechseln mit vier Stunden Freizeit. Doch von der Freizeit gehen navigieren, kochen, waschen und Segel wechseln ab. Nun lag die Reede von Kronstadt vor uns. Ein Dutzend großer Frachtschiffe lag vor Anker und wartete auf den Lotsen, der sie zum Leningrader Hafen bringen sollte. Wir wußten nicht so recht, was wir machen sollten. Nach Leningrad braucht jedes ausländische Schiff einen Lotsen, also auch wir. Schließlich entdeckten wir das Lotsenwachschiff, einen großen Schlepper, von dem aus die Lotsen in kleineren Motorbooten zu den Schiffen gebracht werden. Wir warfen eine Leine hinüber und hingen nun hinter seinem Heck. Die Verhältnisse sind dabei so, als wenn ein Tretroller hinter einem 50-Tonnen-LKW steht, nur mit dem Unterschied, daß uns die Wellen immer hochhoben und uns anschließend in ein tiefes Tal versinken ließen.

Mühsam kletterte ich an Bord des großen Schiffes und begab mich zum Lotsenkapitän. Er war sehr nett.

»Schlafen Sie erst einmal aus. Bis morgen habe ich alles geklärt.«

Wir schliefen erst einmal aus und genossen das herrliche Gefühl, nicht alle paar Stunden in Nacht und Kälte hinaus zu müssen. Am nächsten Morgen warteten wir auf Nachricht, aber als nichts geschah, kletterte ich wieder zum Lotsen hinüber. Der Kapitän war sehr verlegen.

»Sie dürfen nicht in den Hafen«, sagte er. »Sie haben keine ETA-Meldung abgegeben.«

ETA bedeutet im Funkerjargon: estimated time of arrival, die ungefähre Ankunftszeit. Ich antwortete, ich hätte kein Funkgerät und könne daher keine solche Meldung funken. Der Kapitän zuckte mit den Schultern und berief sich auf seine Vorgesetzten.

Es entstand eine erregte Debatte auf russisch, englisch und deutsch, worin das international verständliche Wort Bürokrat eine große Rolle spielte. Ich hielt dem Kapitän unser

Spezialvisum für Leningrad von der sowjetischen Botschaft vor. Schließlich versprach er, nochmals mit der Hafenbehörde über Funk zu sprechen. Beharrlichkeit wirkt oft Wunder. »Sie bekommen den nächsten freien Lotsen«, sagte der Kapitän nach seinem Telefonat.

Nach einer guten Stunde lief ein großes Frachtschiff aus dem Leningrader Fahrwasser aus. Der Lotse wurde von Bord geholt und zu uns gebracht. Es war ein Mann mit vier Ärmelstreifen, also ein Kapitän für Große Fahrt.

»Das ist das kleinste Schiff, das ich je betrat«, meinte er. »Werfen Sie die Maschine an.«

Ich warf die Maschine an. Der Lotse war das leise Vibrieren der schweren Schiffsdiesel gewohnt. Unser Boot besaß einen Außenbordmotor, der nach besten Kräften knatterte. Der Lotse hielt sich die Ohren zu und meinte, das sei ein furchtbarer Krach.

»Der Außenborder ist ein Weterok«, sagte ich, »und der freut sich, daß er wieder in seiner Heimat ist.«

»Stellen Sie das Ding ab, wir segeln.«

Albert, so hieß der Lotse, fand so viel Gefallen am Segeln, daß er die ganze Zeit am Steuer saß. Immer wenn ein großes Schiff entgegenkam, fuhr er dicht heran, stand dann in voller Größe auf und grüßte seine Kollegen auf der Kommandobrücke 20 Meter über uns.

Nach zwölf Stunden im Morgengrauen legte Albert uns neben den sowjetischen Schoner »Sarja«. Die »Sarja« ist ein Holzschiff und wird für magnetische Messungen benutzt. Albert bedankte sich herzlich für den Spaß, den er bei uns am Steuer hatte, und für das gute Essen, das wir ihm gaben.

»Schlafen Sie ruhig, nachher kommt jemand zum Einklarieren.«

Wir zogen uns aus und legten uns schlafen. Ein Schiffer schläft aber immer nur mit einem Auge. Er merkt im tiefsten

Schlaf, wenn irgend etwas Ungewöhnliches mit dem Boot passiert.

Ich wachte auf, weil ich das Gefühl hatte, unsere »Henriette« sacke nach einer Seite weg. Schritte polterten an Deck, und eine Stimme fragte, ob man hereinkommen dürfe. Auf meine bejahende Antwort »strömten« sechs Zwei-Zentner-Männer und ein schlanker Jüngling durch die Luke.

Nun muß man wissen, die Kajüte ist für höchstens fünf Personen gebaut. Mit uns zusammen drängten sich also neun Leute in dem engen Raum, wobei sechs glatt mit dem Faktor zwei multipliziert werden konnten. Zum Glück haben Russen viel Sinn für Humor, und so freuten sich die Besucher riesig über das Gedränge. Mühsam quetschten sie sich auf den Sitzbänken zusammen.

Die nächste Schwierigkeit gab es mit den Mützen. Sowjetische Seeleute, Lotsen, Zöllner und sonstige Leute, die etwas mit der Seegrenze zu tun haben, tragen schöne große Mützen. Es war einfach kein Platz mehr in der Kajüte, um die Mützen irgendwo hinzulegen. Schließlich reihten wir die sieben Mützen säuberlich draußen vor der Kajüte auf.

Nun begann der erste Zwei-Zentner-Mann, einen Haufen Papiere aus seiner Aktentasche zu ziehen. Er sei der Hafenarzt und müsse einen Fragebogen mit uns ausfüllen. »Anstekkende Krankheiten? Pest, Gelbfieber?« Wir waren kerngesund.

»Name des Schiffes?«

»Henriette.«

»Genriette?«

Diskussion über H und G in den verschiedenen Sprachen.

»Heimathafen?«

»Ueckermünde.«

»??«

Der Klügere gibt nach – im Türkischen soll es viele Ü geben, aber im Russischen stößt dieser Buchstabe auf Schwierigkeiten – »Heimathafen ist Stralsund.«

»Fein«, sagt der Hafenarzt, »unterschreiben Sie.«

Ich unterschreibe ein mehrseitiges Dokument.

Der Arzt quetscht sich aus der Kajüte ins Freie und klettert zur »Sarja« hinüber. »Henriette« kommt ein kleines Stück höher aus dem Wasser heraus.

»Haben Sie Ratten an Bord? Wann wurden Sie zuletzt entrattet?«

Der zweite Fragebogen für die Hygiene-Inspektion ist auszufüllen. Wir haben keine Ratten an Bord, besitzen aber kein Entrattungsattest. Eine schlimme Sache, wenn man einen Fragebogen ausfüllen muß. Doch wir einigen uns darauf, daß das Schiff auf Ratten abgesucht wurde und frei von ihnen ist. Unterschrift, Verabschiedung, »Henriette« kommt drei Zentimeter höher aus dem Wasser.

»Haben Sie Getreide geladen?« Unterschrift usw. Es wird richtig leer in der Kajüte.

»Wieviel Passagiere haben Sie an Bord? Wieviel wollen davon in der UdSSR bleiben? Haben Sie eine Passagierliste in dreifacher Ausfertigung?«

Wir haben weder noch.

Auch Obst befindet sich nicht an Bord. Wir haben auch

nicht die Absicht, Obst zu importieren. Immer wieder werden die Fragebögen ausgefüllt, die für große Schiffe gedacht sind. Stolz unterschreibe ich jedesmal als Kapitän. Auch zu verzollen haben wir nichts.

Schließlich setzt der Genosse von der Grenzpolizei einen schönen Stempel in unsere Pässe und unter die Mannschaftsliste (zwei Personen). Der Mann von Inflot (das war der magere Jüngling) regelt mit uns noch einige Fragen wegen des Liegeplatzes. Dann lag »Henriette« wieder in ihrer normalen Wasserlinie. Wir konnten uns den Schönheiten Leningrads widmen.

Der Onkel aus dem Lande von Marx und Engels

Das bekannteste Buch aus und über China ist meines Wissens »Der Traum der roten Kammer«, ein dicker Roman mit vielen Personen, Geistern und Handlungen. Wer sich durch die vielen Seiten durcharbeitet, hat anschließend den Eindruck, man könne auch anders denken als wir Mitteleuropäer. Mit dieser Einsicht ist ein wichtiger Schritt zur Toleranz gegenüber einer anderen Kultur getan. Man erkennt, daß es Gründe geben kann, die Welt anders zu begreifen, als wir es tun. Die Ansicht, es müsse alles so sein wie bei uns, um die beste aller Welten zu haben, ist größenwahnsinnig. Das schließt nicht aus, über Sitten und Gebräuche anderer Länder auch einmal zu schmunzeln, vorausgesetzt, man ist nicht beleidigt, wenn die anderen auch über uns lächeln.

Solche philosophischen Gedanken lagen uns fern, als wir an einem naßkalten Moskauer Septemberabend auf dem ungeheizten Flugplatz saßen und auf den Abflug der Maschine nach Peking warteten. Schließlich hieß es, über Sibirien tobt ein Orkan, wir fliegen vielleicht morgen früh um fünf Uhr.

Um in das Hotel zu fahren, war es schon zu spät. Wir schlugen uns eine kalte lange Nacht um die Ohren. Nur die Kohlsuppe im Restaurant wärmte uns wieder etwas auf.

Zum Glück stand unsere IL 14 am Morgen bereit. Nachdem wir in der Luft waren, wurde es in der Flugzeugkabine endlich warm. Bei der ersten Zwischenlandung nach drei Stunden hatte ich wieder warme Füße. Aber nicht für lange, denn je weiter wir nach Sibirien kamen, desto kälter wurde es. Aus irgendeinem Grunde hatte Aeroflot eine tiefe Abnei-

gung, die Temperatur in dem Flughafenrestaurant der des Flugzeuges anzupassen. Immer wenn wir in der Luft durchgewärmt waren, kam die nächste Zwischenlandung. Links und rechts der Startbahn lag immer mehr Schnee, und die Wartezeiten in den Flughäfen wurden immer länger und kühler.

Wir schauten sorgenvoll in die Zukunft. Wenn es in China vier Wochen lang so kalt sein würde wie in Sibirien, dann stand uns einiges bevor. Nachträglich muß ich sagen, daß dieser Gedanke nur entstehen konnte, weil China auf der Landkarte wie ein kleines Stück von Sibirien aussieht. Man fällt immer wieder auf die verschiedenen Maßstäbe der Karten herein.

In Irkutsk meinte unser Flugkapitän, hier wolle er mit uns übernachten. Auf ein paar Stunden käme es sowieso nicht an. Zufrieden über diese Entscheidung, krochen wir im Flughafenhotel in die Betten.

Am nächsten Morgen hatten wir mit dem Wetter Glück. Der Baikalsee lag im Sonnenschein unter uns. Wir huschten knapp über die Gipfel des Gablonowy Chrebet hinweg. Dann dehnte sich endlos der gelbbraune Sand der Wüste Gobi. Schließlich lagen wieder Gebirgsketten unter uns, über die sich ein endloser Strich zog. Das Flugzeug verlor an Höhe. Der Strich war deutlicher zu sehen, es war die Chinesische Mauer. Wir waren da.

Natürlich diskutierten wir, wie der Empfang auf dem Flugplatz sein würde. Wir kamen ja mit 24 Stunden Verspätung, und wir konnten nicht erwarten, daß uns jemand abholen würde.

Das Flugzeug rollte aus. Als wir aus dem Kabinenfenster schauten, sahen wir einige Dutzend Chinesen und einige Europäer unmittelbar vor der Gangway stehen. Sie trugen sommerliche Kleidung. Die Sorge über die Kälte war also überflüssig gewesen.

Die Stewardeß forderte uns immer wieder auf, sitzen zu bleiben. Durch die inzwischen geöffnete Flugzeugtür kamen ein Hauch von warmer Sommerluft und drei Chinesen mit Rot-Kreuz-Armbinden. Sie trugen Flit-Spritzen, mit deren Inhalt sie uns ausgiebig besprühten. Aus der europäischen Tradition heraus hatten wir immer geglaubt, Krankheiten wie Pest, Cholera oder Malaria kämen aus dem Orient in den Westen. Hier erlebten wir, daß man die Wanderungsrichtung von Krankheiten auch andersherum sehen kann. Dann mußten wir unseren Internationalen Impfpaß vorzeigen. Bei einem Passagier war er nicht in Ordnung. Ohne Umstände wurde ihm der Ärmel hochgekrempelt, und ehe er wußte, wie ihm geschah (er verstand kein Chinesisch), war er geimpft. Befriedigt verließen die Leute vom Gesundheitsdienst die Kabine und ließen uns in einem Nebel von Desinfektionsmitteln zurück. Ich habe mir später erzählen lassen, daß wir Europäer für Chinesen unangenehmer riechen, weil wir Milchprodukte (»Verfaultes wie zum Beispiel Käse«, sagte mein Gewährsmann) äßen.

Wir fühlten jedenfalls, wie alle Krankheitskeime und restliche Bazillen abstarben, und eilten ins Freie.

Als wir am Fuß der Gangway standen, drängte sich eine Anzahl Chinesen an uns heran. Andere stellten sich so, daß die Europäer, die zu uns wollten, nicht zu uns durchkamen. Ein großer SIS-Wagen fuhr heran. Wir wurden freundlich, aber bestimmt hineingeschoben. Die Europäer riefen uns zu: »Sie müssen morgen zur Botschaft kommen.« Nun wußten wir es, es waren nicht einfach Europäer, sondern Angehörige der Botschaft der DDR, die auf uns gewartet hatten.

Wer unsere Begleiter im Auto waren, wußten wir aber noch nicht. Wir mußten erst das große Vorstellungszeremoniell kennenlernen.

Jedenfalls sprach mindestens einer deutsch. Wir fragten ihn, wer er sei und wer die anderen. Über sich gab er Auskunft, aber über seine und unsere Begleiter war nichts Genaues aus ihm herauszuholen.

Er heiße Li und habe sechs Jahre lang in Dresden Diplom-Ingenieur studiert. Und er freue sich, wieder deutsch reden zu können. Viel mehr war nicht herauszukriegen.

Wir waren auch nicht weiter auf eine Vorstellung neugierig, denn eine fremde Landschaft glitt an unseren Autofenstern vorbei. Eine schnurgerade Schotterstraße, links und rechts mit tiefen Gräben und Baumreihen. Menschen in blauen Anzügen auf Fahrrädern oder auf von einem Pferd gezogenen Karren. Große Menschenkolonnen auf den Feldern beim Hacken. Eine fahlgelbe Landschaft. Schließlich eine riesige Mauer und ein ebenso riesiges Torhaus, von Bildern bekannt, der Eingang zur Stadt Peking. Eine breite Asphaltstraße, dann eine kleinere Straße mit grauen einstöckigen Gebäuden. Vor den Häusern Öfen, auf denen Frauen Essen kochten. Dann hielten wir vor einem flachen Betongebäude. Unsere Begleiter führten uns in eine Halle. In der Mitte ein großer bunter Teppich. An den Wänden tiefe Klubsessel. Davor kleine Tische. Auf jedem Tisch ein großer Porzellanbecher mit Deckel.

Vorsichtig öffnete ich den Deckel. Ein kräftiger Jasminduft verbreitete sich im Raum. Es ist der berühmte chinesische Jasmintee, den wir in den großen Bechern haben. Zwischen jeweils zwei Sesseln steht ein Gefäß, das verblüffende Ähnlichkeit mit einem emaillierten Nachttopf hat. Auf jedem Topf liegt ein Holzdeckel, aus dem ein 50 cm langer Griff emporragt. Diese Nachttöpfe werden uns die nächsten Wochen durch ganz China begleiten. Es sind Spucknäpfe, die oft und eifrig und mit sehr viel Geräusch benutzt werden.

In meiner Jugend wurden die Spucknäpfe in deutschen Schulklassen, Bahnhöfen und Privatwohnungen abgeschafft. Sie hatten im Unterschied zu den chinesischen keine Deckel. Zur Zeit, wo ich diese Erinnerungen schreibe, ist es bei den jüngeren Leuten modern, möglichst oft auf den Bürgersteig zu spucken, was ein gebildeter Chinese nie tun würde. Andererseits ist es natürlich nicht jedermanns Sache, unmittelbar neben einem Spucknapf in Nachttopfform zu sitzen.

Wir saßen also entlang den Wänden und schwiegen. Nach dieser feierlichen Vorbereitung begann einer unserer Gastgeber zu sprechen. Er stellte sich und seine Begleitung vor. Es waren ein stellvertretender Minister, ein Vizepräsident der Bauakademie, mehrere hohe Mitarbeiter aus dem Staatsapparat und Li, unser Dolmetscher.

Der Minister hielt eine blumige Rede. Er begrüßte die Genossen aus dem Lande von Marx und Engels (ein Ausdruck, den wir oft hören sollten). Dann pries er die deutsche Technik im allgemeinen und die Leistungen des ZIS im besonderen. Ausführlich zählte er auf, was man alles von uns lernen wolle.

Es ist immer gut, wenn man etwas über die Sitten des Gastlandes gelesen hat. Daher nahmen wir die Lobpreisungen so, wie sie in China gemeint waren. Und wir gingen davon aus, daß (nach chinesischen Maßstäben) gebildete Menschen ähnlich antworten müssen.

Ich begann daher meine Rede mit dem grauen Altertum, in dem die alten Chinesen schon lesen und schreiben konnten, und schilderte dann, wie durch die Übernahme chinesischer Erfindungen wie des Kompasses, des Papiers und des

Porzellans erst die europäische Zivilisation ihre heutige Höhe erreichte. Vom Papier war es dann ein kleiner Schritt zu Marx und Engels und den Folgen, die ihre Werke für die Welt und das chinesische Volk hatten.

Am Schluß betonte ich, wir seien nicht hergereist, um chinesische Techniker zu belehren, sondern um unser Wissen auszutauschen.

Meine Ausführungen schienen zu gefallen. Der Minister und der Präsident tranken zufrieden ihren Tee. Wenn der Becher leer war, füllten sie aus Thermoskannen heißes Wasser auf den Bodensatz nach.

Die gute Stimmung wurde etwas getrübt, als ich sagte, wir müßten am nächsten Morgen zu unserer Botschaft. Eigentlich sähe unser Programm etwas anderes vor, wurde uns erklärt. Aber schließlich einigten wir uns doch auf einen Termin.

Unser Zimmer war einfach ausgestattet, aber vorbildlich sauber. Ein großer Korb mit Obst stand auf dem Tisch. Es ist

eine Regel, in fremden Ländern mit Obst wegen der Infektionsgefahr vorsichtig zu sein. Doch bei soviel Sauberkeit aßen wir bedenkenlos, und wir haben in den vier Wochen unseres Aufenthaltes nie die geringsten Schwierigkeiten mit Darminfektionen gehabt.

Li holte uns zum Abendessen in das Restaurant. Die Gäste, ausschließlich Chinesen, saßen an großen runden Tischen. Wir erhielten einen Tisch zugewiesen, der für zehn Personen ausgereicht hätte. Löffel, Messer und Gabel lagen für uns bereit. Li beriet uns, was wir essen sollten. Er stellte fünf Gänge zusammen. Das hört sich schlimm an, ist es aber nicht, da die Portionen viel kleiner als bei uns sind.

Nun muß ich aufpassen, um nicht ins Schwärmen über die chinesische Küche zu kommen, oder besser gesagt, über die Küche der verschiedenen Gegenden Chinas. Man weiß zwar in der Regel nicht, was man ißt, aber es schmeckt großartig. Die Fleischstückchen in den verschiedenen Soßen, die raffinierte Fischzubereitung und der Höhepunkt: das Bäckerhuhn (Huhn in Lehm gebacken!). Bei ganz offiziellen Essen sind wir auf 24 Gänge gekommen, ohne das Gefühl zu haben, wir hätten zuviel gegessen. Am Schluß jedes Essens gab es ein Schälchen mit Suppe, die mit einem Porzellanlöffel gegessen wurde.

Bei unserem ersten Abendessen in Peking bestellten wir also vier Fleischgerichte, Reis und Suppe. Dann baten wir darum, die europäischen Eßwerkzeuge zu entfernen und uns Stäbchen hinzulegen. Li zeigte uns, wie man mit Stäbchen umgeht.

Natürlich erreichten wir nie die Geschicklichkeit eines Chinesen, aber wir sind auch nicht beim Essen mit Stäbchen verhungert. Das ganze Restaurant nahm an unseren ersten Versuchen lebhaften Anteil. Sogar der Chefkoch kam aus seiner Küche und sah uns zu. Daß wir wie die Einheimischen essen wollten, gefiel allen.

Am nächsten Morgen sprach uns unser Betreuer auch gleich auf die Stäbchen und das chinesische Essen an. Wir sagten, wir wollten die nächsten Wochen wie die Chinesen leben und essen. Was für dreiviertel Milliarden (damals waren es »nur« dreiviertel Milliarden) Menschen gut ist, muß auch für uns gut sein.

Ob wir immer noch zur Botschaft wollten? fragte man uns. Wir wollten. Das Botschaftsviertel in Peking kam mir bekannt vor. Der italienische Diplomat Daniele Varè hat es in seinen Chinabüchern oft und gern beschrieben. Schließlich hielten wir vor der Mauer, die einst um die kaiserliche deutsche Botschaft herumgebaut worden war. Unsere Betreuer wollten nicht mit durch das Tor eintreten. Sie wollten draußen warten.

Unsere Botschaft liegt in einem Parkgelände mit mehreren Häusern. Der für uns zuständige Mitarbeiter stellte uns die üblichen Fragen nach Reise, Wetter und Absichten. Dann wollte er wissen: »Wo wohnen Sie hier in Peking?« Wir beschrieben unsere Unterkunft, so gut es ging, denn einen Namen des Hotels wußten wir nicht.

»Sie müssen sofort ausziehen. Als Europäer können Sie dort nicht wohnen. Für uns gibt es ein Extrahotel.«

Wir antworteten, es gefiele uns in unserer Unterkunft sehr gut, und wir wollten nicht ausziehen, sondern chinesisch leben.

»Unmöglich, Sie müssen ausziehen. Das Haus war früher ein Bordell.«

Natürlich drückten wir sofort unser Bedauern aus, daß die Zeiten sich geändert hätten und — wie üblich — zum Schlechteren. (Man bedenke, welche Bedeutung es für dieses Buch gehabt hätte, wenn unser Hotel noch von zierlichen Chinesinnen bevölkert gewesen wäre.) Leider hatte unser Gesprächspartner wenig Sinn für Ironie. Die Stimmung wurde gereizt, und er stellte uns, wie unter Diplomaten üblich, ein Ultimatum: ausziehen, sonst gibt es Konsequenzen. Wir entschieden uns für die Konsequenzen, denn die konnten frühestens nach unserer Rückkehr eintreten. Vor allem waren wir fest überzeugt, richtig zu handeln. »Sie werden die Folgen sehen.« Damit waren wir entlassen.

Vier Wochen später machten wir in der Botschaft unseren Abschiedsbesuch. So beiläufig erzählten wir, was uns unsere Gastgeber an Städten und Betrieben gezeigt hatten. Es war eine stattliche Liste.

»Das haben Sie gesehen? Da sind wir noch nie gewesen«, riefen unsere Vertreter aus. »Wie haben Sie das gemacht?«

Darauf ließ sich viel antworten. Wir begnügten uns mit dem Hinweis, es habe wohl damit begonnen, daß wir in das richtige Hotel gezogen waren. Beim Verlassen der Botschaft wußten wir natürlich noch nicht, welche Konsequenzen im Guten oder Bösen unsere Weigerung, umzuziehen, haben würde.

Inzwischen hatte sich die Zahl der auf uns wartenden Chinesen vergrößert. Sogar eine Dolmetscherin war noch hinzugekommen.

»Werden Sie aus dem Hotel ausziehen?« war die erste Frage. Das Hotel schien ein Schlüsselproblem zu sein.

»Warum sollten wir ausziehen? Uns gefällt es dort ausgezeichnet!«

Eine kurze Diskussion auf chinesisch. Dann verläßt uns ein Teil der Gruppe und rast in einem Auto davon. Wir fahren langsam hinterher. Als wir in das Hotel kamen, stand die gesamte Belegschaft auf dem Flur angetreten. Der Hotelleiter hielt eine Rede im feinsten blumigen chinesischen Stil. Er bedankte sich für die hohe Ehre, daß die Gäste aus dem Land von Marx und Engels sein bescheidenes Haus erwählt hätten. Natürlich hielten wir eine Antwortrede, in der die weltberühmte chinesische Gastlichkeit ausführlich gewürdigt wurde.

In den nächsten Wochen lebten wir wie die Mandarine zur Kaiserzeit. Der Koch zauberte die seltsamsten Gerichte und war immer um unser Wohl bemüht. Wir besichtigten alles, was Peking und Umgebung zu bieten hat, die Chinesische Mauer, die Ming-Gräber, den Sommerpalast, die Flüstermauer und die Marco-Polo-Brücke, an der der chinesisch-japanische Krieg begann. Die Schätze der Museen, der Paläste und der Regierungsgebäude wurden uns gezeigt. Und natürlich Institute, Hochschulen und Betriebe. Unser Programm war wirklich sehr groß und sehr anstrengend. Nur das Essen im Hotel hielt uns bei Kräften.

Zum Nationalfeiertag Chinas erhielten wir eine Einladung zum Empfang beim damaligen Ministerpräsidenten Tschou-en-lai.

Zur »Halle des Volkes« schreitet (schreiten ist hier der korrekte Ausdruck) man eine imposante Treppe empor und betritt dann einen riesigen Saal. Der Raum ist völlig frei von Säulen. Er wirkt daher besonders groß, und unsere Blicke gehen mißtrauisch zur Decke wegen Erdbeben und ähnlicher Katastrophen. Doch dann fällt uns ein, daß Regierungsmitglieder immer besonders abgesichert sind, und fassen Vertrauen zu der Konstruktion. An den beiden Kopfenden sind auf Emporen Musikkapellen untergebracht. Sie spielen abwechselnd. Die eine moderne chinesische Musik, die andere Wiener Walzer. Im Saal stehen große runde Tische für zwölf Personen. Wir suchen unsere Tischkarten und setzen uns. Der Minister an unserem Tisch zeigt uns die Regierungsmitglieder in unserer Nähe. Ich schätze, daß inzwischen etwa 1000 Menschen Platz genommen haben.

Pünktlich zu der auf der Einladung angegebenen Zeit erscheint der Ministerpräsident mit den Mitgliedern des Politbüros und den stellvertretenden Ministerpräsidenten. Sie nehmen an zwei Tischen neben uns Platz. Uns fällt besonders ein Mann auf, der einen weichen Filzhut fest auf beide Ohren gedrückt hat.

Hier muß ich eine Zwischenbemerkung über Kleidung und Kopfbedeckung im China des Jahres 1960 machen. Die in Europa so oft besprochenen »Schlosseranzüge« unterscheiden sich nach Stoffqualität, Farbdessins und Schnitt genauso wie die Anzüge in anderen Ländern (ich nehme Extravaganzen wie großkarierte Hose oder geblümte Weste aus). In der Regel nahm (und nimmt) ein Chinese die Mütze ab, wenn er sich in einem Raum aufhielt, aber unbedingt notwendig ist es nicht.

In Deutschland trug der Herr von Welt bis 1900 im Ballsaal einen Hut auf dem Kopf und später zumindest einen Zylinder in der Hand. Ein Amerikaner (mit guten Manieren) nimmt im Fahrstuhl den Hut ab, wenn eine Dame mitfährt. Die Fahrstuhlführerin (farbig und oft sehr hübsch) gilt nicht als Dame. So kompliziert ist das Problem des Behütetseins international.

In der Halle des Volkes saßen alle ohne Mützen an den Tischen, nur der eine Hut thronte fest auf dem Schädel unseres Tischnachbarn.

»Pantschen-Lama«, flüsterte uns der Dolmetscher ehrfurchtsvoll zu. Wir waren beeindruckt. Nach dem Dalai-Lama ist der Pantschen-Lama nicht nur ein hoher Priester, sondern auch für seine Gläubigen ein wiedergeborener Gott. Sein Filzhut gehörte zur Amtstracht wie beim Papst das kleine Käppchen auf dem Hinterkopf. Aber der Papst ist kein Gott, und Pantschen-Lama steht daher in der Rangliste ein großes Stück höher.

Als wir aufstanden, um einen Toast auszubringen, zog er eine Praktica aus der Tasche und fotografierte uns. Da ich etwas lang geraten bin und die meisten Chinesen sehr klein sind, überragte ich meine Umgebung nicht nur um Haupteslänge, sondern um Kopf plus Schulterlänge. Wenn ich mir heute Fotos aus der Zeit ansehe, glaube ich, daß ich für den Pantschen Lama auch sehr exotisch aussah.

Die Toaste wurden entweder mit chinesischem Wein oder mit einem Schnaps namens Mao-tai ausgebracht. Dieser Mao-tai wird aus winzigen Schälchen getrunken. Seine Wirkung gleicht einem großen Holzhammer, und es ist, besonders bei offiziellen Anlässen, äußerste Vorsicht geboten. Die Gastgeber sagen zwar immer: ganbei – alles austrinken. Sie selbst nippen aber nur vorsichtig am Rand der Schale. Doch selbst bei vorsichtigem Konsum von Wein und Mao-tai stieg die Stimmung im Saal.

Das Essen schmeckte vorzüglich. Chinesischer Sitte gemäß fischte der Minister die besten Brocken aus den Schüsseln und legte sie mir in meine Schale. Nach dem zwanzigsten oder einundzwanzigsten Gang war ich rechtschaffen satt und freute mich auf die Suppe als Abschluß.

In handgroßen Porzellanschalen servierte die Bedienung eine herrliche Fischsuppe. Ich griff zum Löffel, auch aus Porzellan, und schlürfte (das darf man in China!) den ersten

Schluck herunter. Nun begann das Unheil. Weil an unserem Tisch Europäer saßen, wurde zusätzlich zum chinesischen Essen noch eine echte deutsche Butterkremtorte aufgetragen. Der Minister sah sich das unbekannte Gericht an. Dann kombinierte er blitzschnell: was zur Fischsuppe aufgetragen wird, gehört auch in die Fischsuppe. Er nahm seine Stäbchen, ein geschickter Griff, und schon lag ein Butterkremtortenstück in meiner Suppe.

Nun staunt man ja oft, welche verschiedenen Sachen beim Essen zueinander passen, und es wird auch gesagt, im Magen kommt alles durcheinander. Aber Fischgeschmack und süße Krem passen nicht zueinander.

Trotzdem hätte ich tapfer weitergegessen. Der Minister war so sympathisch, und er meinte es wirklich gut mit mir. Zum Glück für meine Geschmacksnerven griff hier die Bedienung ein. Blitzartig war meine Suppenschale fort. Geich darauf stand eine neue vor mir und dazu ein Kuchenteller. Der Minister griff ein neues Tortenstück und legte es auf den richtigen Platz. Ein freundliches Lachen von allen Seiten. Ein Zwischenfall war vermieden.

Überhaupt wurde in China viel und gern gelacht. Oft entstand das Gelächter, wenn östliches und westliches Denken miteinander in Konflikt gerieten. In der Regel paßte Li auf, daß wir »nicht unser Gesicht verloren«. Doch wir versuchten auch, uns selbständig zu machen und ohne ihn durch Peking zu streifen.

Entlang der Häuserfront in unserer Straße kannten uns bereits die Frauen, die auf kleinen Öfen vor der Haustür auf dem Gehweg das Familienmittagessen kochten. Mit manchen standen wir bereits auf Grußfuß, wenn wir spazierengingen. Neugierig folgte uns mit vorsichtigem Abstand ein Kinderschwarm. Sie amüsierten sich sichtlich über uns und staunten, daß ein Mensch so häßlich sein könne wie ein Europäer. Die Hautfarbe könnte vielleicht noch angehen,

obwohl sie stark an die eines jungen Schweines erinnere, aber die Augen sind einfach unmöglich. Ein wässeriges Blau! Und wie sie schief im Gesicht stehen! Dazu die komischen hellen Haare. Und dann die Kleidung! Vielleicht stammen die Leute aus einem ganz armen Land, wo das Geld nicht ausreicht, um eine Anzugjacke zu schneidern, die über der Brust anständig mit vier Knöpfen verschlossen ist?

Eine Schar kleiner Kinder aus einem Kindergarten kommt uns entgegen. Sie gehen geordnet, immer zu zweien. Jedes Kind trägt eine kleine Fliegenklatsche in der Hand, denn es läuft gerade ein Feldzug gegen die Fliegen. Die Kleinen singen leise ein Lied. Als sie uns sehen, erstirbt der Gesang. Die großen Kulleraugen sind fassungslos auf uns gerichtet. Dann geht ein vergnügtes Geschnatter los über unser seltsames Aussehen.

Dabei werden wir nirgends belästigt. Es ist überall ein Staunen, als wenn die Leute denken: Wir haben ja in der Schule gelernt, daß es so etwas gibt, aber bisher haben wir es nicht geglaubt.

Wir tragen es mit Würde, soviel beachtet zu werden. Nach einigen Tagen trauen wir uns auch, in Geschäften oder auf dem Markt kleine Einkäufe zu machen. Wozu hat der

Mensch seine Finger, wenn nicht, um damit auf die Sachen zu zeigen, die er haben möchte?

Im Restaurant werden am Nebentisch gekochte Eier gegessen. Li ist nicht anwesend. Aber zwei Eier zu bestellen ist kein Problem. Wir zeigen auf die Eier am Nebentisch und dann auf unseren Tisch. Der Kellner lächelt verstehend und sagt etwas. Das kann logischerweise nur heißen: Wieviel Eier sollen es sein? Chinesisch ist doch eine leichte Sprache. Wir heben Daumen und Zeigefinger und sagen: zwei. Deutsch scheint komplizierter zu sein als chinesisch, denn der Kellner macht ein zweifelndes Gesicht. Wir wiederholen: auf die Eier am Nebentisch zeigen, auf unseren Tisch zeigen, zwei Finger hochheben.

Inzwischen nehmen alle Gäste Anteil an unserer Bestellung. Der Geschäftsführer und der Koch kommen gelaufen: Wir erläutern nochmals deutlich und langsam unsere Bestellung.

Große Produktionsberatung. Der Geschäftsführer hält uns Daumen und Zeigefinger seiner Hand vor das Gesicht. Wir nicken eifrig. Der Groschen scheint gerutscht zu sein. Der Koch eilt zur Küche zurück. Eine gewisse Spannung liegt in der Luft. Alle sehen immer wieder zu uns hin.

Nach fünf Minuten fliegt die Küchentür auf, und der Kellner kommt mit einer großen Schüssel voller Eier. Wir zählen, es sind vierzehn Stück. Irgend etwas scheint hier falsch verstanden worden zu sein. Doch vierzehn Eier sind besser als gar keine. Wir brauchen ja nicht alle zu verzehren. Daher fangen wir erst einmal an zu essen. Zum Glück erscheint jetzt Li. Große Erklärung des Geschäftsführers, des Kochs und des Kellners unter Einbeziehung sämtlicher Gäste. Immer wieder werden Daumen und Zeigefinger hochgehoben. Dann fuchtelt Li mit seinen Fingern in der Luft herum. Alle brechen in Lachen aus. Als guterzogene Chinesen halten sie dabei die Hand vor den Mund. Wir lachen mit, obwohl wir

nicht wissen warum und das Lachen wohl auf unsere Kosten geht.

Li kommt nun zu uns an den Tisch und erklärt uns das Mißverständnis. Als altes Kulturvolk zählen die Chinesen an einer Hand mit den Fingern bis zehn. Er macht es vor: kleiner Finger – eins, kleiner Finger und Ringfinger – zwei, alle fünf Finger – fünf, Daumen – sechs, Daumen und Zeigefinger – sieben. Daher vierzehn Eier für zwei Personen.

Was die Chinesen über uns denken, weiß ich nicht. Bei uns zu Haus hätte man im umgekehrten Fall sicher gesagt: Nicht einmal mit den Fingern können die zählen.

Für den Abend steht ein Besuch der Peking-Oper auf dem Programm. Die Peking-Oper ist eine besondere Opernform aus den früheren Zeiten des Kaiserreiches. Der Ausdruck Peking-Oper sagt also etwas über den Stil aus und weniger über den Ort, wo das Opernhaus steht. Der »rasende Reporter«, Egon Erwin Kisch, beschrieb diese Oper vor und hinter den Kulissen in seinem Buch »China geheim«.

Wir wissen daher, daß alle Rollen von Männern gespielt werden. Der berühmte Star Mei-Lan-fang, über den Kisch vor 25 Jahren bereits berichtete, soll heute ein junges Mädchen spielen. Wir rechnen nach, er muß um die 50 Jahre alt sein.

Die prachtvollen Kostüme haben wir bereits bei der Parade am 1. Oktober, dem chinesischen Nationalfeiertag, bewundert. Nach den Regimentern der 1. Volksdivision und den etwa 500 000 Vertretern der Pekinger Betriebe zogen die Künstler der Stadt an unserer Ehrentribüne vorbei. Sie trugen die Kostüme der Stücke, die gerade gespielt wurden. Daher haben wir bereits eine kleine Vorstellung, was uns an Farbenpracht und Aufwand erwartet.

Vor dem Theater treffen wir ganz überraschend auf Professor E. aus Dresden. Er macht einen abgespannten Eindruck. Als erstes fragt man in einem fremden Land natürlich, wie es einem geht. Professor E. winkte müde ab. Es ginge ihm schlecht, China sei entsetzlich. Wir staunen. Nun erzählte E. uns seine Geschichte. Er ist in das Programm eines Kulturaustausches hineingeraten. Obwohl er von Beruf Metallurge ist, werden ihm nur kulturelle Sehenswürdigkeiten angeboten. Dazu gehört auch die Peking-Oper. Das Stück ging über sieben Tage bei fünf Stunden täglicher Spieldauer. Heute wäre der letzte Tag.

»Es ist schrecklich«, sagte Professor E. , als sein Dolmetscher ihn abholte.

Um es vorweg zu sagen, es war nicht schrecklich, sondern sehr interessant, aber sieben Vorstellungen möchte ich auch nicht sehen. Die Opernstücke sind alt. Sie werden seit Hunderten von Jahren aufgeführt. Die Schauspieler in den Mädchenrollen sprechen mit hoher Fistelstimme. Das Fünf-Mann-Orchester sitzt seitlich auf der Bühne und gibt Töne von sich, die Anhänger modernster Musik zu Begeisterungsstürmen hinreißen würden. Da sie aber ohne elektronische Verstärker arbeiten, ist es zu ertragen. Da der Text auch für Chinesen nicht zu verstehen ist, wird er auf eine kleine Leinewand neben der Bühne projeziert. Auf der Bühne ohne

Kulisse oder Versatzstücke rollt nun der siebente Teil eines Ritter-Jungfrauen-Geister-Dramas ab. Der Sinn bleibt uns verschlossen. Wir bewundern die Kostüme und die Akrobatik der Schauspieler in Kampf- und Prügelszenen. Li versucht, uns einige der Symbolhandlungen zu erklären. »Jetzt verläßt er sein Haus.« Der Schauspieler hebt den Fuß auf der leeren Bühne, und auf einmal »sehen« wir, er tritt über die Hausschwelle, die bei alten Häusern in China noch eine wirklich hohe Schwelle ist.

»Der Feldherr hat eine Armee von 20 000 Mann.«

Feldherren tragen lange Pfauenfedern am Helm. Eine Feder entspricht 10 000 Mann. So einfach ist das Komparsenproblem lösbar. Wir denken schmunzelnd an den Einzug der Truppen in »Aida.« Jede Bewegung der Arme, der Hände oder der Füße der Hauptpersonen hat eine Bedeutung. Aber wir merken bald, auch Li kennt nur einige davon.

Immerhin beeindruckte uns die Aufführung so, daß wir nach zwei Wochen in die Nanking-Oper gingen. Dort spielten nur Frauen. Uns gefiel diese Oper noch besser als die Pekinger. Die Musik ist nicht ganz so disharmonisch. Vielleicht ist es für uns auch eine angnehmere Vorstellung, daß der alte, brummige Kaiser in Wirklichkeit eine junge, hübsche Dame ist, als der Gedanke, daß die »unschuldige Jungfrau« von einem alten Mann dargestellt wird.

Da für den nächsten Morgen unsere Abfahrt mit dem Zug nach Harbin vorgesehen ist, bezahlen wir im Hotel unsere Rechnungen. Li warnt uns vorher: »Sie dürfen keine Trinkgelder anbieten.« Wir haben einige kleine Geschenke im Koffer und wollen sie dem Personal übergeben. Aber alle heben beschwörend die Hände und nehmen nichts an.

Während unserer Reise durch China legten wir etwa 6000 Kilometer mit der Bahn oder dem Auto zurück und lernten einige Hundert Menschen kennen. Keiner von ihnen nahm von uns auch nur den geringsten Betrag über den offiziellen Preis, und niemand war bereit, auch nur das kleinste Gastgeschenk von uns anzunehmen.

Bestechung, wie sie im alten China selbstverständlich war, gehöre zu den Dingen, die unbedingt abgeschafft werden müßten, erklärte uns Li. Wir meinten, daß ein Erinnerungsgeschenk doch keine Bestechung sei. Li sah es anders. Irgendwo ist immer der Anfang, erklärte er uns, daher legen wir den Anfang auf Null.

Etwa 1950 gab es in der DDR Gaststätten, auf deren Speisekarten stand: »Unser Personal wird ausreichend bezahlt, bieten Sie ihm daher kein Trinkgeld an.« Diese Speisekarten verschwanden aber im Laufe der Zeit.

Auch ohne Trinkgeld verabschiedeten uns alle Mitarbeiter unseres Hotels morgens auf dem Korridor. Der Geschäftsführer hielt eine Abschiedsrede (mit Marx und Engels), und wir versprachen, in Peking nur hier abzusteigen.

Auf dem Bahnhof von Beijing (kein Chinese versteht Peking) steigen wir in bequeme sowjetische D-Zug-Wagen und machen uns auf die 1500 Kilometer lange Reise.

Während wir im mäßigen Tempo, aber absolut fahrplantreu nordwärts rollten, richteten wir uns in unserem Viermann-Abteil ein. Die Wagenschaffnerin prüfte mit der Fliegenklatsche in der Hand, ob sich irgendwo ein Insekt aufhält. Alle Stunde wiederholte sie diese Kontrolle. Es wäre eine große Schande für sie, wenn eine Mücke oder eine Fliege nicht sofort gejagt würde. Vorsichtshalber lag auch in jedem Abteil eine Fliegenklatsche, ein Drahtstück mit einem Stück Leder. Weiter brachte die Schaffnerin in jedes Abteil eine Thermoskanne mit heißem Wasser und für jeden Fahrgast einen Porzellanbecher.

Unsere chinesischen Begleiter hatten ihre Lieblingsteesorten mitgebracht. Es begann ein eifriges Teeverkosten. Wir Europäer können auf diesem Gebiet natürlich nicht mitreden. Mir schmeckt am besten der Jasmin-Tee. Aber den gibt es in verschiedenen Sorten, die von den chinesischen Feinschmeckern sorgfältig verglichen werden.

Auf einer so langen Reise versuchte jeder, sich zu beschäftigen. Der Vertreter des Ministers, der uns begleitete, lernte fleißig Russisch. Das wäre an sich nichts Besonderes. Das Erstaunliche war sein Lehrbuch. Er konnte keins kaufen, da hat er ein dickes Lehrbuch mit dem chinesischen Schreibpinsel für den eigenen Gebrauch abgeschrieben. Man muß sich das vorstellen: er schrieb den russischen Teil ab, ohne zu verstehen, was die Worte bedeuten.

Wir versuchten indessen, hinter die Geheimnisse der chinesischen Schriftzeichen zu kommen. Geduldig erklärte uns Li die einfachen Symbole. Sie sind einige Tausend Jahre alt und sind bestimmt bei einer begrenzten Wortzahl sehr praktisch gewesen. Wir beherrschen ja auch eine ganze Anzahl von Piktogrammen, z. B. die Zeichen für die olympischen

Sportarten, Sanitätsstelle, Gepäckaufbewahrung und die Verkehrszeichen. Schnell lernten wir die chinesischen Grundsymbole, wie Mitte, oben, unten, Mann und Arbeit. Komplizierter wird es mit zusammengesetzten Zeichen. Unsere Augen hatten Schwierigkeiten, die winzigen Häkchen zu erkennen.

Die Augen von Chinesen (und Japanern) scheinen überhaupt besser zu sein als die der Europäer. Man merkt das nicht nur bei der Schrift, sondern vor allem bei Sportarten, die ein schnelles Erkennen erfordern, z. B. Pingpong. Dort stellen die Asiaten fast immer die Weltmeister.

Die Schrift stellt in China das Hauptverständigungsmittel zwischen der Bevölkerung verschiedener Landesteile dar. Immer wieder beobachten wir, wie zwei Chinesen aufeinander einreden. Dabei »schreibt« jeder das, was er sagt (und der andere nicht versteht), mit einem Finger in die Handfläche. Sein Gesprächspartner liest die Fingerbewegung über Kopf. Das Ganze geht sehr schnell.

Gegen Abend näherte sich unser Zug der Stadt Shanhaiguan am Gelben Meer. Bei dieser Stadt endet (oder beginnt) die Große Mauer, die sich dann 4000 Kilometer ins Landesinnere erstreckt. Der Zug fährt einige Kilometer am Meer entlang. Hier bot sich ein Blick, den wir wohl nie wieder haben werden. In der Abendsonne segelten über 50 Dschunken am Ufer entlang. Es waren große Hochsee-Schiffe mit zwei oder drei Masten. Ihre braunen Segel hoben sich gegen den Himmel ab. So mußte es schon vor 500 Jahren ausgesehen haben, als Marco Polo diese Gegend bereiste.

»Alte Technik«, sagte Li verächtlich. Die Schönheit des Bildes ließ ihn kalt.

Mit der alten und neuen Technik ist das so eine Sache in den chinesischen Betrieben. An den meisten Maschinen stehen zwei oder drei Arbeiter. Einer bedient sie, und die anderen werden ausgebildet. Aber oft beobachten wir, daß ein supermodernes Gerät nicht benutzt und die Arbeit mit der Hand verrichtet wird. Der Grund hierfür ist verblüffend: Bei der großen Geschicklichkeit der Chinesen ist die Handarbeit mindestens so gut wie die der Maschine, und sie geht auch genauso schnell.

Wir sahen neben einer stillgelegten Brennschneidemaschine (neuestes Modell aus der BRD) einen Schweißer mit dem Handbrenner Bleche ausschneiden. Seine Augen waren so gut und seine Hand so sicher, daß er dabei den höchsten Gütegrad (nach unseren TGL) erreichte, für den wir eine teure Maschine brauchen.

In einer anderen Fabrik schweißten drei Schweißer eine große Kesseltrommel von drei Meter Durchmesser. Auf der ganzen Welt bewegt sich diese Trommel auf Laufrollen, die ein Motor antreibt. Durch diese Vorrichtung wird erreicht, daß die Schweißstelle langsam um den Trommelumfang herumwandert. Der Schweißer bleibt dabei immer an der gleichen Stelle stehen. In diesem Fall war es notwendig, daß die drei Schweißer genau oben auf dem Umfang schweißen (in 12-Uhr-Position). Überall hätten sie dabei auf einem großen Gerüst gesessen, und die Trommel hätte sich unter ihnen beim Schweißen automatisch gedreht.

Nicht so in dieser Fabrik. Zwar stand die Trommel auch auf Rollen, doch es gab weder ein Gerüst noch einen motorischen Antrieb. Die drei Schweißer hockten oben auf der Trommel (eine Haltung, die für Nicht-Asiaten sehr anstrengend ist). Während sie schweißten, verlagerten sie ihr Gewicht auf einen Fuß und setzten dadurch die Trommel in eine Drehbewegung. Der Fachmann kann ermessen, wieviel Gefühl, Geschick und Können dazu gehört, damit drei Mann genau gleichschnell schweißen und dabei mit den Füßen eine Trommel aus Stahl von drei Meter Durchmesser und sechs Meter Länge drehen, ohne daß ein Arbeiter herunterfällt.

Unser Zug lief morgens gegen fünf Uhr in Harbin ein. Der Bahnsteig war schwach beleuchtet, es nieselte, und an der Temperatur merkten wir, daß wir nach Norden gefahren waren. Einige Gepäckträger in dicken Wattejacken nahmen uns unser Gepäck ab und brachten uns zu einem Auto. Als wir vor einem Hotel wieder ausstiegen, tauchten die gleichen Gestalten auf und schleppten unsere Sachen in die Hotelhalle. Wie üblich, mußten wir uns in einen großen Raum in Sessel entlang den Wänden setzen. Davor standen kleine Tische mit großen Teebechern. Unsere Gepäckträger setzten sich uns gegenüber. Langsam dämmerte es uns, daß diese Leute vielleicht neben dem Gepäcktransport noch einen weiteren Beruf hatten. Unsere Ahnung trog nicht. Der Rektor der Universität von Harbin (der meinen Koffer getragen hatte) stellte sich und Direktoren von Instituten und Betrieben vor. Dann begrüßte er die Genossen aus dem Lande von Marx und Engels auf das herzlichste.

Nach unseren Gegenreden fragte Genosse Su, so hieß der Rektor, was wir in Harbin außer der Schweißtechnik sehen wollten. Wir wollten gern einmal ein chinesisches Schattentheater sehen. Große Beratung auf chinesisch. Das ließe sich vielleicht machen. Und was wir denn noch sehen wollten? Wir schlugen vor, uns die Behandlung nach der Akupunkturmethode zu zeigen. Wieder große Beratung. Ob wir nicht lieber ein Krankenhaus mit moderner Medizin besichtigen wollten? Akupunktur wäre alte Technik. Ich erklärte umständlich, daß die Akupunktur gerade dabei wäre, die westliche Medizin zu erobern. Was für Harbin vielleicht alt sei, wäre bei uns das Neueste.

»Auch in den USA?«

»Gerade die Amerikaner versuchen auf diesem Gebiet von China zu lernen.«

»Warum wollen Sie die Akupunktur sehen. Sie sind doch kein Arzt?«

Ich schilderte meine Migräneanfälle in den düstersten Farben, und Li tat augenscheinlich sein Bestes, um meine Schmerzen zu beschreiben. Allgemeines Verständnis. Man würde sich bemühen, die Genehmigung für einen Klinikbesuch zu erhalten. Ob wir sonst noch Wünsche hatten? Nein, wir überließen alles unseren Gastgebern. Wir würden gern sehen, was Harbin nach ihrer Meinung an Besonderheiten böte. Wieder eine Beratung. Der Rektor Su diskutierte eifrig mit dem Direktor des Schweißinstitutes, Su, und dem Direktor des Meßgerätewerkes, Jang. Unsere Begleiter aus Peking gaben auch ihre Ratschläge. Endlich wurde eine Einigung erzielt.

»Möchten Sie unseren Pionierpark mit unserer Pioniereisenbahn sehen?« fragte Rektor Su. Natürlich wollten wir. Große Erleichterung auf der chinesischen Seite.

In den nächsten Tagen besuchten wir Betriebe und Institute. An einem Nachmittag hielten wir Vorträge in dem großen Schweißinstitut in Harbin. In der Diskussion konnten wir uns mit den chinesischen Fachleuten über eine technische Frage nicht einigen. Sie glaubten uns unsere Ergebnisse nicht. Wir beschrieben genau, wie wir vorgegangen sind und wie der Versuch aufgebaut war. Direktor Su brach schließlich die Diskussion ab.

Als wir am nächsten Morgen zu weiteren Besprechungen in das Institut kamen, empfingen uns unsere Diskussionspartner vom Vortage bereits vor dem Gebäude.

»Es ist genauso, wie Sie gesagt haben. Wir haben es heute nacht nachgeprüft.«

Bei den Chinesen sind wir in der Achtung gestiegen, weil wir wissenschaftlich im Recht waren. Aber unsere Achtung vor den chinesischen Kollegen ist wohl noch viel mehr angewachsen, weil sie eine Nacht durcharbeiteten, um sofort eine Frage entscheiden zu können.

Am Abend fand das Schattenspiel statt. In einem Saal unseres Hotels stand ein einfaches Lattengerüst mit Stoff überspannt. In Augenhöhe war die eigentliche Bühne angebracht, etwa doppelt so groß wie ein Fernsehbildschirm. Die Figuren für das chinesische Schattenspiel bestehen aus farbigem Pergament oder sehr dünnem Leder. Ihre Körperteile werden von unten durch lange dünne Holzstäbchen bewegt. Durch eine geschickte Beleuchtung wird erreicht, daß die Zuschauer keinen Maßstab für die Puppengröße haben. Sie »sehen« daher alles in Lebensgröße, genauso, wie wir die Gegenstände im Fernseher unabhängig von der Bildschirmgröße immer in Naturgröße sehen.

Vor der Bühne standen zwei Stühle, auf die Li uns plazierte. Er selbst stellte sich hinter uns. Erstaunt fragten wir, warum er sich nicht setze. Er holte sich aus einer Ecke einen Stuhl. Dann fragten wir weiter, ob denn unsere Begleiter aus Peking nicht kämen, und wo die Kollegen aus Harbin blieben? Nach einigem Hin und Her kam heraus, daß die chinesische Höflichkeit es erfordere, sie einzuladen, das Spiel mit uns gemeinsam anzusehen.

»Wo können wir sie finden, um die Einladung auszusprechen?«

»Sie warten alle vor der Tür.«

Tatsächlich, als wir die Tür öffneten, standen alle mit einem Stuhl in der Hand davor. Ich hielt eine Stegreifrede über die chinesische Höflichkeit, und dann begann die Vorstellung.

Auf der Bühne spielte sich das übliche Märchen mit einer Prinzessin, einer bösen Stiefmutter, einem flotten Prinzen und einem listigen Kasper als Bedienten ab. Zeitweilig sprach, sang und tanzte ein ganzer Hofstaat.

Um so größer war unser Erstaunen, als wir nach der Vorstellung hinter die Bühne gingen, um uns zu bedanken. Ein alter Mann und ein junges Mädchen hatten die vielen dünnen Stäbchen bewegt, die den Puppen Leben einhauchten. Mit einer für uns unvorstellbaren Fingerfertigkeit regierte jede Hand die Stäbchen für fünf oder sechs verschiedene Gliedmaßen, teilweise von verschiedenen Puppen. Dazu machte eine Drei-Mann-Kapelle Musik und, wo es not tat, auch Volksgemurmel.

Wir freuten uns sehr über die Vorstellung, und Professor Su freute sich, daß wir uns freuten.

Am darauffolgenden Morgen standen wir am Ufer des Sungari, eines Nebenflusses des Amur. Unter Nebenfluß darf man sich in Asien nicht solche Nebenflüsse wie bei uns die Saale oder die Havel vorstellen. Auch die Elbe wäre noch ein kleiner Nebenfluß für die großen Ströme im Osten. In dem Sungari liegt gegenüber der Stadt Harbin eine Insel. Die reichen russischen und chinesischen Kaufleute bauten dort vor dem Kriege ihre Sommervillen. Nicht etwa Datschen, sondern richtige Villen. Jetzt ist die Insel ein Mittelding zwischen einem Sanatorium und einer Klinik. Behandelt werden dort Nervenschäden aller Art.

Als unser Motorboot am Anlegesteg der Insel festmachte, standen die Patienten eines Hauses angetreten bereit. Jeder von ihnen hatte ein langes Holzschwert in der Hand. Nachdem der Chefarzt uns begrüßt hatte (aus dem Lande von Marx und Engels), sagte er, er wolle uns chinesische Krankengymnastik vorführen. Die Patienten litten alle an irgendwelchen Nervenlähmungen der Gliedmaßen, und diese Gymnastikform brächte ihnen Heilung oder doch Linderung. Dann begann er rhythmisch zu zählen: eins, zwei, drei, und die Patienten schwangen dazu ihre Holzschwerter. Der Unterschied zu der bei uns üblichen Gymnastik liegt nun nicht bei dem Holzschwert, ein Besenstiel würde es auch tun. Der Unterschied liegt im Tempo und in der Muskelspannung. Stellen Sie sich vor, Sie stemmen ganz langsam ein sehr schweres Gewicht. Dieses Gewicht simulieren Sie, indem Sie mit den entsprechenden Muskeln eine Gegenkraft gegen die Muskeln erzeugen, die das Gewicht emporheben. Diese Methode steht in einem ziemlichen Gegensatz zu der »flüssigen« Form, in der wir Rumpfbeugen oder Armkreisen in Europa durchführen. Ein Gymnastikprogramm, das mehr unseren Vorstellungen entspricht, führen der chinesische Rundfunk und die Eisenbahnverwaltung durch. Zu bestimmten Tageszeiten ertönt aus den Lautsprechern eine Melodie. Die Angestellten eilen dann ins Freie, die Verkäufer stellen sich vor ihren Läden auf, und im großen China machen Millionen Menschen zur gleichen Note die gleiche Bewegung.

Wenn unser D-Zug nach einigen Stunden Fahrt in einen Bahnhof einlief, erklang die Melodie aus dem Bahnhofslautsprecher. Die Reisenden stiegen aus und absolvierten das Gymnastikprogramm. Wir turnten natürlich auch mit. Einmal, weil es wirklich sehr angenehm ist, sich nach einer Bahnfahrt zu lockern, und dann, weil wir sonst unsere Begleiter in einen Zwiespalt gebracht hätten. Sollten sie »unhöflich« sein und uns alleine lassen, oder sollten sie gegen eine Anordnung verstoßen und nicht mitturnen?

Von der Gymnastikgruppe führte der Chefarzt uns zu den Magenkranken. Sie saßen auf Holzpritschen und machten Atemübungen. Dabei lernen sie, ihre Magennerven zu regulieren. Magengeschwüre, sagte der Arzt, seien nach kurzer Zeit verschwunden.

Am interessantesten war es im Pavillon für Akupunktur. In einem Raum stand das Modell eines Menschen. Auf ihm waren die Punkte eingezeichnet, die angestochen werden, um an einer ganz anderen Körperstelle einen Effekt zu erzielen.

»Sie leiden unter Kopfschmerzen?« wurde ich gefragt. »Wo sitzt der Schmerz?«

Ich zeigte die Stelle.

»Wo greifen Sie hin, um den Schmerz zu lindern?«

Ich griff dorthin. Zum ersten Male wurde mir bewußt, daß ich bei Schmerzen in der Schläfe hinter das Ohr fasse.

»Kein Problem«, sagte der Arzt. »In vier Wochen sind Sie geheilt.«

Er war sehr traurig, als ich ihm sagte, daß ich nicht bei ihm bleiben könnte.

Dann wurde uns eine Behandlung vorgeführt. Der Arzt stieß seine Silbernadeln dem Patienten in die Schläfen und in das linke Knie. Der Mann schien den Eingriff überhaupt nicht zu spüren. Ich bin da etwas empfindlicher, und als ich sah, wie die Nadeln im Kopf immer tiefer eindrangen, mußte ich mich hinsetzen, weil meine Knie sich weich anfühlten.

Wir verließen die Insel sehr beeindruckt. Offensichtlich haben die Chinesen, wenigstens teilweise, ein Problem gelöst, mit dem unsere Ärzte nicht fertig werden. Wenn wir uns krank fühlen, soll der Arzt ein Medikament verschreiben, das sofort hilft. Ob diese Hilfe auch Heilung bedeutet, ist oft zweifelhaft. Die Ärzte und ihre Patienten in Harbin lassen sich mehr Zeit. Gymnastik, Atemtechnik und Akupunktur helfen nicht sofort, aber heilen nach längerer Anwendung. Zumindest sagten das die Ärzte.

Rektor Su und unsere anderen Begleiter rieben sich die Hände, als wir die Insel wieder verließen und zum Pionierpark fuhren. Chinesische Gymnastik und Akupunktur waren für sie nichts Besonderes. Diese Methoden standen auch im Verdacht, »alte Technik« zu sein. Ein moderner Mensch nimmt gegen einen leichten Schnupfen eine tüchtige Dosis Penicillin.

Aber der Pionierpark war neu und stand nicht im Geruch, irgend etwas mit dem alten China zu tun zu haben. Am Parkeingang war eine Pioniergruppe angetreten. Ein Mädchen kommandierte das Ganze. Sie meldete uns, was Li so übersetzte: »Verehrte Onkel aus dem Lande von Marx und Engels usw. . . . Seid bereit!«

Die Onkel antworteten: »Immer bereit«, was Li in die Landessprache übertrug. Dann wurden wir eingeladen, mit der

Pioniereisenbahn eine Runde zu fahren. Der »Stationsvorsteher« meldete, daß bei ihm alles in Ordnung sei. Der »Zugführer« meldete, der Zug sei fahrbereit. Ein ganzes Protokoll wurde für uns abgewickelt. Schließlich setzte sich der Zug in Bewegung, und wir konnten uns den hübschen Park ansehen. Rektor Su erklärte mit Begeisterung, was es links und rechts der Bahn zu sehen gab.

Nun erzähle ich dieses Erlebnis nicht etwa, um mich nachträglich über unsere Harbiner Freunde lustig zu machen. Eigentlich möchte ich das Gegenteil ausdrücken. Sie sind zu beneiden, daß sie sich über »Kleinigkeiten« so freuen können. Und warum sollen die Bürger einer Stadt nicht stolz sein, wenn sie ihren Kindern eine Pioniereisenbahn schenkten?

Der Spaß an Kleinigkeiten fiel uns eine Woche später in Shanghai auf. Dort lud uns der stellvertretende Chef der Baubehörde, Wang, ein, abends mit ihm »die kleine Welt«, das Vergnügungsviertel in Shanghai, zu besuchen. Um sich vorzustellen, was die Baubehörde von Shanghai darstellt, muß man bedenken, daß in und um Shanghai mehr Menschen wohnen als in der ganzen DDR.

Bei Vergnügungsvierteln darf man im modernen China nichts Böses denken. Es geht höchst ehrbar zu. Zuerst besuchten wir eine Opernaufführung. Wang war aber nicht davon angetan, und nach einer kurzen Zeit verließen wir sie wieder. Da die alten chinesischen Opern viele Stunden dauern, kommen und gehen die Zuschauer, wie es ihnen paßt. Mehr Interesse zeigte Wang schon für ein Varieté. Chinesische Akrobaten sind anscheinend ohne Gelenke geboren und können die tollsten Verrenkungen machen. Der Höhepunkt war der Kampf um einen Stuhl. Diese Szene wird mitunter auch in europäischen Zirkussen von zwei Clowns zur Nummernüberbrückung gespielt. Einer sitzt auf einem Stuhl, den ein zweiter gern haben möchte. In einiger Entfernung liegt ein Gegenstand, den der erste gern nehmen will. Aber dazu müßte er den Stuhl verlassen, der dann vom zweiten benutzt würde. Was bei uns zwei Clowns etwa fünf Minuten beschäftigt, gibt für chinesische Akrobaten Stoff für eine Dreißig-Minuten-Aufführung.

Dann brachte Wang uns zu der Sensation der »kleinen Welt«: einem Spiegelkabinett. Seine größte Freude war, als wir nebeneinander vor zwei Spiegeln standen, die ihn groß und lang und mich klein und dick machten.

Falls die Größe im Spiegel die Machtbefugnisse wiedergab, so entsprach sie der Wirklichkeit, denn Wang hatte in Shanghai sehr viel zu sagen. Er verschaffte uns Zutritt zu Betrieben und Instituten, aber auch zu Sehenswürdigkeiten, in die ein Fremder nicht so schnell hineinkommt. Wir besichtigten einen buddhistischen Tempel und ließen uns vom Abt erklären, wie gut er mit der atheistischen Regierung auskomme. Ein sehr beeindruckendes Erlebnis war für uns auch der Besuch des Tempels einer Sekte, die sich ihre Gottheiten sehr blutrünstig vorstellt. Den Götterbildern (halb Tier, halb Mensch) quollen Blut und menschliche Gliedmaßen aus dem Maul. Aber alles war neu vergoldet und frisch lackiert. Der Tempel »arbeitete« (wie man im Russischen so treffend sagt).

Eine Grenze gab es in Shanghai aber doch, wo Wang nichts zu sagen hatte. Das war unser Hotel. Der Portier ließ nur die dort wohnenden Gäste eintreten. Wer es aber durch den schlichten Eingang des Hotels zum ersten Male betrat, wurde in den Luxus aus der Zeit versetzt, als Shanghai noch unter der internationalen Verwaltung stand.

Für die Leser, die nicht so geschichtsfest sind, schnell die wichtigsten Daten. 1854 zwangen die Europäer und US-Amerikaner das chinesische Kaiserreich, in Shanghai Gebiete abzutreten, die nicht mehr unter chinesischer Hoheit standen, sondern unter der des Konsuls der jeweiligen »Vertragsstaaten«. Durch diese Stadtgebiete floß der Handel nach und von China. Ungeheure Reichtümer wurden hier angehäuft. Auch als 1932 und 1937 in der Shanghaier Vorstadt Tschapei die Kämpfe zwischen Japanern und Chinesen tobten, ging der Handel in den »International Settlements« weiter. Erst der Eintritt Japans in den zweiten Weltkrieg beendete diese Sonderstellung der Weißen vorläufig. Der Sieg der kommunistischen Armeen 1945 machte es endgültig. Geblieben sind aber die Bank- und Hotelpaläste, vor allem am Ufer des Huangpu. Früher war diese Uferstraße international unter dem Namen »der Bund« bekannt, heute heißt sie Waitau-lu. Und dort steht auch, aus mächtigen Steinen gebaut, unser Hotel. Im Inneren findet der Besucher nur edelste Hölzer, seltene Marmorsorten und kostbare Teppiche. Unser Appartement betritt man über einen großen Flur. Rechts ist die Tür zur Dienerkammer. Selbstverständlich brachte man in der »guten alten Zeit« Leibdiener oder Zofen mit. Die Kammer ist klein, ohne Fenster und enthält außer Schrank und Eisenbettstelle nichts.

Wer über den Flur geradeaus geht, kommt in das Wohnzimmer, hier sagt man wohl besser Salon. Die schweren Möbel wurden von chinesischen Tischlern aus seltenen Tropenhölzern hergestellt. Die Polsterüberzüge tragen Szenen aus dem chinesischen Leben eingewebt. Hinter den Gläsern der Schränke stehen Figuren aus Jade und Elfenbein. Hier wird ein kleines Vermögen ausgestellt. Das Schlafzimmer nebenan wäre durchaus für Filmaufnahmen geeignet, und die zwei Badezimmer sind jeweils doppelt so groß wie das Dienerzimmer.

Eigentlich würden wir viel lieber weiter »chinesisch« leben, wie bisher, aber die Planung für unsere Reise sieht dieses Hotel vor, und dann hilft kein Protestieren.

Von den vier Fenstern unseres Wohnraumes schauen wir auf die Uferstraße und den Fluß. An großen Tonnen liegen die Frachtschiffe vertäut. Ihre Bordkräne verladen Säcke und

Kisten in Leichter, die an ihrer Bordwand festgemacht haben.

Dutzende von Dschunken für den Verkehr auf dem Fluß und den Kanälen treiben mit ihren großen Segeln über das Wasser. Die Boote sehen romantisch aus, aber man darf ihnen nicht zu nahe kommen. Sie transportieren die Fäkalien und Abfälle der großen Stadt auf das Land.

In dem Gewimmel schieben sich die dreimastigen See-Dschunken. Die braunen Segel sind scharf angebraßt. Mit hoher Fahrt läuft so eine Dschunke von 30 bis 40 Meter Länge auf das Flußufer zu. Lässig steht ein Mann an der Steuerpinne. Sonst ist niemand an Deck. Gespannt verfolgen wir von unserem Fenster aus das Schiff. Nach unseren Gewohnheiten müßten mehrere Leute bereitstehen, um die Segel zu bedienen. Der Steuermann drückt die Pinne herum. Das schwere Schiff dreht wenige Meter vom Ufer entfernt wie auf einem Teller. Die Schoten der großen Mattensegel rutschen auf die andere Schiffsseite, und ohne Fahrt zu verlieren, kreuzt die Dschunke weiter den Fluß hoch. Ein Dschunkensegel ist unserer europäischen Takelung haushoch überlegen.

Natürlich bat ich, eine Dschunke besichtigen zu dürfen. Wang runzelte die Stirn. Er erklärte uns: »Total veraltete Technik.«

»Wir interessieren uns aber für Segeln, und die chinesischen Dschunken sind weltberühmt.«

»Wollen Sie nicht lieber einen modernen Dampfer besichtigen?«

Wir erklärten umständlich, warum wir unbedingt eine Dschunke sehen möchten und keine modernen Dampfer.

»Gibt es denn außerhalb von China keine Dschunken?« fragte Wang erstaunt.

»Nein, nur die Amerikaner haben zwei oder drei nachgebaut.«

»Die Amerikaner haben nachgebaut???«

Wir bestätigten es nochmals. Schließlich sagte Wang, er wolle sehen, was sich machen ließe.

Jeden Tag hofften wir auf einen Besuch im Seglerhafen. Aber immer wurden wir vertröstet. Schließlich war der letzte Tag für Shanghai da. Um zwölf Uhr sollten wir abfahren. Wir bummelten noch einmal am Flußufer entlang bis zu dem kleinen Park mit der Tafel in englischer Schrift: »Eintritt für Chinesen und Hunde verboten.«

Dieser Park und diese Tafel sind ein Erinnerungsmal an die Zeiten kolonialer Unterdrückung. Es war den Engländern gelungen, an diesen Stellen ein kleines Stück Rasen anzulegen. Im Fernen Osten gibt es zwar Gras, aber keinen Rasen, wie die Engländer ihn von zu Haus kannten. Hier in Shanghai wuchsen unter einem tüchtigen (chinesischen) Gärtner einige Quadratmeter Rasen. Natürlich balgten sich die Straßenhunde auf diesem Platz, und natürlich ahnten die Chinesen nicht, was die paar Grashalme sollten. Daher ließen die Engländer den Park einzäunen (von Chinesen, versteht sich) und die Tafel anbringen. Weder die Hunde noch die Chinesen konnten die Inschrift lesen. Für sie war ja der Zaun da. Aber für die Engländer war das Schild die Bestätigung ihrer Macht (vergleichbar Geßlers Hut im »Tell«).

Kurz vor zehn Uhr kam Wang aufgeregt hinter uns hergelaufen. »Schnell ins Auto, wir sollen eine Dschunke besichtigen.« Die Fahrt ging endlos durch das Hafenviertel. Schließlich standen wir an einem Holzkai im Seglerhafen.

In China ist alles sehr sauber. Die Hölzer dieser Anlage waren offensichtlich mit Bürsten und Seife auf Hochglanz gebracht worden. Am Ende des Kais lag eine große dreimastige Dschunke. Kapitän und Mannschaft standen am Fallreep angetreten und begrüßten die Genossen aus dem Lande von Marx und Engels. Die Ansprache des Kapitäns erfolgte in einem Dialekt, der nur von den Shanghaier Bootsleuten gesprochen wird. Ein besonderer Dolmetscher stand bereit und übersetzte ihn in die Shanghaier Stadtsprache. Dabei »schrieb« er eifrig mit dem Finger auf die Handfläche. Li übertrug das im Geiste in das Nordchinesische und laut ins Deutsche mit leichtem Dresdner Akzent.

Die Uhr stand fast auf elf, als wir endlich die Dschunke betreten durften. Fleißige Hände hatten ihr Holz uns zu Ehren von der Mastspitze bis zur Wasserlinie mit Glasscherben abgezogen. Alles glänzte wie neu.

Wir kamen schnell mit dem Kapitän in ein Fachgespräch. Die Dolmetscher waren zum Glück nicht nötig. Wir verstanden uns mit einigen Handbewegungen oder indem ich einfach ein Ausrüstungsteil anfaßte und die Mannschaft es sofort vorführte. Der Schiffskoch begann in seiner Kombüse Wasser für Tee zu kochen. Das Feuer brannte auf einem offenen Herd zwischen einigen Steinen. Wir waren in die Zeiten von Marco Polo versetzt.

Leider zeigte Wang wenig Verständnis für »die alte Technik«. Er hatte die Aufgabe, uns um zwölf Uhr in den D-Zug nach Hangshou zu setzen. Höflich, aber bestimmt wurden wir vom Schiff heruntergezogen, der Wagen brauste durch die Stadt, und wir erreichten gerade noch den Zug.

In Hangshou sollten wir uns von den Anstrengungen der letzten Wochen erholen. Unsere Gastgeber waren sehr bemüht, uns die richtige Mischung von Arbeit und Entspannung anzubieten.

Hangshou ist seit altersher ein beliebter Erholungsort. Die Landschaft, ein See, umgeben von Hügeln, wirkt beruhigend auf die Nerven. Wer früher auf Beruhigung keinen Wert legte, fand über 10 000 junge Damen zur Unterhaltung vor (erzählte Li). Heute ist nur noch die Landschaft vorhanden.

Europäer sind leicht geneigt, moralische Werturteile über Sitten in Asien zu fällen. Man darf aber nie vergessen, daß in anderen Ländern die Gedankengänge der Menschen oft ganz anders laufen als bei uns. Asiaten empfinden manche Dinge bei uns als sehr unmoralisch, z. B. Miniröcke, FKK und dreimal geschieden sein. Wie anders man denken kann, zeigte uns ein Ausflug zu einem Kloster. Es liegt etwas über dem See, im Grünen eingebettet. Das Hauptgebäude mit dem großen Buddha-Standbild ist aus Holz gebaut. Die mächtigen Eckpfosten sind rot lackiert, und die Dachbalken sind frisch vergoldet. Buddha schaut voller Ruhe auf den weiten See hinaus. Es fand sich ein Mönch, der bereit war, uns zu führen. So ganz nebenbei erwähnten wir, daß wir kürzlich mit Pantschen-Lama zusammen aßen. Natürlich wurde der Mönch daraufhin sehr eifrig. Er holte weit aus und begann einige Jahrhunderte vor unserer europäischen Zeitrechnung. Damals, so sagte er, wurde das Kloster gegründet. Es sei weit über 2000 Jahre alt.

»Und wie alt ist dieser Bau?« fragten wir.

Beratung unter den Chinesen. Die Frage schien Schwierigkeiten zu machen.

»Der Bau ist auch über zweitausend Jahre alt«, wurde schließlich geantwortet.

»Wie machen Sie es, daß Holz sich zweitausend Jahre hält?« wollten wir wissen.

Verständnisloses Kopfschütteln. Diese Weißen fragen vielleicht seltsame Sachen.

»Holz hält sich nur etwa zwanzig Jahre.«

»Dann ist der Tempel doch keine zweitausend Jahre alt?«

»Natürlich, er steht hier seit den Zeiten des Kaisers . . .« (den Namen habe ich vergessen).

Nun fragten wir anders: »Wann wurden diese Eckpfosten aufgestellt?«

»Vor vier Jahren.«

So langsam begriffen wir die Sache. Das Bauwerk bedeutete den Mönchen gar nichts. Für sie war der Boden maßgebend, auf dem der Tempel steht. Häuser und Tempel vergehen und werden neu gebaut. Der Boden bleibt. Daher ist das Kloster über 2000 Jahre alt, selbst wenn kein Gebäude älter als zehn Jahre ist.

In Japan fand ich einen ähnlichen Gedankengang. Dort besuchte ich eine Tempelanlage, in der aus religiösen Gründen alle Gebäude in bestimmten Zeiträumen abgerissen werden müssen. Trotzdem gilt der Tempel insgesamt als uralt.

Für uns war die China-Reise, neben dem fachlichen Gewinn, vor allem eine Lehre über die Möglichkeit, die Welt auch aus anderen Perspektiven zu betrachten. Wohl jedes Volk glaubt gefühlsmäßig, es sei der Mittelpunkt der Welt, und seine Anschauungen seien die »normalen«. Die Chinesen denken natürlich genauso. Aber wenn 750 Millionen (oder jetzt eine Milliarde) so denken, dann gibt es schon Anlaß zum Nachdenken und zur Selbstbescheidung.

Beim Abschied auf dem Flugplatz hatten wir Glück. Eine TU 114, damals das Neueste vom Neuen, holte uns ab. Selbst Li konnte hier nicht mißbilligend »alte Technik« murmeln.

Walum, walum?

Ostasiaten haben Schwierigkeiten mit dem europäischen R. Ohne ausreichende Sprachschulung sprechen sie statt dessen ein L. Wenn ein Japaner sagt: »I like lice«, so drückt er damit seine Vorliebe für sein Hauptnahrungsmittel Reis aus.

Japaner, die gut deutsch oder englisch reden, machen den umgekehrten Fehler. Sie wissen, daß sie R und L verwechseln. Wenn nun ein Wort mit L kommt, so denken sie, das kann doch nicht wahr sein? und sprechen vorsichtshalber ein R.

Mein japanischer Freund Isao schenkte mir ein Bild des Malers Hokussai: »Britze am Fuji«. Wenn bei meinen zwei Japanreisen meine europäische Logik mit der japanischen Betrachtungsweise in Konflikt geriet, rief Isao: »Walum, walum? Immer fragst du walum?«

Mit Beschämung bekenne ich, daß ich viele Japaner traf, die meine Muttersprache gut beherrschten, während ich über bitte und danke auf japanisch nicht weit herausgekommen bin.

Für meine fachliche Weiterbildung verdanke ich meinen japanischen Kollegen sehr viel. Die Auswertung meiner Reisen würde ein Buch ergeben. Aber hier beschränke ich mich auf das, was nicht im offiziellen Reisebericht stand. Daher habe ich die Erlebnisse auch nicht in der chronologischen Reihenfolge der beiden Reisen aufgeschrieben.

Wir saßen auf dem Flughafen von Beirut und warteten auf die Maschine der British-Oversea-Airways. Der Lautsprecher plärrte auf arabisch und englisch. Immerhin verstanden wir soviel, daß es sich um mindestens zwölf Stunden Verspätung handelte.

Nun ist die Absperrung des Transitraumes im Orient nicht so vollkommen wie in Europa. Wir konnten durch den Zoll zurück in die Abfertigungshalle gehen und mit dem Vertreter der englischen Fluglinie verhandeln. Er zuckte die Achseln und sagte den Standardspruch für solche Fälle: »I'm so sorry.«

Neben dem Büro der Engländer lag der Raum von Air France. Aus dem Lautsprecher kam gerade die Meldung, daß die französische Maschine nach Japan gleich landen würde. Wir dachten, ein Versuch könne nichts schaden, und fragten den Franzosen, ob er nicht unsere Flugscheine ansehen und umbuchen könne.

»Naturellement«, sagte er.

Dreißig Minuten später versanken die Lichter von Beirut unter uns. Air France servierte ein Abendessen mit vielen französischen Leckerbissen. Wir streckten uns in unseren Sesseln aus und schliefen, bis wir kurz vor Teheran aufgefordert wurden, uns anzuschnallen. Noch während des Landeanfluges reichte der Funker der Stewardeß ein Blatt Papier aus der Führerkabine. Sie kam zu uns. »Messieurs, es tut uns leid, aber Sie müssen in Teheran aussteigen. Die BOA hat über Funk gegen den Umtausch Ihrer Flugtickets protestiert.«

In Teheran nahm uns ein Engländer sofort an der Gangway in Empfang und ließ uns nicht wieder aus den Augen, bis wir nach vielen Stunden in das Flugzeug seiner Gesellschaft stiegen. Der Konkurrenzkampf ist hart, und ein Flugschein ist einige Tausend Mark wert. Immerhin verkürzte er uns die Wartezeit mit einem Essen im Restaurant. Mehr habe ich von Persien leider nicht gesehen.

Auf anderen Flugplätzen hatten wir mehr Glück. Die Maschinen brauchen ein oder zwei Stunden zum Tanken und um auf Anschlußflugzeuge zu warten. Ich bin daher in Karatschi, Neu-Delhi, Rangun, Manila und Hongkong wenigstens einmal um das Flughafengebäude herumgelaufen. Beeindruckt war ich von den Indern. Sie standen in einer dichten Reihe vor dem Flughafen, ohne sich zu rühren. Die spindeldünnen Beine, ohne jede Wade, stachen unter den schmutzig-weißen Lendentüchern heraus. Nur die großen Augen begleiteten jede unserer Bewegungen. Sie schienen zu fragen: Warum stehe ich hier, und warum läufst du so satt und gutgekleidet durch die Welt? Ganz anders sahen die Inder aus, die mit uns zusammen im Flughafen saßen und mit uns reisten. Sie machten den gleichen Eindruck wie die, die wir in Berlin sehen: wohlhabend und gut genährt.

So nach und nach hatten wir fast 24 Stunden Verspätung. Wir machten uns ernsthafte Sorgen, wie wir in Tokio unsere Gastgeber finden sollten. In der Einladung hieß es: Sie werden vom Flugplatz abgeholt. Professor M., der uns erwartete, konnte doch unmöglich die ganze Zeit auf dem Flugplatz stehen!

Der Zoll interessierte sich nur für unseren Impfpaß. Wieder einmal machten wir die Erfahrung, daß Europa anderswo für die Quelle aller Krankheiten gehalten wird. Dann standen wir in der Empfangshalle, in der es von Menschen wimmelte. Sofort stürzten zwei Japaner auf uns zu und sprachen uns an. Sie waren unser Empfangskomitee.

Im Laufe unseres Aufenthaltes kamen wir hinter das System, warum auf jedem Flugplatz und jedem Bahnhof jemand für uns bereitstand. Professoren und Studenten haben in Japan ein viel engeres Verhältnis zueinander als bei uns. Dieses Lehrer-Schüler-Verhältnis bleibt auch nach der Studienzeit bestehen. Wenn wir in irgendeine Stadt reisten, rief Professor M. einfach bei einem seiner früheren Studenten an und bat ihn, seine Gäste zu betreuen. Die Studenten waren inzwischen Top-Manager geworden, aber sie übernahmen sofort den Auftrag ihres Lehrers.

Nach längerer Fahrt hielt unser Wagen vor dem Tokio-Prince-Hotel. Dort schien gerade eine Offiziersversammlung stattzufinden. Jedenfalls stand eine Anzahl von Uniformierten mit Schulterstücken und Fangschnüren vor der Hoteltür. Als sie aber heraneilten, um unsere Wagentür zu öffnen und die Koffer fortzutragen, merkten wir, daß die prächtige Uniform nur die Arbeitskleidung der Hotelangestellten war.

Im Prince-Hotel war alles bis in das kleinste organisiert. Im Kühlschrank auf dem Zimmer lagen Getränke aller Art, an jeder Ecke stand ein dienstbarer Geist, bestrebt, dem Gast jeden Wunsch von den Augen abzulesen. Man konnte alles haben, vorausgesetzt, man nannte seine Zimmernummer und unterschrieb einen kleinen Zettel. Bargeld wurde erst bei der Abreise angenommen. Dann standen aber die Beträge der vielen kleinen Zettel, die man abgezeichnet hatte, auf der Rechnung. Das hätte uns nun wenig gestört. Als unangenehm empfanden wir, daß das Hotel fast nur von vielen Amerikanern und einigen Europäern bewohnt war. Vorsichtig fragten wir Professor M., ob wir nicht in ein anderes Hotel ziehen könnten, das mehr japanisch sei. Die Frage kam erst einmal ganz falsch an. Ob das Hotel für uns nicht gut genug sei? wollte M. wissen. Es gäbe noch das Imperial, aber das sei im Preis unerschwinglich. Wir sollten nur sagen, was im Prince-Hotel nicht in Ordnung sei, es würde alles geregelt.

Durch langes Reden gelang es uns, unsere Gastgeber zu überzeugen, warum wir ausziehen wollten. Professor M. berief darauf eine Konferenz seiner sämtlichen ehemaligen Studenten, soweit sie in Tokio wohnten, ein und beriet, was man mit uns machen solle. Berücksichtigt wurde: die Güte der einzelnen Hotels, ihre Verkehrslage zu Betrieben, die wir besichtigen sollten, die Möglichkeit, abends mit uns auszugehen (und wahrscheinlich auch, welche Hotels von der Fremdenpolizei für uns freigegeben waren).

Die Entscheidung fiel auf ein Hotel im japanischen Stil in Kamakura. Es lag ganz in der Nähe der berühmten Buddha-Statue. In meinen Jugenderinnerungen »Leben ohne Rückfahrkarte« habe ich erzählt, wie ich als Kind die Postkarte aus dem Jahre 1903 betrachtete, die der Bruder meiner Mutter aus Japan geschickt hatte. Auf dieser Karte war der Buddha von Kamakura abgebildet. Mein Jugendwunsch war, diese Figur mit der kleinen Japanerin davor einmal zu sehen. Und nun stand ich vor dem Buddha, und die kleine Japanerin im bunten Kimono stand auch davor.

Unser Hotel war eine durch Gänge verbundene Ansammlung kleiner einstöckiger Holzhäuschen in einem Park. An der Tür empfing uns mama-san, die Chefin im Kreise eines Dutzends Frauen, mit vielen Verbeugungen.

Wir zogen unsere Schuhe aus, das hatten wir in den drei Tagen unseres Aufenthaltes schon gelernt. Winzige Pantöffelchen standen für uns bereit. Ich habe aber Schuhgröße 46. Viel mehr als meine großen Zehen paßte nicht hinein. Die Frauen hielten die weiten Ärmel ihrer Kimonos vor das Gesicht und kicherten. Vorsichtig sah immer eines ihrer Mandelaugen über den Ärmelrand hinweg, um zu sehen, was ich für ein Gesicht machte. Ich schmunzelte natürlich auch. Darauf ging das Kichern in ein lautes Gelächter über. Wie so oft, war durch ein gemeinsames Lachen der menschliche Kontakt hergestellt, und wir verstanden uns in den nächsten Tagen wunderbar.

Ich glaube, in Kamakura fanden wir das einzige Hotel auf unserer Reise, in dem niemand englisch sprach. Aber das behinderte die Verständigung kaum.

Auf den Pantoffeln trippelten wir über einen Gang zu unserem Pavillon. Vor der Tür zogen wir die Pantoffeln aus und gingen in Strümpfen weiter. Das Zimmer war mit Tatamis, den Strohmatten, ausgelegt. Diese Strohmatten besitzen eine genormte Größe. Ein Zimmer oder ein Haus ist immer eine bestimmte Anzahl von Tatamis groß. In der Zimmermitte befand sich ein quadratisches Loch. An kühlen Abenden (es ist erst April!) setzten wir uns auf den Rand dieser Vertiefung. Unter den Füßen lag dann ein heißer Stein. Eine Steppdecke lag auf unseren Oberschenkeln und hielt die Wärme des Steines.

Tagsüber ließ sich die eine Zimmerwand, eine Holz-Pergamentpapier-Konstruktion, zurückschieben (es war schon April!). Wir hatten dann einen Blick auf den japanischen Garten mit Minibäumen (50 cm hoch und 50 Jahre alt), Steinen und kleinen Seen. Neben dem Zimmer lag unser Bad. Es bestand einmal aus dem europäischen Teil mit Waschbecken, WC usw., ergänzt durch Zahnbürsten und Rasierapparat mit Seife und Pinsel, die als Einwegartikel täglich neu hingelegt wurden. Der japanische Teil des Bades bestand aus einigen kleinen Holzschüsseln. Darin wäscht man sich gründlich. Dann steigt man in einen Holzbottich, in dem ich mit angezogenen Knien sitzen konnte. Der Bottich ist mit sehr heißem Wasser gefüllt. Der einzige männliche Mitarbeiter des Hotels ist für das heiße Wasser zuständig. Ein echter Japaner klettert an kalten Tagen einmal in das heiße Wasser, an heißen Tagen bis zu fünfmal. Das scheint uns unlogisch zu sein. Wir baden oder duschen an heißen Tagen kalt. Die östliche Logik geht anders: heißes Wasser öffnet die Poren. An heißen Tagen müssen die Poren offen sein. Kaltes Wasser schließt die Poren. Daher bekommt der Körper anschließend einen Wärmestau.

Tatsächlich habe ich mich zu der japanischen Methode bekehren lassen. Eine sehr heiße Dusche erfrischt an einem warmen Tag den Körper. Dem entspricht die Tradition aller warmen Länder, gegen den Durst heiße Getränke zu nehmen. Erst die Amerikanisierung hat diese Tradition zum Teil gebrochen.

In einer Nische unseres Zimmers hängt das Kakemono, das Rollbild. Je nach Stimmung und Jahreszeit wird es ausgewechselt. Vor dem Bild steht ein Gesteck mit Blumen. Wir erfahren später, daß die Kunst, Blumen und Zweige anzuordnen, sehr ernst genommen wird. Es gibt verschiedene Qualifikationsgrade. Die Lehrer auf diesem Gebiet, so erzählt man uns, sind grundsätzlich Männer. Frauen könne man bei so einer wichtigen Sache nur zu einfachen Arrangements gebrauchen. Die Zweige in der Vase in unserem Raum sind aber von der Frau gesteckt worden, die für uns und unser Zimmer verantwortlich ist. Wir finden die Anordnung sehr schön. Vielleicht ist eine männliche Meisterleistung für unseren europäischen Verstand schon zu hoch.

Natürlich fragten wir Professor M., warum Blumenstecken eine männliche Kunst ist, warum die Japaner keine Stühle benutzen (besser: benutzten), warum die Häuser aus Holz und Papier sind, warum man heiß badet und sich mit einem nassen Handtuch »abtrocknet«, warum im Hotel nur Frauen sind (mit einer Ausnahme), warum hier der große Buddha steht und vieles mehr.

Verzweifelt ruft Isao (inzwischen ist Prof. M. zu Isao geworden): »Walum, walum?«

Eigentlich hat er mit seiner Verzweiflung über unsere Fragen recht. Warum benutzen wir in Deutschland Stühle? Warum stecken bei uns Frauen die Blumen in die Vase? Man kann die meisten Fragen auch andersherum stellen. Über den Bau der japanischen Häuser wurden wir bis zum nächsten Morgen aufgeklärt. In der Nacht wachen wir auf, weil ein Betrunkener über den Gang läuft. Er stößt gegen die Wände, daß sie laut knarren. Er fällt hin und wälzt sich auf dem Fußboden. Dann scheint er mit den Füßen gegen die Pfeiler unseres Hauses zu trampeln. Bevor wir richtig wach sind und aufstehen können, ist es wieder still. Wahrscheinlich ist der Betrunkene eingeschlafen.

Am nächsten Morgen kommt mama-san mit einer ihrer Gehilfinnen in unser Zimmer. Wir liegen noch auf unseren Matratzen, die abends auf die Erde gelegt werden. Das Japanisch von mama-san verstehen wir zwar nicht, aber ihre Hände lassen keinen Zweifel, wir sollen aufstehen. Nun sind wir natürlich nicht gewohnt, von zwei Damen am Bett zum Aufstehen aufgefordert zu werden. Aber wir fügen uns dem Landesbrauch. Während wir uns im Bad fertig machen, wird unser Zimmer aufgeräumt und ein niedriger Frühstückstisch auf den Fußboden gestellt. Wir müssen graue Männerkimonos anziehen und uns vor den Tisch auf die Tatamis setzen. Natürlich wissen wir nirgends mit unseren Beinen hin, was die Japanerinnen sehr vergnügt. Sie selbst knien nieder und stehen wieder auf, ohne die Hände zu benutzen.

Als ersten Gang erhalten wir jeder eine kleine Schüssel mit Deckel vorgesetzt. Als wir den Deckel anheben, ist eine eingemachte Kirsche in der Schüssel. Als zweiter Gang werden zwei Stücke Zigarettenpapier auf den Tisch gestellt. Nein, Zigarettenpapier scheint es nur nach Größe und Dicke zu sein, der Farbe nach ist es grün. Vorsichtig kosten wir. Es schmeckt nach Salz und etwas komisch (es sind getrocknete Algen zur Deckung des Bedarfs an Jod, Eisen und anderen Elementen). Dann gibt es Bohnen, einfach Bohnen mit nichts dazu.

So langsam bekommen wir Hunger. Das ist offensichtlich eingeplant, denn nun erscheint eine Schale mit Reis, in Wasser gekocht und wieder nichts dazu. Davon dürfen wir so viel essen, bis wir satt sind. Uns wird langsam klar, warum reisessende Völker meistens kleinwüchsig sind. Wenn meine Mutter mich so ernährt hätte, wäre ich auch statt 1,90 m nur 1,60 m lang geworden. Es sei aber betont, daß uns die japanische Verpflegung gut bekam. Doch wenn wir in einer Stadt wohnten, bevorzugten wir doch ein englisches Frühstück und ein chinesisches Mittagessen. Viele Japaner übrigens auch.

Während des Essens redete mama-san ununterbrochen auf uns ein. In Japan gilt Schweigen als unhöflich. Wenn man gar nichts zu sagen weiß, sagt man ah – sooooo oder zieht zumindest die Luft durch die Zähne, damit ein Geräusch da ist.

Mama-san hatte aber genug Gesprächsstoff. Dabei bewegte sie ihre Hände so, als ob sie einen Apfelbaum schüttle. Dabei fiel ein Wort, das sie für englisch hielt. Nach einigen Nachfragen verstanden wir es: earthquake, Erdbeben. Das war unser Betrunkener der letzten Nacht. Wir lösten auch gleich ein »Walum« des Holz- und Papierhauses. Eine Wand aus Pergamentpapier kann einem ruhig einmal auf den Kopf fallen. Ein Pfosten aus Holz fällt überhaupt nicht um. Was ein Erdbeben bei Steinbauten bedeutet, habe ich in Rumänien gesehen. Ziegelsteinwände fallen viel leichter um als Papierwände, und die Folgen sind katastrophal.

Nun muß ich noch erzählen, wie aus Professor M. unser Freund Isao wurde. Gleich am ersten Tag unseres Aufenthaltes gab ein Betrieb ein Abendessen für uns. Der Direktor war ein ehemaliger Student von Professor M. Vorher fragte man uns, ob wir europäisch oder japanisch essen wollten. Natürlich wählten wir japanisch. Am Abend brachte man uns in eine Seitengasse der berühmten Ginza-Street. Ein Schild am Gasseneingang (es war wirklich nur ein schmaler Gang) wies darauf hin, daß dieser Weg »sicher« sei. Die Polizei, so erklärten unsere Begleiter, habe dieses Viertel völlig unter Kontrolle, und wir könnten unbesorgt hineingehen. Bei Straßen, die nicht so beschildert seien, wurde uns zur Vorsicht beim Betreten geraten.

Wir betraten also unbesorgt, wie uns empfohlen, das Restaurant. Im Vorraum entledigten wir uns unserer Schuhe und gingen auf Strümpfen in den Raum, der für uns reserviert war. Um den Tisch mit zehn cm hohen Beinen standen etwa zehn Sessel, alle ohne Beine, oder anders ausgedrückt: die Sitzfläche befand sich direkt auf den Tatamis, den Matten des Fußbodens. Wir ließen uns nieder und versuchten vergeblich, unsere Beine im Schneidersitz unterzubringen. Für die Japaner gab es in dieser Beziehung keine Probleme. Die Männer verknoten ihre Beine so leicht, wie wir unsere Arme verschränken. Die Frauen hingegen knien. Sie beugen ihre Knie und kommen elegant wieder hoch. Dabei halten sie den Oberkörper ganz gerade und benutzen die Hände nicht zum Abstützen.

Die Speisen werden von Frauen aufgetragen, die hinter den Gästen niederknien müssen, um die Schüsseln auf den niedrigen Tisch setzen zu können. Wenn dabei Tabletts mit vollem Geschirr balanciert wurden, sorgte ich mich anfangs etwas um meinen Anzug. Diese Sorge war grundlos. Weit gefährlicher für meine Garderobe war es, mit Stäbchen vom Tisch einen Bissen aufzunehmen und ihn zum Munde zu bringen, ohne eine »Straße« über die Tatami-Matte und meine Hosenbeine anzulegen. Wir konnten ja die Beine nicht unter den Tisch stecken oder wie die Japaner im Schneidersitz nahe an den Tisch heranrücken. Zum Glück kam uns hier die Erfahrung zugute, die wir in China im Umgang mit asiatischen Eßwerkzeugen gesammelt hatten.

Eine andere Erfahrung aus China war das Wort: ganbei. In beiden Ländern wird es zwar etwas unterschiedlich ausgesprochen, doch sowohl in China als auch in Japan bedeutet es: alles austrinken. Da Sake, der angewärmte Reiswein, aus flachen Porzellanschälchen, etwa wie kleine Eierbecher geformt, getrunken wird, ist die Aufforderung nicht so tragisch. Unsere Gastgeber forderten uns zwar in Trinksprüchen immer wieder zu ganbei auf, sie selbst schielten aber auf ihren Firmendirektor und nippten nur vorsichtig am Sake. Japaner sind oft sehr trinkfreudig (wie wir später merkten), und für diesen Empfang schienen sie die Weisung zu haben, sich zurückzuhalten.

Nach einem weiteren ganbei hielt ich die Schüssel umgekehrt über den Kopf, um zu zeigen, daß sie wirklich leer sei. Große Begeisterung bei den Gastgebern. Sofort probierten sie die Methode aus, mit dem Erfolg, daß die Stimmung schnell anstieg.

Professor M. hielt sodann eine Rede auf japanisch, englisch und deutsch. Er pries das Hochhalten der leeren Sakeschale als ein Symbol der hohen europäischen Zivilisation. Das höchste Produkt dieser Zivilisation wäre aber, so führte er aus, das Brüderschaftt-Trinken. Er erklärte ausführlich, wie die Arme ineinander gehakt werden, wenn man dabei trinkt, und wie man sich anschließend um den Hals fällt und du und den Vornamen sagt. Nach dem theoretischen Teil machte er es praktisch mit uns vor. Die Schwierigkeit, daß er 1,60 m kurz und wir Europäer bedeutend länger sind, wurde überwunden, indem er sich auf die Zehenspitzen stellte und wir uns hinabbeugten. Nun durften wir Isao sagen, wobei das s wie in Reis gesprochen wird.

Um zu verstehen, über welche Traditionen sich Isao hinwegsetzte, muß man einiges über die Anrede in Japan wissen. Japaner legen sehr viel Wert auf Formen. Die ehemaligen Studenten eines Professors reden ihn mit dem Titel sensei, Lehrer, an. Ich wäre dann Gilde-sensei.

Die allgemeine Anrede ist san, hinter dem Namen, also zum Beispiel Kobayashi-san, was sowohl für Frau als auch Herrn Kobayashi gilt.

Nun haben die Japaner Schwierigkeiten, jemanden direkt mit seinem Namen anzureden. Wenn Frau Kobayashi von Herrn Kobayashi etwas will, leitet sie den Satz ein mit dem Ausdruck: ano ne (ich hoffe, es wird so geschrieben). Und wenn unser neuer Freund Isao einen seiner Schüler anspricht, beginnt er in der Regel auch mit ano ne. Für einen

Ausländer scheint es so, als sei ano ne der meistbenutzte Ausdruck der japanischen Sprache. Es kann so ziemlich alles bedeuten, was geeignet ist, die Aufmerksamkeit zu erwecken, daß man angesprochen wird.

Jedenfalls wurde der Empfang sehr vergnüglich. Sake ist außerdem ein mildes Getränk, das zwar schnell lustig macht, aber nicht so schnell betrunken.

Der gastgebende Direktor bedankte sich beim Abschied noch vielmals für den guten Tip mit der Schale über dem Kopf. »Ich habe gleich bei meinem Kollegen angerufen«, sagte er. »Sie sind morgen bei ihm in seiner Firma, und er lädt Sie zu einem Empfang ein, wo er die neue Art, ganbei zu trinken, ausprobieren will.« Dann holte der Direktor tief Luft und fuhr fort: »Ich muß melden, was Sie heute abend gesagt haben. Nun kann ich wenigstens eine schöne große Meldung machen.« Er sagte nicht, wem er es melden mußte. Wir fragten auch nicht. Ich denke, heute, nachdem die Beziehungen zwischen den Ländern sich geändert haben, sind solche Berichte auch nicht mehr üblich.

Bei dem ersten Empfang fragten wir, ob die Mädchen, die uns Sake einschenkten, die berühmten Geishas seien. Unsere Japaner waren entsetzt über soviel Unbildung. Eine Geisha, die Sake einschenkt und Schüsseln mit Soja-Sauce auf den Tisch stellt, einfach unmöglich, so etwas überhaupt zu denken.

Wir lernten bei späteren Gelegenheiten noch Geishas kennen. Es sind Frauen, die eine lange Ausbildung in Konversation, japanischen Tänzen, Singen, Fremdsprachen und allgemeiner Bildung erhalten haben. Zu ihrer »Dienstkleidung« gehören prächtige Kimonos. Ihr Gesicht ist schneeweiß mit einer dicken Reispuderschicht bedeckt. Der blutrot geschminkte Mund sieht aus wie eine Wunde. Man erzählt, daß die Geishas als Kopfkissen einen Holzklotz benutzen, damit ihr lackiertes Haar nachts nicht durcheinanderkommt.

Zu den Zusammenkünften der japanischen Geschäftsleute kommt die Geisha gegen ein Honorar, das bis zu 1000 Mark für wenige Stunden beträgt. Daher können sich nur noch Firmen Geishas leisten, die die Unkosten auf das Spesenkonto verbuchen können. Die Geisha bringt stets eine alte Frau mit, die auf der Sambise, einem Zupfinstrument, die Lieder und Tänze begleitet. Die japanischen Lieder sind oft sehr rhythmisch und für unser Ohr angenehm. Der japanische Tanz ist ohne Erklärung kaum zu verstehen. Jede Fingerbewegung und jede Armbewegung haben eine Bedeutung. Ich fand ihn sehr reizvoll, auch wenn ich nicht alles begriff. Nach einigen Liedern über die Kirschblüte und einem Tanz, Spaziergang am Fuji, sangen die Geishas regelmäßig uns zu Ehren: Sah ein Knab' ein Röslein stehn. Die meisten Japaner in leitender Stellung kennen das Lied von der Schule her, und zwar alle Verse. Auch habe ich viele Männer mit guten Singstimmen getroffen. So tönt denn Goethes Lied:

»Löslein Löslein, Löslein lot,
Löslein auf del Heiden.«

Sake hat den Vorteil, gut zu schmecken und keinen Kater zu verursachen. Wir sind daher am nächsten Morgen fit für den nächsten Betriebsbesuch.

Bereits einige Tage vorher erhielten wir von der einladenden Firma einen Fahrplan. Er beginnt meistens: acht Uhr Abholung vom Hotel. Um sieben Uhr fünfundfünfzig steht dann ein Wagen vor der Tür. Der Kraftfahrer trägt einen blauen Anzug und blütenweiße Handschuhe. Fast alle Berufskraftfahrer tragen weiße Handschuhe, die täglich gewaschen werden. Auch fast alle Handarbeiter, wie Schweißer und Dreher, tragen bei der Arbeit Handschuhe. Man kann bei einem Japaner den sozialen Status nicht an den Händen erkennen. Übrigens ziehen die Arbeiter jeden Morgen einen

sauberen, meist khakifarbenen Arbeitsanzug an, der auf der Brust das Wappen ihrer Firma trägt.

Unser Kraftfahrer macht die üblichen fünf oder sechs Verbeugungen und saugt dabei geräuschvoll die Luft ein. Nach dieser Begrüßung überreicht er uns seine Visitenkarte. Wir sollen wissen, wie der Mann heißt, dem wir in den nächsten zwei Stunden unser Leben anvertrauen.

Bei der riesigen Ausdehnung der japanischen Großstädte müssen wir immer mit einer längeren Fahrt rechnen. Solange wir in Kamakura wohnen und nach Tokio oder Yokohama fahren, ist der Fuji unser Orientierungspunkt. Er ist von seiner Form her ein bewundernswerter Berg. Jetzt, Ende April, reicht seine Eiskappe noch ziemlich tief herunter. Wir können verstehen, warum die japanischen Maler den Berg immer wieder als Hintergrund für ihre Bilder nahmen. Uns bietet er sich mit seinem Schnee als Kontrast zu den blühenden Kirschbäumen an.

Einige Tage später flogen wir in 5000 Meter Höhe an seinem Gipfel vorbei. Auch aus der Luft wirkte sein mächtiger Kegel feierlich und majestätisch. Das kommt, weil er sich ohne Gebirgszug aus der Ebene erhebt. Während eines Fluges über Indien sahen wir das Himalaja-Gebirge. Es wirkte mächtig. Aber als die Stewardeß uns den Mount Everest zeigte, waren wir enttäuscht. Es war ein Berg unter Bergen. Wirkungsvoll werden Berge in einem Gebirge erst wieder durch besondere Formen, wie beim Matterhorn, oder wenn man vor einer besonders mächtigen Wand steht. Auf mich wirkte die Eiger-Nordwand bedrückend, und ich hatte nicht das Gefühl, daß ich sie einmal erklettern möchte. Hingegen lockt der Fuji zur Besteigung. Im Hochsommer soll eine endlose Menschenschlange zum Gipfel emporsteigen. Für viele Japaner scheint der zweitägige Aufstieg eine Art Bestätigung ihrer körperlichen Leistungsfähigkeit zu sein. Man erzählte uns, der Gipfel sei mit leeren Konservendosen und Bierflaschen übersät. Nach den Erfahrungen, die wir auf kleineren Berggipfeln machten, glaube ich auch, daß das stimmt.

Unser Wagen rollt zeitweilig über eine Autobahn. Der Fahrer muß bei der Auffahrt Weggeld bezahlen. Mitunter fahren wir auch über schmale Schotterstraßen, die durch Reisfelder und kleine Bauerndörfer führen. Wenn eine Eisenbahnstrecke unsere Straße kreuzt, wird der Fahrer sehr aufmerksam. Kurz vor den Schienen sind riesige Warntafeln mit mehreren Lampen aufgestellt. Sobald diese aufleuchten, ertönt gleichzeitig eine schrille Alarmklingel. Unsere Lämpchen und das leise Bim-bim an unseren Bahnübergängen würden sich in Japan nicht bewähren. Wenn der Fahrer die Lampen und die Klingel wahrnimmt, leitet er eine Vollbremsung ein. Wenige Sekunden später saust eine schwere Schranke, die zwischen zwei Säulen über der Straße hing, herunter. Ein Kraftwagen, der sich unter der Schranke befinden würde, hätte anschließend nur noch Schrottwert. Aber er hätte immer noch Glück, wenn ihn die Schranke festklemmt, denn wenige Sekunden später braust der Zug heran. Sobald die Lokomotive vorbei ist, werden die Schranken wieder hochgezogen. Die Eisenbahnverwaltung rechnet mit der Intelligenz der japanischen Autofahrer, daß sie nicht starten, solange noch Eisenbahnwagen vorbeifahren. In dem Augenblick, wo der letzte Wagen weg ist, strömt der Autoverkehr weiter. Die ganze Sperrung hat nur eine Minute gedauert.

Ich habe diesen Vorgang so umständlich beschrieben, um zu zeigen, wie Japaner Probleme lösen. Sie kalkulieren den gesunden Menschenverstand mit ein und rechnen damit, daß er mit der Technik fertig wird.

In den Dörfern, Städten und Stadtteilen der Großstädte, die wir durchfahren, gehen die Kinder zur Schule. Sie tragen leuchtend gelbe Mäntel, Mützen und Ranzen und sind weit sichtbar. An den Stellen, an denen die Kinder über die Straßen müssen, stehen Behälter mit kleinen gelben Fähnchen. Immer wenn sich ein Trupp Schüler angesammelt hat, ergreift einer von ihnen eine Fahne und hält sie hoch. Quietschend stoppt die Autokolonne. Die Schüler laufen hinter der Fahne her über den Fahrdamm. Auf der anderen Seite wird sie für den Heimweg in einen Behälter gesteckt.

Nach unserem Fahrplan sollen wir um 9.50 am Werktor sein. Ein Blick auf die Uhr, wir sind pünktlich. Der Pförtner weiß, daß wir kommen, und öffnet sofort.

In der Empfangshalle des Verwaltungsgebäudes steht der »Chef des Protokolls«. Er führt uns in einen Konferenzraum. Befriedigt stellen wir fest; er ist europäisch eingerichtet. Wir können auf Stühlen sitzen.

Um 9.59 betritt nach Plan der Vizepräsident mit Gefolge den Raum. Nur eine kurze Verbeugung statt des sonst üblichen halben Dutzend, amerikanisch shake-hand mit gemurmeltem »How do you do«.

Die Gastgeber setzen sich uns gegenüber an die Längsseite des Konferenztisches. Dann werden die Visitenkarten ausgetauscht. Ich hatte 50 Stück mitgebracht. Sie waren nach wenigen Tagen verbraucht. Zum Glück kann man in Japan abends eine Bestellung aufgeben und erhält am nächsten Morgen 500 neue Karten.

Die Visitenkarten legt man spiegelbildlich zur Sitzordnung und weiß immer ganz genau, wer die Herren in den khakifarbenen Firmenanzügen sind. Die meisten Vice-Präsidenten (technische Direktoren), die oft über 10 000 Menschen unter sich haben, trugen Khaki im Dienst. Die einheitliche Tracht soll das Verhältnis zu »my company«, zu »meiner Firma«, dokumentieren. Alle Ingenieure, mit denen wir sprachen, benutzten stets diesen Ausdruck.

Der Vice-Präsident verliert keine Zeit mit langen Redensarten über das Wetter oder wie es uns geht. Er begrüßt uns mit einem Satz. Dann sagt er, über »my company« könnten wir alles erfahren, wenn wir das kleine Buch durchblättern würden, das uns der Protokollchef überreicht. Auf japanisch und englisch ist in diesen Büchern aufgeführt, wie sich das Management zusammensetzt (mit Fotos), wie sich die Produktion zusammensetzt, wie hoch die Investitionen sind und wie das Vermögen des Betriebes angelegt ist. Der Vice-Präsident spart sich durch dieses Buch eine »kurze Einführung in unseren Betrieb«, wie wir es bei uns kennen.

Statt dessen sagt er etwa folgendes: »Wir haben in unserem Betrieb einige Schwierigkeiten beim Einschweißen von Stutzen in einem Atomreaktor für Indien. Soweit ich weiß, steht in der DDR ein ähnlicher Reaktor in Rheinsberg. Wir haben auf dem Hof ein Modell im Maßstab eins zu zehn aufgebaut. Bitte sehen Sie sich es an, und sagen Sie uns Ihre Meinung über das Problem.«

Der Vice-Präsident hat die (nach meiner Meinung) vernünftige Ansicht, daß das Wissen eines fremden Spezialisten genutzt werden soll und daß die Gehälter viel zu hoch sind, um die Zeit mit Allgemeinplätzen zu verschwenden.

Um 10.29 gibt der Protokollchef ein Zeichen. Die Besichtigung beginnt. Wir sind nicht die einzigen, denen das Werk gezeigt wird. Überall laufen Gruppen herum, die den Betrieb besichtigen. Zu jeder Gruppe gehört ein Vertreter des Werkes. Er hält ein Fähnchen mit einer Nummer hoch, und die Gruppe folgt ihm. Es sind Kinder, Frauengruppen, alte Männer und Ingenieure. Jede Gruppe erhält eine ihren Interessen entsprechende Führung.

In dem ersten Betrieb, in dem wir diese Völkerwanderung sahen, fragten wir natürlich nach dem Zweck und nach den Problemen des Unfallschutzes. Die Antwort war verblüffend. Die Firma (my company, sagt der Präsident) wirbt in Schulen, Frauenvereinen, Altersheimen und Ingenieur-Organisationen für einen Besuch. Dadurch wird der Grad der Bekanntheit des Betriebes und seiner Erzeugnisse erhöht. Das wirkt sich aus im Umsatz, in Lehrlingsbewerbungen und im sozialen Ansehen der Betriebsmitarbeiter.

»Wer nichts zeigt, hat etwas zu verbergen«, erklärt der Präsident. »Das Unfallschutzproblem ist sehr einfach zu lösen. Die Gruppen kommen nur in solche Abteilungen, die ihrem Qualifikationsgrad entsprechen. Dort, wo es gefährlich ist, wie zum Beispiel in unserem Walzwerk, habe ich einen erhöhten Laufsteg gebaut, von dem aus alles unfallsicher zu besichtigen ist.«

Unsere Führung ist ebenfalls unserer Qualifikation angepaßt, und so stehen wir bald vor dem Reaktor (oder sonst einem Problem). Schlagartig ist ein Mann mit einem Tonband zur Stelle, ein Fotograf steht bereit. Einige Konstrukteure und Technologen erklären ihre Schwierigkeit und diskutieren mit uns.

Am Schluß haben beide Seiten etwas hinzugelernt. Der Vice-Präsident scheint auch zufrieden zu sein, denn er vermittelt eine Einladung des Präsidenten (of my company), mit ihm zu lunchen, also Mittag zu essen.

Der Präsident ist immer ein würdiger, älterer Herr, den technische Einzelheiten nicht mehr interessieren. Wir reden mehr über allgemeine Dinge, wie Malerei (mein Lieblingsmaler ist Hokussai) oder über europäische Literatur (Christa

Wolf wurde damals viel in Japan diskutiert). Zum Bedauern von Mister Präsident können wir nicht über Golf sprechen, sein Hobby.

Hier ist es angebracht, etwas über die Bezahlung der japanischen Ingenieure und das Vereinswesen zu sagen. Zumindest bei den Konzernen sind die Mitarbeiter wie Beamte auf Lebenszeit angestellt. Die Bezahlung erfolgt in erster Linie nach dem Dienstalter, und sie ist im Vergleich zu der langen Ausbildung nicht besonders hoch. Dafür gibt es aber andere Vergünstigungen, wie billige Wohnung und – vor allem – ein Spesenkonto und der Eintritt in einen Klub.

Je nach Dienstalter und Dienststellung darf ein Manager eine der vielen winzigen Kneipen oder der teuren Restaurants mit Gästen besuchen und dort auf Kosten seiner Company essen und trinken. Daher kommen die Ingenieure an mehreren Wochentagen (man sagt, an sechs) erst abends um 22 Uhr nach Hause. (Die Lokale schließen dann.)

Von einer bestimmten Dienststellung an muß der Angestellte einem Klub, meistens einem Golfklub, beitreten. Die Eintrittsgebühren, die oft einige Tausend Mark betragen, und die hohen Monatsbeiträge zahlt der Betrieb. Wird der Mitarbeiter befördert, so tritt er in einen anderen Golfklub ein, der für ihn »standesgemäß« ist. In jedem Klub trifft er die Leute der anderen Betriebe, mit denen er zusammenarbeiten muß. Im Golfklub der Konzernpräsidenten treffen sich die Leute, die die großen Entschlüsse fassen. Man kann streiten, ob das System gut ist, ohne Frage ist es erfolgreich. Der Golfklub unseres Präsidenten hat natürlich ein sehr gutes Restaurant. Alle Tische stehen genügend weit auseinander, so daß an jedem ungestört über Geschäfte gesprochen werden kann. Natürlich ist Isao auch Mitglied eines Golfklubs. Ich glaube, die Unkosten trägt eine Firma, für die er Berater ist. Außerdem hat er Konten in mehreren kleinen Kneipen (ich weiß keinen besseren Ausdruck, aber man muß ihn nicht abfällig verstehen, sondern im Sinne von Gemütlichkeit). Auch verkehrt er in einem sehr teuren Steak-Klub, einem Restaurant, in dem es Tische nur für Mitglieder gibt.

Wir verabreden uns am nächsten Sonntag zum Golfspiel.

Die 100 Millionen Japaner drängen sich auf dem schmalen Küstenstreifen entlang der Küste zusammen. Der größte Teil der Inseln ist bergig und unbewohnbar. Land ist daher knapp und teuer. Golfplätze sind sehr groß. Sie nehmen den Bauern das Ackerland oder Bauland weg. Die Kosten für den Erwerb des Geländes und für die Unterhaltung der Anlagen sind enorm. Daher ist die Mitgliedschaft in einem Golfklub ein Statussymbol geworden.

Isao fährt uns in eine leicht hügelige Landschaft, mit Büschen und Baumbeständen. Weit über 100 Autos auf dem Parkplatz zeigen, daß der Klub ziemlich mitgliedsstark ist. Doch ein Teil der Klubmitglieder sitzt nur in der Gaststätte und nimmt einen Cocktail (wahrscheinlich auf Firmenkosten). Mitglied sein bedeutet noch lange nicht, daß man auch Golf spielt. Nur wenige Spieler sind in dem Gelände zu sehen. Sie wandern gemächlich hinter dem Ball her. Der Caddie, der Balljunge, zieht auf einem kleinen zweiachsigen Karren die Golfschläger hinterher. Ein Spieler benötigt »unbedingt« ein halbes Dutzend verschiedene Schläger. Der »Balljunge« ist in Japan übrigens immer eine Frau. Sie trägt die übliche Tracht der Bauersfrauen, vor allem einen großen Hut und darüber ein Kopftuch. Außer den Caddies sind in unserem Klub keine Frauen zu sehen.

Den größten Teil der Mitglieder finden wir am Trainingshang. Wenn Japaner eine Sache beginnen, dann machen sie es mit großem Ernst. Der Trainingsplatz besteht aus einem offenen Schuppen, dessen Dach vor allem gegen die Sonne schützen soll. Dort stehen dreißig Golfer und schlagen einen Ball nach dem anderen gegen einen Hang. Entfernungstafeln zeigen an, wie weit der Ball flog.

Isao holt einen Korb mit 50 Bällen und zeigt uns, wie einfach das Schlagen ist. Der Schläger wird mit beiden Händen angefaßt, über die rechte Schulter wird ausgeholt, und dann braucht man nur richtig den Ball zu treffen, schon fliegt er 100 Meter weit.

Das Anfassen und Ausholen beherrsche ich sofort, nur den Ball treffe ich nicht. Der Schlag geht entweder über ihn weg ins Leere oder kurz vor ihm in die Erde. Verbissen wie ein Japaner übe ich. Als die ersten 50 Bälle fünf oder zehn Meter entfernt auf dem Hang liegen, trainiere ich mit weiteren 50. Doch kann ich mich der Tatsache nicht verschließen, daß von den vielen 1000 Bällen, die über den Rasen verstreut sind, die 100, die unmittelbar vor dem Trainingsschuppen liegen, mir gehören. Ich gebe die Hoffnung auf, an diesem Sonntagvormittag ein perfekter Golfspieler zu werden, der mit den Top-Managern der Konzerne in Konkurrenz tritt.

In der Nacht wache ich von starken Schmerzen in der Brust auf. Ich habe einen ausgewachsenen Muskelkater. Die Schlagtechnik beansprucht Muskelpartien, die wir sonst wenig benutzen.

»Kein Problem«, sagte Isao am nächsten Morgen. »Du mußt dich massieren lassen.«

Er telefoniert mit der Hotelleitung, und zehn Minuten später erscheint eine junge Dame, die mich vom Muskelkater befreien will.

Ich ziehe das Hemd aus und will meinen Oberkörper ihren Händen anvertrauen. Aber das ist wieder einmal ganz falsch, und ihr Gesicht läßt keinen Zweifel, daß sie über soviel mangelhafte Bildung betrübt ist. Ich muß meinen Schlafanzug anziehen und mich auf die Erde legen. Zwischen ihren Händen und meiner Haut ist immer ein Stück Stoff. Das Schema der Massage ist: kräftig mit den Fingerspitzen auf Stellen drücken, wo es möglichst schmerzhaft ist, und dann entlang des Muskels streichen. Als mein Rücken dran ist, wird der Druck auf den Schmerzpunkten besonders intensiv. Die Masseuse kniet auf meinem Rücken und drückt ihre spitzen Knie auf meine Muskeln. Aber nach einer Stunde sind die Golfspieler-Schmerzen weg.

Nun möchte ich nicht den Eindruck erwecken, Japan bestünde nur aus Männern, die sich von Frauen bedienen ließen, obwohl es sehr oft so ist. Es gibt durchaus eine »Frauenwelt« in Japan. Nur wir europäischen Besucher werden in diese Welt selten hineingelassen. Umgekehrt hat ein ausländischer Ingenieur in der DDR es auch hauptsächlich mit Männern zu tun. Er wird nur in den seltensten Fällen erfahren, wie sich das Familienleben bei uns abspielt.

Isaos Frau lud uns ein, mit ihr zusammen eine Schule für das Tee-Zeremoniell zu besuchen. Sie habe dort einen Kursus belegt, und heute sei der Abschluß, zu dem sie Gäste mitbringen dürfe. Normalerweise trinken Japaner den Tee ohne viel Umstände, wie wir. Beim Tee-Zeremoniell handelt es sich um eine Form der geistigen Versenkung, was für unser rationelles Denken schwer verständlich ist. Die Japaner haben noch mehrere solche Tätigkeiten, die vielleicht am besten als eine Art autogenes Training beschrieben werden. Bogenschützen spannen jahrelang den Bogen, ohne dabei einen Pfeil abzuschießen. Sie »versetzen« sich in diesen Vorgang. Man sagt, wenn nach jahrelangem geistigem Training der erste Pfeil fliegt, säße er auch mitten in der Scheibe. Frauen üben in besonderen Schulen auf ähnliche Art, wie Tee zubereitet und serviert wird.

Frau M. fährt uns mit ihrem Wagen sicher durch den Großstadtverkehr. Die Schule liegt in einem kleinen Park mit einigen Holzhäuschen. In einem sitzt der Leiter der Schule. Interessanterweise ist es (wie beim Blumenstecken) ein Mann. Wir machen vor dem würdigen Herrn unsere Verbeugungen, eine noch tiefer als die andere. Wir wollen zei-

gen, daß wir höfliche und gebildete Menschen sind (wenn auch nur ziemlich exotische Europäer).

Einige junge Damen haben den Grundkurs im Zeremoniell abgeschlossen und machen ihre Prüfung. Als unverheiratete Mädchen tragen sie prachtvoll gestickte Kimonos, einen kunstvoll um den Leib geschlungenen Obi, weiße Tuchstrümpfe mit einem »Fach« für die große Zehe und Getas. Frau M. erklärt uns die Kleidung. Die Getas, Holzsandalen mit kleinen Leisten unter der Sohle, ermöglichten früher den Frauen, durch schmutzige Straßen zu gehen. Sie halten die Sandalen mit einem Riemen zwischen dem großen Zeh und den übrigen Zehen, daher die geteilte Form des Strumpfes. In geschlossenen Räumen läuft man auf diesen Strümpfen. Daher ist Leinen wegen des täglichen Waschens günstiger als Wolle.

Die Erklärung über den Obi, den mehrfach um den Leib geschlungenen, etwa 50 cm breiten Brokatgürtel, fällt etwas verworren aus. Wichtig ist, hinten die große Schleife richtig zu binden. Die Frauen können auch alle möglichen Kleinigkeiten in den Gürtel stecken. Doch den letzten Zweck läßt man uns nur ahnen. Der Obi scheint, wie das Korsett unserer Urgroßmütter, eine gerade Haltung zu erzwingen. Und die alten Japaner kannten wohl auch noch keinen BH bei ihren Frauen, da half im Notfall der Obi korrigierend nach.

Unsere Prüflinge benötigten zur Herstellung einer Schale Tee über eine Stunde. Die Bewegungen sind gemessen. Die kleinen Hände berühren feierlich die verschiedenen Büchsen, Schalen und Instrumente, die notwendig sind. Jeder Gegenstand wird vor dem Benutzen und nach dem Gebrauch sorgfältig mit einem Tuch abgewischt. Eine besondere Kunst scheint es zu sein, mit den weiten Ärmeln des Kimonos nicht alles umzustoßen. Zwischendurch müssen die Prüflinge viele Male niederknien, um an dem niedrigen Tisch arbeiten zu können. Und dabei – immer lächeln.

Die älteren Kursusteilnehmerinnen und die Mütter der jungen Mädchen schauen gebannt zu. Ein leises Seufzen geht durch die Menge, wenn ein besonders schwieriger Abschnitt geschafft wurde.

Schließlich ist der Tee fertig, und er wird den Gästen angeboten. Zuerst uns. Wir haben schon so etwas geahnt und uns erklären lassen, was wir tun müßten. Es gibt genaue Vorschriften, wie die Schale gedreht werden muß und wieviel Schlucke man nehmen darf. Sicherlich machen wir es nicht sehr gut, aber man ist doch mit uns zufrieden.

Der Tee des Zeremoniells ist eine dicke grüne Suppe. Sie wird mit einem Bambusquirl schaumig geschlagen. Nach meiner Meinung schmeckt das Zeug beim erstenmal abscheulich. Nach wenigen Minuten sind die Wirkstoffe bereits im Gehirn angelangt und wirken angenehm entspannend.

Als die Japaner merkten, daß wir uns nicht nur für Technik, sondern auch für japanische Sitten und Familien interessierten, erhielten wir auch Einladungen zu Besuchen in ihre Wohnungen. Während die Kinder in der Küche vor dem Fernseher hockten und sich die ziemlich brutalen Samurai-Stories ansahen, saßen wir im kombinierten Wohn- und Schlafzimmer auf den Tatamis und sprachen über Ost und West.

»Ost und West kommen nie zusammen«, behauptete Isao immer wieder. Mitunter stoßen die verschiedenen Lebensauffassungen von einzelnen Menschen sehr hart aufeinander.

Fräulein Koike ist eine junge Dame von 28 Jahren. Sie vertritt die skandinavische Fluggesellschaft SAS in der Millionenstadt Nagoya. Ihr Vater ist Arzt und wohlhabend. Daher durfte Koike studieren. Sie wählte die juristische Fakultät und machte dort alle Examen. Aber dann erhielt sie keine Anstellung als Jurist. Daher ging sie zur SAS. Sie spricht Englisch, Französisch, Deutsch, etwas Dänisch. Jährlich fliegt sie nach Kopenhagen zu einer Schulung der Angestellten. Auch andere Städte in Europa hat sie besucht.

Ob sie einen Freund habe?

Natürlich hat sie einen.

Ob sie ihn heiraten wolle?

Doch, gerne, aber ihr Vater ließe es nicht zu.

In traditionsbewußten Familien ist eine Heirat nur über einen Vermittler üblich. Ein guter Freund des Hauses weiß, daß zwei heiratsfähige Leute vorhanden sind. Er prüft sorgfältig, ob die Familien dem sozialen Stand nach und im Vermögen zueinander passen. Dann werden gegenseitige Besuche arrangiert, und die Eltern werden sich einig. Die Kinder heiraten dann nach dem Familienbeschluß.

Die Zahl der Selbstmorde von Liebespaaren ist daher auch verhältnismäßig hoch. Am Ozean sind steile Klippen ein beliebtes Ausflugsziel, und mit angenehmem Gruseln wird dann erzählt, daß sich an dieser Stelle die nicht ›heiraten dürfenden‹ Paare hinabzustürzen pflegen.

Wir fragen Fräulein Koike, warum sie ihren Freund nicht einfach heirate oder mit ihm nach Kopenhagen zöge. Sie zuckt die Achseln. »Was wird mein Vater dazu sagen und überhaupt meine Familie?«

Wahrscheinlich wird sie eines Tages auf Weisung des Vaters irgendeinen älteren Arzt heiraten. Voraussichtlich einen Witwer, denn mit 28 Jahren ist Koike schon sehr alt.

Unsere Reisen führten uns von Sendai im Norden Japans bis zum Vulkan Aso im tropischen Süden. Auf vielen 1000 Kilometern sammelten wir Erfahrungen mit Taxis, Kraftfahrern, mit dem Zugverkehr, dem Betrieb auf Flugplätzen und dem Reisen auf Passagierschiffen. Wir erlebten, wie durch Streiks der Verkehr schlagartig zusammenbrach und wie das Organisationstalent der Japaner mit dem Menschengewimmel der Großstädte fertig wird.

Mit Ausnahme einiger besonderer Straßen, z. B. der Ginza-Street, kennt der Japaner keine Straßennamen. Er wohnt in einem »Viertel«. Dort wissen der Postbote und die Mannschaft der zuständigen Polizeistation, wo Herr Kobayashi sein Haus hat.

Im Hotel bekommt man daher eine kleine Visitenkarte. Auf deren Rückseite befindet sich ein Plan des Viertels, in dem das Hotel liegt. Man zeigt diese Karte einem Taxifahrer, und schon weiß er Bescheid. Über Funk meldet er seiner Zentrale, daß er einen Fahrgast hat und wohin er fährt. Überfälle auf Taxifahrer sind beliebt, und der Sprechfunk bietet eine Art Versicherung dagegen. Wenn unser Fahrer den Wagen eines Bekannten sieht – und er sieht viele – ruft er ihn an. Wenn sie gut gelaunt sind – und das sind sie immer –, machen sie dann ein kleines Wettrennen im fünfspurigen Großstadtverkehr, oder sie erzählen sich Witze. Die japanischen Fahrgäste nehmen eifrig am Funkverkehr teil.

Am Zielort gilt meistens die Regel: erst zahlen – dann aussteigen. Die Türen können nur durch den Fahrer geöffnet werden. Wahrscheinlich sind zu oft Gäste ausgestiegen und dann ohne Bezahlung in der Menschenmenge verschwunden.

Wie jede gute Regel, hat auch diese eine Ausnahme. Wenn man die »richtige« Hotelkarte besitzt und diese über Funk bestätigt wird, rechnet das Taxiunternehmen mit dem Hotel ab.

Wir saßen abends in einem kleinen Hotel in Toba, wo die berühmten Zuchtperlen herkommen. Tagsüber hatten wir uns das Schautauchen angesehen. Es war aber nichts Besonderes. Einige Mädchen in langen weißen Hemden stürzen sich aus Booten ins Meer und kommen nach einer Minute mit einer Muschel wieder hoch. Die Zuschauer können Perlen kaufen und haben den Eindruck, sie wären dabei gewesen, als die Muscheln, in denen die Perlen lagen, gefunden wurden. In der prosaischen Wirklichkeit werden die Muscheln gezüchtet, sie erhalten ein winziges Stück Perlmutt zwischen ihre Schalen geschoben und werden dann in Käfigen in der See ausgesetzt. Wenn die Züchter glauben, daß sich um das Perlmuttstück eine Perle gebildet hat, werden die Zuchtkäfige herausgeholt und die Muschel geöffnet. Der ganze Vorgang ist ohne jede Romantik und Sensation.

Wir saßen also auf unseren Tatamis, eingehüllt in Kimonos, die das Hotel uns zur Verfügung gestellt hatte, und überlegten, was zu tun sei. Isao schlug vor, in eine Bar zu gehen. Wir waren einverstanden und wollten uns anziehen. »Walum anziehen?« sagte Isao. »Wir sind doch angezogen.« Mißtrauisch betrachteten wir ihn. Er trug unter seinem Kimono eine lange dicke Unterhose, die über dem Fußknöchel eine elegante Falte schlug, weil die Beine für die Hose zu kurz waren. Wir Europäer bekleideten uns mehr unseren Gewohnheiten entsprechend. Aber Isao schlüpfte in der Hotelhalle in ein

Paar Getas, Holzsandalen mit Leisten darunter, und war marschbereit.

Vom Hotel war inzwischen ein Taxi bestellt worden, das uns durch enge dunkle Straßen fuhr. Plötzlich ließ Isao halten. Ich holte meine Brieftasche hervor und wollte zahlen. Aber der Fahrer wollte kein Geld und öffnete die Tür, »Walum bezahlen, bezahlt alles das Hotel«, meinte Isao.

Er führte uns von der schmalen Gasse in ein sehr schmales Gäßchen von wenig über Mannesbreite. Eine kleine Laterne milderte nur schwach das Dunkel. Dann tasteten wir uns durch eine Toreinfahrt und über einen unbeleuchteten Hof. Unter einer Tür fiel ein Lichtschein auf den Boden. Isao öffnete die Tür, und wir traten ein. Der Raum war etwa vier Meter lang und drei Meter breit. Eine Theke teilte ihn der Länge nach in zwei Hälften. Hinter der Theke befanden sich der Wirt, seine Frau (ich nehme an, es war seine Frau) und eine Batterie von Flaschen. Vor der Theke standen vier Japanerinnen, die sich die Langeweile mit Faltarbeiten vertrieben. Sie hatten die seltsamsten Gegenstände aus Papier gefaltet. Mit großer Freude begrüßten sie unseren Freund. Er war hier gut bekannt. Uns musterten die jungen Damen neugierig. Isao erklärte, wer wir wären (exotische Europäer, aber völlig harmlos). Sofort nahmen sie uns in die Mitte und radebrechten vergnügt auf englisch los.

Damit nun keiner etwas Schlechtes denkt, muß ich erwähnen, daß in allen japanischen Bars Mädchen und Frauen zur Unterhaltung der Gäste angestellt sind. Es handelt sich um eine durchaus »ehrbare« Tätigkeit. Sie sind nicht zu verwechseln mit den Animierdamen in Bars, die meistens nur aus Filmen über Hafenstädte bekannt sind.

An der einen Wand hing ein großes Reklameschild für Bier aus dem Ort Suntory mit dem Werbeslogen: Suntory und München liegen auf dem gleichen Breitengrad. Ich schaute etwas länger auf die Reklame, weil ich über ihre Logik nachdachte. Der Wirt verstand den Blick falsch. Er nahm mich an die Hand, führte mich vor das Schild, zog es zur Seite und zeigte fragend auf ein WC, das dahinter verborgen stand. Ich konnte durch Isao nur dolmetschen lassen, die Getränke seien noch nicht durchgelaufen.

Nach einer Stunde war unser Bedarf an Suntory-Erzeugnissen gedeckt. Unter vielen Verbeugungen hielt der Wirt Isao eine kleine Karte hin, die dieser unterschrieb. Einige weitere Verbeugungen, und wir standen auf dem finsteren Hof. Isao führte uns in Gegenden zurück, die beleuchtet waren und in denen ein reger Verkehr herrschte. Wir hielten etwas Abstand, weil wir befürchteten, es würde wegen Isaos Unterhosen einen Auflauf geben. Aber niemand kümmerte sich darum. Alle Menschen schienen es ganz natürlich zu empfinden, daß jeder so herumlief, wie es ihm paßte. Wenn etwas die Aufmersamkeit der Japaner, vor allem der Kinder, erweckte, so waren es wir Europäer, vor allem wegen unserer blauen »Fischaugen«.

So rücksichtsvoll die Japaner im allgemeinen sind, so gibt es eine Grenze, wo nur das Recht des Stärkeren gilt. Das ist auf den Stationen der Tokioter Stadtbahn. Zum Feierabend strömen die Massen aus den Fabriken und Kontoren hin zum Bahnhof. Auf den großen Umsteigebahnhöfen herrscht ein unheimliches Gedränge auf den Gängen und Treppen. Jeder versucht, möglichst schnell auf den Bahnsteig zu kommen. Dort sind in bestimmten Abständen Striche gezogen. Wenn die S-Bahn einläuft, hält sie so, daß die Tür genau an dem Strich liegt. Links und rechts neben der Tür bauen sich zwei Bahnangestellte auf. Sie treiben die Aussteigenden an, sich zu beeilen. Anschließend schubsen und schieben sie möglichst viele Fahrgäste möglichst schnell durch die Tür ins Abteil. Dabei platzen einige Jackennähte, und Hemdknöpfe reißen ab, das spielt alles keine Rolle. Jeder drängt, so gut er kann, und tritt rücksichtslos den anderen auf die Füße. Aber es wird auch nicht geschimpft. Nach wenigen Sekunden knallen die Türen automatisch zu. Wer einen Rockzipfel dazwischen hat, hatte eben Pech. Der Zug braust davon. Tausende Menschen sind nicht mitgekommen. Sie warten eine Minute, dann läuft der nächste Zug ein, und das Spiel beginnt von neuem.

Hingegen geht es in den Fernzügen meistens sehr geruhsam zu. Man sichert sich mit einer Platzkarte einen Sessel. Viele D-Züge führen Flugzeugsessel, deren Lehne verstellbar ist und die sich um eine Achse in jeder Richtung drehen lassen. Die Japaner machen es sich auf längeren Reisen bequem. Auf dem Bahnhof kaufen sie sich eine Schachtel mit Reis nebst Zutaten. Wenn der Zug losfährt, wird erst einmal gegessen.

Eine Reinigungskraft läuft ununterbrochen durch den Wagen und entfernt die leeren Reisschachteln und was Reisende sonst noch liegenlassen.

Wir sitzen im Wagen der New-Tokaido-Line und brausen mit 220 km/h von Nagoya nach Tokio. Mit uns fährt der Kaiser Hiroito, das heißt, er fährt nebst Gefolge in einem besonderen Wagen, und wir merken weiter nichts davon. Auch von der Geschwindigkeit merken wir nichts. Nur die Beschleunigung beim Anfahren und beim Bremsen drückt uns in unseren Sessel. Neben uns, auf der anderen Seite des Längsganges, sitzt ein japanischer Gentleman, blauer Anzug mit weißen Nadelstreifen, Krawatte und Kavalierstaschentuch aufeinander abgestimmt, Sockenfarbe zum Anzug passend, dezenter Brillant in der Schlipsnadel. Anfangs blättert er in der Zeitung. Wir hoffen, daß er dort eine Notiz über uns findet, denn die Zeitungen schreiben darüber im Lokalteil, wenn wir in einer Stadt einen Vortrag vor den Mitgliedern der japanischen Schweißergesellschaft gehalten haben.

Der Gentleman legt gelangweilt die Zeitung fort und gähnt gewaltig. Dann zieht er seine Schuhe aus und stellt sie sorgfältig unter seinen Sitz. Er gähnt noch einmal, faltet seine Beine zum Schneidersitz, schließt die Augen und schläft ein. Kurz vor der Endstation in Tokio bremst der Zug scharf. Unser Japaner wacht auf, entfaltet seine Beine, zieht die Schuhe an und verläßt ausgeschlafen und frisch das Abteil.

Wir überlegen, was für uns das größere Erlebnis war: das Gefühl, mit einem Kaiser (der bis 1945 göttliche Verehrung genoß) zusammen in einem Zug gefahren zu sein oder die Strecke von Halle nach Rostock (400 km) in zwei Stunden zurückgelegt zu haben, und zwar pünktlich, oder einen Mann gesehen zu haben, der eineinhalb Stunden im Schneidersitz saß und schlief, ohne daß ihm die Beine abstarben?

Überraschend war für uns auch, wie in Japan der Transport vieler Fahrgäste auf den zahlreichen Fährschiffen gelöst ist. Manche Strecken haben Fahrzeiten von mehr als 24 Stunden. In Jugoslawien sah ich, wie in einem solchen Fall alles auf Deck schlief. Aber es war Sommer, und die Linie war nur für den Touristenverkehr ausgelegt. Auch war die Strecke durch Inseln gegen das Meer geschützt.

In Japan müssen die Schiffe bei jedem Wetter verkehren, und die Fahrtroute geht zum Teil über den Ozean. Daher sind große Räume im Schiffsinneren mit Matten ausgelegt. Die Reisenden ziehen ihre Schuhe auf dem Gang aus, betreten die Matten auf Strümpfen und schlafen nebeneinander wie Heringe in einer Dose. Das ist praktisch und vor allem billig.

Bevor wir dieses System für andere Länder vorschlagen, sollte man bedenken, daß Japaner sehr sauber sind.

Isao gab uns einen Reiseplan für die kommende Woche. Darin stand: Sonntag acht Uhr Abfahrt mit dem Wagen nach dem Nationalpark Niko. 19 Uhr Abfahrt mit der Tokaido-Line nach Osaka. Montag neun Uhr Vortrag in der Universität Osaka. »Ich fahre mit«, sagte Isao.

Am Sonntag trafen wir uns vor dem Hotel. Isao trug ein

winziges Bündel in der Hand. In ein blaues Seidentuch waren einige Sachen eingewickelt. Wir hatten schon öfter beobachtet, daß viele Leute in Japan statt einer Tasche oder eines Koffers ein Tuchbündel unter dem Arm tragen. Neugierig baten wir Isao, uns zu zeigen, was ein japanischer Professor für eine Reise von einer Woche alles mitnimmt.

Isao knüpfte sein Bündel auf. Es enthielt zwei Fachbücher und ein Manuskript, an dem er gerade arbeitete. Zahnbürste, Zahnpasta, Seife, Rasierapparat, Kamm, Waschlappen und Handtuch stellt das Hotel als Wegwerfartikel. Hemden und Wäsche werden nachts von 22 Uhr bis sechs Uhr als Dienstleistung gewaschen. Den Kimono stellt das Hotel. Ein Schuhputzautomat steht vor jeder Hoteltür. Regenschirme verleiht das Hotel, oder man kauft für eine Mark einen Papierschirm.

Ich glaube, ein Japaner, der zum ersten Mal nach Europa kommt und den Maßstab des Kundendienstes seines Landes erwartet, erlebt eine Enttäuschung. Übrigens mußte ich auch schon einmal Isao mit Winterbekleidung ausrüsten, als er in die DDR kam. Er kannte Deutschland nur vom Sommer und war überrascht, daß es bei uns auch Eis und Schnee gab.

Isao verstaute sein Bündel zu unseren Koffern, und wir fuhren los. Nach einiger Zeit kamen wir auf eine der Ausfallstraßen von Tokio. Es war fast eine Autobahn mit zwei Einbahnstraßen ohne Kreuzungen. Alle 500 Meter führte eine Fußgängerbrücke über die Fahrbahn hinweg. Andere Kraftfahrzeuge waren zu dieser frühen Sonntagmorgenstunde nicht zu sehen. Es war also eine wunderbare Straße für einen Kraftfahrer. Sie hatte nur einen ganz kleinen Fehler. Die zulässige Höchstgeschwindigkeit betrug 40 Kilometer in der Stunde. Unser Kraftfahrer ließ die Tachometernadel ganz langsam und vorsichtig über die 40 hinauswandern. Er fuhr einen Wagen mit getrennter Klimaanlage für Vorder- und Hintersitze, mit Stereo-Radio und Türfenstern, die sich auf Knopfdruck öffneten und schlossen. Die Skala auf seinem Tachometer reichte bis 220. Da fiel es kaum auf, daß die Nadel inzwischen den Wert 60 erreicht hatte.

Aber das Auge des Gesetzes ist auch in Japan wachsam. Hinter einem Busch trat ein Polizist hervor und winkte uns an den Straßenrand. Unser Fahrer murmelte etwas, das in der Übersetzung sicher nicht druckreif gewesen wäre. Dann drückte er auf einen Knopf und ließ ein Wagenfenster hinunter, um die Verhandlungen mit der Staatsmacht aufzunehmen. Aber der Polizist trat überhaupt nicht an den Wagen heran. Er winkte nur und ließ den Fahrer aussteigen und zu sich hinkommen. Das Heranwinken geschieht in Japan übrigens mit den Fingerspitzen nach unten, etwa so, wie wir beim Abschied winken.

Die weiteren Verhandlungen waren sehr kurz. Auf der Stelle waren 10 000 Yen (100 Mark) zu entrichten. Dann mußten wir ein Stück zurückfahren bis zum nächsten Polizeirevier. Dort warteten bereits mehrere Verkehrssünder mit ostasiatischer Geduld. Sobald der zuständige Polizeioffizier den Eindruck hatte, es seien genügend Zuhörer da, erteilte er 30 Minuten Verkehrsunterricht. Dann durften wir weiterfahren. Insgesamt hatten wir über eine Stunde verloren, und nun war die Straße zum Nationalpark voller Omnibusse, die eisern die Geschwindigkeitsbegrenzung einhielten. Als es in die Berge ging, sank das Durchschnittstempo noch mehr. Schließlich kam eine Strecke mit Serpentinen, deren Kurven so eng waren, daß viele Busse reversieren mußten, um herumzukommen. Wir standen dann minutenlang in einer Abgaswolke.

Ziemlich erschöpft erreichten wir Niko. Wir konnten nur einen kurzen Spaziergang machen und etwas essen. Dann drängte der Fahrer auf die Heimreise. Jetzt waren die Straßen restlos verstopft. In Tokio brach, wie so oft, an den Hauptkreuzungen der Verkehr zusammen. Die Fahrzeuge verkeilten sich ineinander, und es ging weder vor noch zurück. Ein Polizeiaufgebot lotste die Autos einzeln von der Kreuzung weg. Nur durch enge Nebenstraßen und Hinterhöfe gelangten Ortskundige vorwärts. Als wir vor dem Bahnhof ankamen, zeigte die Uhr 19.01. Unser Zug war weg.

»Kein Problem«, meinte Isao und ging zum Schalter, um eine neue Platzkarte zu kaufen. Nach längerem Anstehen kam er betrübt zurück: »Für heute sind alle Plätze ausverkauft.« Dann erhellte sich sein Gesicht: »Wir werden mit dem Wagen hinfahren.«

Wir äußerten einige Bedenken. 400 Kilometer sind bei den Verkehrsverhältnissen in Japan sehr viel. Auch war unser Fahrer seit 13 Stunden im Dienst. Doch Isao winkte nur lässig ab. »Alles kein Problem in Japan.«

Zuerst führte er uns in ein kleines Fischrestaurant. Einmal weil wir Hunger hatten und dann, um den Abendverkehr abfließen zu lassen. Wir aßen rohen Fisch und Muscheln. Das Restaurant bot Platz für etwa fünf Gäste. Sie mußten an der Theke stehen oder sich einen Barhocker holen. Die Fische schwammen lustig in einem Aquarium. Man konnte sich einen aussuchen. Der wurde gefangen, geschlachtet, filetiert und mit Soßen behandelt. In der Theke befanden sich tellerartige Vertiefungen, in denen der »lohe Fisch« (wie Isao sagte) serviert wurde.

Ich gebe zu, es ist nicht jedermanns Sache, so zu essen. Doch andere Völker betrachten mit Mißtrauen unser Gehacktes mit Eigelb übergossen.

Am späten Abend fuhren wir weiter. Voller Vertrauen auf unseren Fahrer stellten wir Europäer die Sitze flacher und schliefen. Wenn ich mitunter aufwachte, hörte ich Isao und den Fahrer diskutieren. Meistens standen wir dann in einer dunklen Dorfstraße und suchten den Weg nach Osaka. Morgens gegen zwei Uhr hielten wir vor einer großen Tankstelle.

»Jetzt werden wir erst einmal baden«, sagte Isao. Die

Tankstelle lag neben einer der vielen heißen Quellen der Insel.

Im Badehaus zogen wir uns aus und schrubbten uns in den winzigen Holzzubern. Dann gingen wir zur heißen Quelle. Sie sprudelte fast kochend in ein gefliestes Becken. Die Japaner stiegen dort ins Wasser, wo es nach unserer Ansicht noch zum Kaffeekochen gereicht hätte. Wir suchten uns die Stellen neben dem Ausfluß aus. Auch dort kamen wir uns vor, als ob wir abgebrüht würden. Anfangs bildeten sich auf den Körperteilen, die nicht im Wasser waren, Schweißperlen. Doch nach zehn Minuten hatte sich der Körper an die Temperatur gewöhnt. Wir rückten zur Freude Isaos und der Fernfahrer, die mitbadeten, sogar ein Stück in Richtung der Quelle. Mit winzigen feuchten Handtüchern rieben wir uns nach dem Bad die Tropfen vom Körper und ließen den feuchten Film auf der Haut verdunsten.

Erfrischt fuhren wir dann weiter. Um 8.30 Uhr stand unser Wagen vor der Universität von Osaka. Natürlich bedankten wir uns vielmals beim Kraftfahrer und schenkten ihm ein Souvenir aus unserem Lande.

Als er davonfuhr, sagte ich: »Nun wird er sich erst einmal ausschlafen.«

Isao sah mich erstaunt an. »Walum sollte er schlafen? Er wird versuchen, vor dem Frühverkehr möglichst weit in Richtung Tokio zu kommen. Seine Firma wartet doch auf ihn.«

Mit dieser Einstellung zur Arbeit hängt auch zusammen, daß die Angestellten »freiwillig« auf einen Teil ihres Urlaubes verzichten.

Der Präsident eines großen Konzerns fragte uns einmal, ob wir in der DDR an den kommunistischen Feiertagen arbeitsfrei hätten.

Ich antwortete, daß wir den 1. Mai und den 7. Oktober in Ehren halten.

»Und wie ist es mit den christlichen Feiertagen?« wollte der Präsident wissen.

Ich zählte auf: Neujahr, Karfreitag, Ostern, Pfingsten, Weihnachten.

»Feiern die Kommunisten Ihres Landes auch die christlichen Festtage?«

Ich fühlte, daß mein Englisch nicht ausreichte, um die Prinzipien der Blockpolitik zu erklären. Daher beschränkte ich mich darauf zu antworten, die Nichtchristen, die wohl nicht unbedingt Kommunisten zu sein brauchten, feierten zwar diese Tage nicht, aber sie gingen auch nicht zur Arbeit.

Der Präsident sagte darauf nichts mehr zu diesem Thema. Ich sah aber seinem Gesicht an, wie er den Arbeitszeitverlust in Prozenten ausrechnete.

Bei den Japanern trafen wir Christen aller Richtungen. Sie beeilten sich immer, uns diese Tatsache möglichst bald mitzuteilen. Die Shintoisten und Buddhisten äußerten sich nicht über ihre Religion. Isao schaute uns verständnislos an, als wir ihn einmal fragten, ob er sich zu irgendeinem Glauben bekenne. Darüber habe er noch nicht nachgedacht, meinte er.

In den großen Parks um die Shinto-Schreine herum bummelten viele Japaner mit ihren Kindern. Ihr Hauptvergnügen war, wenn sie uns mit ihrer Familie zusammen fotografieren konnten. Wir hätten mühelos als Fotomodell unsere Yen verdienen können. Sobald wir einem Fotografen die Genehmigung erteilt hatten, standen weitere Familien Schlange.

Die offenen Hallen, in denen ab und zu einige weißgekleidete Priester zu sehen waren, fanden kaum Beachtung. Nur in einigen Hallen traten Frauen und (seltener) Männer ein. Sie steckten Geld in einen großen Kasten. Dann klatschten sie dreimal in die Hände und blieben einen Augenblick andachtsvoll stehen. Isao erklärte, das Geld sei ein Opfer, das Klatschen soll die Geister aufmerksam machen, und wenn die Leute so ruhig dastünden, wünschten sie sich etwas. Ich wollte wissen, ob wir uns auch etwas wünschen dürften. »Wenn wir Geld in den Kasten steckten?«

»Ja«, meinte Isao.

»Und wie ist das mit der Sprache? Ich kann mir doch nichts auf japanisch wünschen.«

Isao antwortete, es käme auf einen Versuch an. Also versuchte ich. Natürlich blieb ich etwas abseits stehen, um die Japaner nicht zu beleidigen, und ich klatschte auch nur ganz leise in die Hände. Mein Wunsch ist aber bei der zuständigen Stelle angekommen. Bei meiner ersten Reise wünschte ich mir, nochmals nach Japan kommen zu können.

Tatsächlich reiste ich vier Jahre später wieder für vier Wochen hin. Zufällig kam ich auch diesmal wieder zu dem Schrein. Natürlich warf ich schnell 100 Yen in den großen Kasten und klatschte in die Hände. Diesmal schien es mir, als ob durch den starken Touristenverkehr mein Wunsch nicht gebührend beachtet wurde. Vielleicht, so dachte ich, war er auch unverschämt. Desto größer waren Überraschung und Freude, als ich beim Schreiben dieses Buches erfuhr, daß eine dritte Reise unmittelbar bevorstehe. Ich weiß nicht, wo im shintoistischen Himmel der für Reisen DDR–Japan zuständige Schutzengel sitzt, doch meine Beziehungen zu ihm müssen sehr gut sein. Und ohne Beziehungen ist in Japan das Leben genauso kompliziert wie in anderen Ländern. Jedoch wird der Begriff Beziehung dort viel weiter gefaßt als bei uns. Wir fragen einen Bekannten, ob er uns in irgendeiner Form helfen kann und will. Wenn es ihm nicht möglich ist, sagt er nein, und der Fall ist erledigt. Ganz anders in Japan. Dort hat unser Bekannter einen Freund, der wieder mit einem Bekannten in einem Klub ist, der einen Rat weiß.

Wenn wir einmal erwähnen, daß wir gerne auf dem Ozean segeln möchten (ohne uns dabei etwas zu denken), so löst Isao sofort eine Kettenreaktion aus. Einer seiner Schüler hat eine Klubbekanntschaft, der Verbindungen zu einem Segler hat. Dieser Segler steht drei Tage später überraschend vor unserer Hoteltür und fährt uns »schnell einmal« drei Stunden bis zu einem Bootshafen. Dort stellt sich dann heraus, daß er überhaupt kein Schiff besitzt, aber ein Freund von ihm wartet mit seiner Yacht bereits auf uns.

Leider ist der ganze Aufwand vergebens, denn der Ausläufer eines Taifuns orgelt über die Küste hinweg. Die Yachten tanzen wild an ihren Festmachern im Hafen. Der Sturm pfeift in den höchsten schrillen Tönen in der Takelage. Das Meer ist voller weißem Gischt. An ein Segeln ist nicht zu denken.

Aber auch ein Taifunausläufer ist ein Erlebnis, das uns Einblicke in die Probleme Japans bringt.

Besondere Sorgen machte sich Isao um die Besichtigung der alten Kaiserstadt Kioto. Er kannte unser Interesse am alten Japan und seiner Geschichte. Er selber hielt zwar nicht allzuviel davon, aber ihn hatte der Ehrgeiz gepackt, und er wollte uns Dinge zeigen, die die normalen Touristen nicht zu sehen bekommen. Dazu gehörte nach seiner Meinung der Kaiserliche Garten in Kioto.

Die Verknüpfung der Beziehungen begann natürlich bei einem ehemaligen Studenten von ihm, der in Kioto arbeitete. Mit dessen Bekannten, einem für Isao völlig fremden Menschen, trafen wir uns zum Abendessen in einem winzigen Lokal. Es bot gerade Platz für zwei kleinere Gesellschaften. Wenn ich meine Beine im Sitzen energisch ausgestreckt hätte, würden sie die Pergamentwand zum Garten durchstoßen haben.

Das Gespräch drehte sich um alte japanische Kunst und um die japanische Schrift.

Da die Japaner vor 1500 Jahren ihre erste Schrift von den Chinesen übernahmen, schreiben sie von oben nach unten und von rechts nach links. Aber neuerdings wird auch oft zeitweise von links nach rechts geschrieben, wie in Europa. Japanische Kinder lernen 881 chinesische Zeichen. Dazu lernen sie zwei Silbenschriften Hiragana und Katakana mit jeweils rund 50 Zeichen. Viele Japaner beherrschen außerdem noch das lateinische Alphabet mit den Lautumschreibungen der Silbenzeichen.

Im Druck gehen chinesische Zeichen und japanische Schrift munter durcheinander. Anfangs konnten wir es nicht verstehen, warum Isao nicht sofort antwortete, wenn wir bei einer Schrift fragten, was sie bedeute. Er starrte dann auf die krausen Zeichen und dachte mehrere Sekunden nach, bevor er übersetzte. Nachdem wir das Durcheinander der Schriftzeichen begriffen hatten, war es uns klar, warum ein Japaner beim Lesen nachdenken muß.

An dem Abend in Kioto diskutierten wir diese Fragen sehr ausführlich.

Ich sagte schon, daß das Lokal sehr klein war. Es war auch ausgesprochen ärmlich. Um so größer war unser Staunen, als der Bekannte von Isaos ehemaligem Studenten uns sagte, wir sollten uns am nächsten Morgen um zehn Uhr beim Leiter der kaiserlichen Verwaltung melden. Der Graf T. würde uns dort empfangen.

Die Gebäude des alten Kaiserpalastes dienen nur der Traditionspflege. Es sind Holzgebäude in einem Parkgelände. Hingegen war die Verwaltung in einem modernen (für die sechziger Jahre) Glaspavillon untergebracht.

Der Graf empfing uns sofort, als wir uns in seinem Vorzimmer meldeten. Er war der erste und einzige Japaner von 1,90 Meter Länge, den ich kennenlernte. Die offiziellen Verbeugungen fielen ihm offensichtlich genauso schwer wie mir. Lange Leute müssen sich doch ein ganzes Stück tiefer bücken als kleine, um mit den Händen fast den Boden berühren zu können.

Wir kannten natürlich nicht die Formalitäten, die bei

einem Grafen im kaiserlichen Dienst angebracht sind. Aber zum Glück wußten wir, daß im Englischen ein Graf zwar ein Earl genannt wird, wenn der Earl aber zufällig kein Engländer ist, wird er mit Count angeredet. Das schien in diesem Fall richtig zu sein.

Bei einer Tasse Tee wurden wir nochmals überprüft, ob wir auch geeignet seien, die Gärten zu besichtigen.

Das Gespräch begann damit, daß der Graf sagte: »Ihr Bundespräsident besucht uns in den nächsten Tagen.« Wir klärten den Grafen über die Existenz von zwei deutschen Staaten auf. Er war sichtlich interessiert und ließ sich die Verhältnisse genau erklären. Dann meinte er, es gäbe da noch eine kleine Schwierigkeit, in den Gärten seien einige Amerikaner. Ob uns das stören würde? Großzügig sahen wir darin kein Hindernis. Daraufhin nahm unser Graf (nach der Unterhaltung darf ich schon schreiben »unser«) eine kleine Karte und pinselte (er benutzte wirklich einen Tuschpinsel) einige japanische Zeichen darauf. Mit vielen Verbeugungen verabschiedeten wir uns.

Ein Taxi brachte uns zum Eingang der Gärten. Bei der Fahrt fiel uns auf, daß an den Straßenecken junge Leute mit militärischer Haltung betont harmlos herumstanden. (Die Harmlosigkeit von Sicherheitsbeamten scheint nach meiner Erfahrung ein internationales Kennzeichen zu sein.)

Am Gartentor standen Einsatzwagen der Polizei. Die Mündungen einiger Maschinenpistolen wurden erst gesenkt, als zwei Offiziere die kleine Karte unseres Grafen eingehend studiert hatten. Wir betraten den Garten mit einiger Spannung. Einmal, weil er sehr berühmt ist, und dann, weil irgendein prominenter Amerikaner Anlaß zu den ganzen Sicherheitsmaßnahmen war. Wir trafen auch nach einem kurzen Spaziergang auf den Senator Humphrey, der damals Präsidentschaftskandidat war. Ein Schwarm von Reportern und Leibwächtern umgab ihn. Alle guckten überrascht, als wir auftauchten. Offensichtlich mußten wir V. I. P. s (very important persons) sein, die ungefähr die Bedeutung des Senators hatten.

Natürlich war für uns der Reiz sehr groß, Mr. Humphrey die Hand zu schütteln und uns dabei von den Fotografen verewigen zu lassen. Doch dann dachten wir an seine Wahl. Seine Chancen wären stark gesunken, wenn jemand herausgefunden hätte, daß der Kandidat mit Bürgern eines sozialistischen Staates in Japan shake hands gemacht hätte. Wir begnügten uns daher mit einem gegenseitigen freundlichen »helloh« und lässigem Winken mit der Hand.

Wissen möchte ich nur, ob unser Graf sich nichts dabei dachte, als er uns den Termin für den Besuch im Garten festlegte, oder ob er einmal ausprobieren wollte, was eigentlich passiert, wenn wir bei Senator Humphrey auftauchten.

Der Garten und die Schlösser in Kioto waren eine Reise wert, wie so viele Dinge in Japan. Ich habe sogar einmal überlegt, ob ich ein Buch über die Reisen schreiben sollte. Zweimal vier Wochen geben zwar mehr als genug Stoff dafür, aber in dieser Zeit ist es unmöglich, die Probleme Japans auch nur andeutungsweise zu begreifen. Ich habe mich daher auf einige Episoden beschränkt, die weniger der Kenntnis als vielmehr der Unterhaltung dienen sollen.

Persönlich haben wir in Japan ganz gut abgeschnitten, sonst wären wir nicht immer wieder eingeladen worden, und ich hätte meine zweite (und vielleicht dritte) Reise nicht machen können. Auch besuchen mich jährlich eine ganze Anzahl von Japanern. Auch die Meldungen der Betriebe über uns scheinen nur bei meinem ersten Besuch angeordnet gewesen zu sein. Fünf Jahre später hißte ein staatliches Institut uns zu Ehren bereits die DDR-Fahne. Heute, da wir diplomatische Beziehungen haben, sind das natürlich keine Probleme mehr.

Mir scheint, ich schrieb diesen Abschnitt mit einer gewissen Begeisterung für das Land und seine Bewohner. Da liegt die Frage nahe: Möchtest du in Japan leben? Nein!

Es gibt ein Buch, in dem steht, was man in Japan alles sehen, hören, genießen und bereisen kann. Sein Titel lautet: For Men with Yen. Realistischer kann ein Buchtitel kaum sein. Men with Yen, die überall hinkönnen, sind doch größtenteils Ausländer. Dabei wird der Yen, wie in unserem Fall, teilweise durch die Dienststellung kompensiert und dadurch, daß wir besonders exotisch auf die Japaner wirken.

Der Alltag besteht in Japan aus sehr viel Arbeit, sehr großer Unterordnung, sehr viel Disziplin und Verzicht auf viele Dinge, die uns selbstverständlich sind.

Was können die USA von der DDR lernen?

Vor fast jeder Auslandsreise steht die Beantragung eines Visums, und dazu gehört das Ausfüllen eines Fragebogens. Manche Staaten wollen nur wissen, wie man heißt und wann man reist. Andere stellen kompliziertere Fragen. Unser Visum-Antrag für die USA ist kleiner als ein A-5-Blatt. Auf seiner Vorderseite sind 25 Fragen zu beantworten, z. B. wie die Telefonnummer der Arbeitsstelle ist (Frage 9) oder wer die Reise bezahlt (Frage 23). Die Rückseite trägt nur noch 9 Fragen, z. B. 30a: Haben Sie jemals in der Deutschen Demokratischen Republik oder in Ost-Berlin gewohnt oder gearbeitet? Falls zutreffend, machen Sie bitte genaue Angaben mit Daten.

Die Frage 32 ist überschrieben mit »Wichtiger Hinweis«. Aus dem längeren Text geht hervor, daß man nicht einreiseberechtigt ist, wenn man an Tuberkulose erkrankt ist oder der Tätigkeit eines Rauschgifthändlers nachgeht oder gegen das sittliche Empfinden der Öffentlichkeit verstoßen hat, daß auch »Personen, die ehemals oder gegenwärtig Mitglieder bestimmter Organisationen einschließlich der kommunistischen Parteien und ihrer angegliederten Organisationen waren oder sind«, nicht einreisen dürfen. »Trifft einer der aufgeführten Vorbehalte auf Sie zu?

ja/nein.«

Damit scheint die geplante USA-Reise bereits im frühesten Stadium unmöglich zu werden. Doch ein guter Gesetzgeber läßt auch Ausnahmen zu (wenn auch theoretisch vor dem Gesetz alle gleich sind). Daher steht im »Wichtigen Hinweis« die Einschränkung: »Es sei denn, eine Sondergenehmigung ist im voraus erteilt worden.«

So flogen wir dann mit LOT über den Atlantik. Die Stewardeß bat, sich anzuschnallen, da wir in wenigen Minuten in Gander auf Neufundland eintreffen würden. Unter uns lag im strahlenden Sonnenschein das Meer. Die Maschine verlor an Höhe. Nun erkannten wir große Eisschollen und kleine Eisberge im Blau des Ozeans. Hier oben im Norden ist Anfang Mai noch tiefer Winter. Einige Stunden später stiegen wir bei angenehmen Frühsommertemperaturen auf dem Kennedy-Airport aus unserer Maschine. New York liegt auf der geographischen Breite von Rom, das macht sich im Klima bemerkbar.

Die Zollkontrolle erfolgte nach einem undurchschaubaren System. Gefragt wurde, ob man Obst oder Lebensmittel bei sich habe. Ich hatte nicht, was mir der Zöllner sofort glaubte. Der Reisende nach mir mußte seine Verneinung durch Öffnen seines Koffers beweisen. Dem nächsten wurde das gesamte Gepäck auseinandergenommen. Ich schloß daraus, daß ich einen vertrauenswürdigen Eindruck mache, obwohl ich die Frage 32 mit ja beantwortete.

Unser Taxi rollte auf der mehrspurigen Autobahn Richtung New York. Zuerst lagen links und rechts Holzhäuser oder Ziegelbauten in Gärten. Aus der Luft sahen wir in fast jedem Garten den Swimmingpool. Jetzt erblickten wir den gepflegten Rasen vor dem Haus und daß es fast keine Zäune zwischen den Grundstücken gibt. Das Gelände der Einfamilienhäuser geht über in eine Industrielandschaft. Die meisten Werke sind ein- oder zweistöckige Ziegelbauten, die um einen Hof gebaut sind. Die Außenwände der Gebäude haben keine Fenster. Ihre Wand dient gleichzeitig als Zaun. Bei späteren Betriebsbesuchen bestätigt sich unser erster Eindruck, daß die Werkhallen mit viel weniger Aufwand gebaut werden als in Europa.

Nach der Industriegegend tauchten die ersten Satelliten-Städte mit Hochhäusern auf. Die Zubringerstraßen führen in eleganten Kurven von der Stadt zur Autobahn. Dann lag auf einmal die Sky-line von Manhattan vor uns. Die Wolkenkratzer schälten sich aus dem Dunst über die Stadt hinaus. Vor uns lag der mächtige East-River. Eine lange Hochbrücke nimmt die Fahrbahn auf.

Als Fachmann warf ich natürlich auch einen Blick auf die Brückenkonstruktion.

Sie ist gewaltig in ihren Abmessungen, aber eine Nietkonstruktion. Nach unseren Vorschriften ist sie mindestens 25 Prozent zu schwer.

Die Fahrbahn senkt sich von der Brücke auf den Boden von Manhattan. Die Wolkenkratzer verschwinden hinter häßlichen Mietskasernen. Es sind schmutziggraue Ziegelbauten. Eiserne Feuerleitern (bekannt aus den Kriminalfilmen) laufen an den Häuserfronten hin und her. Ab und zu ist ein Haus unbewohnt. Die Fenster sind herausgerissen. Auf kleinen Plätzen spielen Halbwüchsige Baseball. Meistens sind es Farbige.

Der Wagen bog in ein besser erhaltenes Viertel ein. Der Verkehr wurde immer dichter. An den Kreuzungen fürchteten wir, es ginge nicht weiter, aber der Taxifahrer fand immer wieder Lücken, durch die er sich weiterschlängeln konnte.

Schließlich wurde die Gegend »vornehm«. Viel Glas, viel Marmor, viele Schaufenster. Mit Schwung fuhr unser Wagen die überdachte Hoteleinfahrt hoch. Zimmerschlüssel wurden ausgeteilt. Mit einiger Mühe fanden wir auch unter den Fahrstühlen den richtigen. Einige halten überall, andere erst nach dem zehnten oder zwanzigsten oder dreißigsten Stockwerk. Dann nahm mich das Hotelzimmer auf. An der Tür hing ein Schild: »Legen Sie immer die Sperrkette vor. Öffnen Sie nur, wenn der Besucher telefonisch vom Empfang angekündigt wurde. Deponieren Sie Geld und Wertsachen im Safe.«

Kurz nach 1800 hatten die damaligen New-Yorker Stadtväter eine Idee. Sie zogen mit dem Lineal durch die langgestreckte Landzunge von Manhattan Straßen, obwohl damals sicher die meisten Grundstücke noch unbebaut waren. Die Straßen in Längsrichtung nannten sie Avenue und numerierten sie. Die Straßen in Querrichtung der Halbinsel nannten sie Street und versahen sie ebenfalls mit einer Nummer. Wenn man sagt, ein Hotel liegt an der 6. Avenue zwischen der 16. und 17. Street, dann ist der Ort auf wenige Häuserblocks genau bestimmt. Kein New-Yorker braucht sich Straßennamen zu merken. Da man auch als Fremder weiß, wo die wichtigsten Avenues und Streets liegen, ist es einfach, sich zurechtzufinden. Schwierigkeiten machen höchstens die ungewohnt großen Entfernungen. Durch die schachbrettartige Teilung ist die Stadt nicht langweilig geworden, weil die Straßen über Hügel und Täler laufen. Die Stadtväter dachten sich darüber hinaus noch einen besonderen Gag aus; sie ließen innerhalb der neuen Straßen den alten Indianerweg, den Broadway, der sich der Länge nach durch Manhattan schlängelt, bestehen. Einige Avenues haben aus patriotischen Gründen inzwischen einen Namen erhalten, aber den kennt und beachtet niemand.

Wir wohnten im Rockefeller Center an der 6. Avenue. Der Kraftwagenverkehr brauste an unserem Hotel vorbei. Zwischen den Autos tummelten sich Radfahrer und Rollschuhfahrer, die ihre eigenen Verkehrsregeln haben. Die Rollschuhfahrer sind nicht etwa Kinder, sondern Erwachsene, die zur oder von der Arbeit rollern.

In den Hauptverkehrszeiten soll die Reisegeschwindigkeit eines Kraftwagens bei sieben Kilometer in der Stunde liegen. Da sind Fahrräder natürlich bedeutend schneller, da sie leichter mit den Verkehrsstaus fertig werden.

Wie so oft in fremden Landen, führte einer der ersten Wege zur Bank. Der Hotelportier meinte, es wäre nicht sehr weit zu laufen, aber besser sei doch, mit dem Taxi zu fahren. Er winkte aus der Schlange wartender Wagen den vordersten heran. Ich dachte an die Sicherheitsregel: Nimm nie ein Taxi, das außer der Reihe vorfährt, es könnte jemand drin sitzen, der es auf dich abgesehen hat. Im Taxi merkte ich, daß der Fahrer auch Sorge hat, ich könnte es auf ihn, das heißt auf sein Geld abgesehen haben. Ein eiserner Kasten ist fest an der Karosserie verschraubt. Durch einen schmalen Schlitz werden die Einnahmen raubsicher hineingesteckt. Am Kasten steht: Dieser Fahrer kann nur 5 Dollar wechseln.

Das Straßenbild wechselte innerhalb von Minuten. Eben schlichen wir im ersten Gang eine Avenue entlang. Nach dem Einbiegen in eine Street waren wir 50 Meter weiter in einem öden Viertel mit verfallenen Häusern. Das Straßenpflaster ist voller Löcher. Kein Mensch ist zu sehen. Gleich darauf durchfuhren wir eine Straße, in der sich die Menschen auf den Bürgersteigen und auf der Fahrbahn drängten.

Ich schaute verdutzt. Ein großer Teil der Leute trug orientalische Kaftane. Alle hatten ihren Kopf mit einem breitrandigen schwarzen Hut bedeckt, der genau waagerecht über beiden Ohren sitzt. Unter der Hutkrempe baumeln die Peies, die Schläfenlocken der talmudgläubigen Juden. Hier im Zentrum von Manhattan liegt das Viertel der Goldhändler und Goldschmiede, das fast ausschließlich von Juden bewohnt ist. Später sah ich die Viertel New Italy und Chinatown. Auch dort lebten viele Bewohner so, als ob sie in Neapel oder Shanghai wären.

Der Wagen bog in die 5. Avenue ein und hielt vor einer Bank. Hinter der Glastür des Haupteingangs saß ein Farbiger und erteilte den Kunden Auskunft, wo sie Geld einzahlen oder abheben können. Er lächelte freundlich und zeigte dabei seine großen weißen Zähne. Hinter ihm standen ein Farbiger und ein Weißer. Sie lächelten nicht. Sie musterten jeden Eintretenden sorgfältig, ob sich vielleicht seine linke Jakkenseite ausbeulte (durch eine Pistole), oder ob er eine Aktentasche trüge, in die eine Maschinenpistole hineinpaßt. Ihre rechte Hand lag immer in der Nähe ihres Colts, der offen im Halter am Oberschenkel baumelte.

Ich wurde als harmlos eingeschätzt und an einen Herrn verwiesen, der auf ein Zeichen des Auskunftmannes eine Tür zum eigentlichen Schalterraum öffnete. Dort sind drei Schalter für die Formalitäten geöffnet und einer für die Geldaus- und -einzahlung. Zu ihm führt ein Weg, der links und rechts durch Metallsäulen, zwischen denen eine dicke rote Kordel läuft, abgegrenzt ist. Die Kunden stehen in achtungsvoller Entfernung vor dem Weg in einer Schlange. Nur wer »dran« ist, tritt fünf Meter vor, an den Schalter. Durch ein winziges Loch erfolgt dann die Aus- oder Einzahlung.

Ich möchte durch diese Schilderung und durch einige ähnliche, die noch folgen, nicht den Eindruck erwecken, New York oder die USA seien ein Gebiet, in dem Mord und Totschlag zum täglichen Leben gehören. Auch dort sind Mord und Raub etwas Anomales. Aber in einer Zwölf-Millionen-Stadt wie New York passiert natürlich mehr als in einem Dorf bei uns zu Hause. Ich will keinen Zweifel lassen, wie sehr mich solche Beobachtungen beeindruckten. Ein Reiseführer durch New York sagt, daß es nichts gibt, was man in New York nicht kaufen könne. Soweit es materielle Güter angeht, stimmt das sicherlich, vorausgesetzt, man hat Dollars und weiß, wo man hingehen muß. Mein Sinn steht aber nicht auf Kaufen, sondern auf Sehen. Die charmante Dame in der Hotelinformation empfahl mir, mit dem Schiff einmal um Manhattan herumzufahren.

Ich vertraute mich wieder einem Taxifahrer an, der mich auch an der Pier für die Rundfahrtboote absetzte. Das Schiff war nur schwach besetzt. Auf dem Oberdeck saßen höchstens zehn Fahrgäste. Ein grauhaariger Gentleman erschien, Clubjackett mit passender Krawatte, graue Flanellhose mit untadeliger Bügelfalte, hellgraue Sportschuhe. Er schaltete ein Mikrofon ein und stellte sich als Reiseleiter vor: »Nennen Sie mich Jack.« Dann folgte eine kleine Anekdote zur Einstimmung.

Jack strahlte den amerikanischen Grundsatz aus: Ich freue mich, daß gerade ich diesen Job habe, und ich zeige auch, daß ich mich freue. Seine Führung war meilenweit entfernt von der Monotonie, die sich bei uns einstellt, wenn die gleichen Worte täglich dreimal gesprochen werden müssen. Man hatte den Eindruck, Jack sähe den Hudson zum ersten Mal in seinem Leben, mit soviel Begeisterung sprach er. Von Zeit zu Zeit machte er eine Pause und empfahl, sich Hamburger (weiße Brötchen belegt mit Wurst und Käse) oder Hot dogs (Würstchen) aus der Kantine zu holen. In der Pause saß Jack vor einer Tasse Kaffee. Er war ein alter Mann, völlig erschöpft, sein Anzug schlotterte um seine Glieder. Dann stand er auf: »Ladies and Gentlemen, nun sehen Sie etwas ganz Be-

sonderes.« Sofort verwandelte er sich wieder in einen älteren sportlichen Herrn, dem keine Müdigkeit anzumerken war. Die Fahrt war wirklich etwas Besonderes: Die Wolkenkratzer aus den verschiedensten Perspektiven, die alten Anlegestellen der Ozean-Liner, das UNO-Gebäude und die Doppeltürme des Welthandels-Center, die Freiheitsstatue und die gewaltigen Brücken.

Befriedigt kehrte ich in mein Hotel zurück. Die Zeitdifferenz zwischen Halle und New York mußte erst einmal körperlich verkraftet werden. Auch mußte ich mich noch auf meinen Vortrag am nächsten Tag vorbereiten.

Der Botschafter der DDR eröffnete vormittags die »Technischen Tage der DDR in der USA«. Es gab die üblichen offiziellen Reden, zum Glück von erfreulicher Kürze. Dann fand der erste Lunch statt. Vorträge, Eröffnungen, Geschäftssitzungen werden in den USA meistens mit Essen verbunden. Das Schema hierfür scheint von New York an der Ostküste bis Los Angeles an der Westküste ziemlich einheitlich zu sein.

Die Gäste, bei den DDR-Tagen waren es immer etwa 150, stehen herum und warten auf ihren Cocktail. Der wird nach Wunsch gemixt, aus Whisky, Gin, Tomatensaft, Obstsaft und immer viel Eis. Mit dem Glas in der Hand macht man mit Bekannten einen small-talk, das heißt, man redet Belanglosigkeiten. Dabei läßt der geübte Cocktail-Trinker seinen Blick schweifen, ob er jemanden sieht, dem er vorgestellt werden möchte. Schluck für Schluck lernt man so immer mehr Namen kennen und erweitert seine Beziehungen und natürlich die Beziehungen der Firma, die man vertritt. Wenn die Gläser leer sind, bittet der Gastgeber zu Tisch. In der Regel stehen große, runde Tische für etwa zehn bis zwölf Personen bereit. Eiswasser in Glaskaraffen, Kaffee in Thermoskannen und der Pudding zum Nachtisch stehen schon auf dem Tisch. Die Bedienung geht sehr schnell, und in 30 Minuten ist alles mit dem Essen fertig. Die Leute, die sich etwas Wichtiges zu sagen haben, setzen sich zusammen und regeln inzwischen ihre Geschäfte. Da die Tische rund sind, entfällt das Protokollproblem, wer »oben« sitzt. Da die Amerikaner laut sprechen, kann man sich auch quer über den Tisch hinweg unterhalten.

Ich hatte es eilig, wegzukommen, denn ich mußte mich für meinen Vortrag um den Projektor kümmern. Zum Glück stimmt die Normung der Dias in der ganzen Welt überein, was ja durchaus nicht selbstverständlich ist. Die Amerikaner rechnen weiter mit Fuß, Zoll und Gallone. Ein Elektriker schloß den Bildwerfer an. Es ist durchaus nicht so, daß ein Vertreter der Agentur, die für die Organisation verantwortlich ist, einfach den Netzstecker in die Steckdose stecken darf. Dazu muß man in der entsprechenden Gewerkschaft sein.

Leider funktionierte die Automatik des Projektors nicht. Der Elektriker bedauerte, er dürfe das Gerät nur anschließen, aber nicht reparieren. Dazu müsse er einen Fachmann holen, der einer anderen Gewerkschaft angehöre. Zum Glück hat die Agentur diesen Fall vorgesehen, und pünktlich zum Vortragsbeginn ist alles o. k.

Ein Vizepräsident der amerikanischen Schweißergesellschaft stieg auf das Podium und stellte sich vor. Wie viele Amerikaner nannte er seinen Namen und buchstabierte ihn anschließend, da Schreibweise und Aussprache im Englischen zwei sehr verschiedene Dinge sein können.

Dann hielt ich meinen Vortrag; schön kurz, mit vielen Dias, alle Dias mit englischen Unterschriften und natürlich frei, ohne Manuskript. Da ich schon zwei Tage in den USA war, bemühte ich mich, mit so viel Schwung zu reden wie der Reiseführer auf dem Schiff. Sogar eine kleine Anekdote gelang mir. Nun begann die Diskussion. Als erster fragte ein Zuhörer: »Ich bin von der Bell Company. Welche Geräte, die Sie hier vorstellten, können wir bei uns einsetzen?«

Ich hatte natürlich keine Ahnung, was die Bell Company alles produziert, aber mit der Angabe von Größenbereichen gelang mir doch eine Antwort, die den Frager befriedigte.

Dann erhob sich ein Mann aus der letzten Stuhlreihe. Ich habe etwas gegen Zuhörer, die sich in die letzte Reihe setzen, als wollten sie damit zeigen, wie wenig sie sich für den Vortrag interessieren. Mein Gefühl trog nicht. Der Mann interessierte sich tatsächlich nicht für den Vortragsinhalt.

Er sagte: »Soweit ich weiß, ist East-Germany ein sehr kleiner Staat. Glauben Sie wirklich, daß die USA von Ihnen etwas lernen könne?« Im Saale wurde es sehr still. Ich mußte einige Male schlucken, denn es ist nicht ganz einfach, in einer fremden Sprache schlagfertig zu sein. Zum Glück fiel mir meine Manhattan-Rundfahrt ein.

»Natürlich weiß ich nicht, ob Sie persönlich etwas lernen können. Aber ich machte gestern mit dem Schiff eine Rundfahrt um Manhattan. Alle Brücken, die ich sah, waren genietet. Das wäre in der German Democratic Republic unmöglich. Bei uns werden solche Bauwerke seit Jahren völlig geschweißt.«

Der Vorsitzende atmete hörbar durch und wollte etwas sagen. Aber ich war nun so schön im Reden, daß ich fortfuhr. »In der ›Washington Post‹ las ich bei meiner Ankunft in den USA, daß eine geschweißte Brücke in Milwaukee Risse zeigt und nur beschränkt für den Verkehr zugelassen wird. Wir hatten den letzten Riß in einer Brücke neunzehnhundertsechsunddreißig, also vor über vierzig Jahren. Aber, wie schon gesagt, ob Sie etwas lernen wollen, können nur Sie wissen.«

Im Saal wurde gelacht. Die Diskussion ging dann sehr fachlich weiter. Als der Vizepräsident sein Schlußwort sprach, war die letzte Stuhlreihe leer.

Meine amerikanischen Fachkollegen haben es mir nicht übelgenommen, daß ich ihre Brücken schlechtmachte. Im Gegenteil, wir führten viele Fachgespräche, ich erhielt Einladungen in Betriebe und an Hochschulen, und bei den »Tagen der DDR« in Los Angeles erschien sogar der Präsident der amerikanischen Schweißergesellschaft.

Nach dem Vortrag hatte ich Zeit, New York zu erleben, soweit das in wenigen Tagen überhaupt möglich ist. Wenn ich morgens aus meinem Zimmer durchs Fenster sah, fiel der erste Blick auf eine Reihe Wolkenkratzer, überragt vom Empire State Building. Der zweite Blick ging 100 Meter in die Tiefe auf eine Straße. Dort schrubbte täglich der italienische Inhaber einer winzigen Keller-Frühstücksstube mit Wasser und Scheuermittel den Bürgersteig vor seinem Lokal. Daneben erstreckte sich ein verkommenes Grundstück. Der Italiener zog eine schnurgerade Grenze zwischen seiner Sauberkeit und der verkommenden Umwelt. Der Mann hatte meine Sympathie und meine Bewunderung.

Der dritte Blick fiel dann ärgerlich auf das Fenster. Wie

wohl alle Fenster in Wolkenkratzern und klimatisierten Räumen ließ es sich nicht öffnen. Ich empfinde eine Klimaanlage immer als eine schwere körperliche Belastung. Daher eilte ich so schnell wie möglich zum Fahrstuhl und ließ mich mit dem Expreß-Lift in die Tiefe sausen. Vor dem Hoteleingang atmete ich erst einmal tief durch. Benzindunstgeschwängerte frische Luft ist immer noch besser als das, was aus der Klimaanlage herausströmt. New-Yorker versicherten mir aber, ohne Klimaanlage sei der Sommer unerträglich.

Nachdem sich meine Nasenschleimhäute von der Luft in meinem Zimmer erholt hatten, fuhr ich in den Hotelkeller zum Frühstück. Mein Standardgericht sind morgens Pfannkuchen mit Ahornsirup. Dazu Kaffee, soviel man möchte, in einer bei uns unbekannten Qualität. Was die Kellnerin immer wieder aus einer Thermoskanne ausschenkt, ist eine tiefschwarze, herrlich duftende und wunderbar schmeckende Flüssigkeit. Leider gelingt es mir nicht, hinter das Rezept zu kommen. Wenn ich Amerikaner danach fragte, machten sie ein erstauntes Gesicht und zuckten mit den Schultern: »Auf eine Tasse einen Teelöffel Kaffee.« An der Menge kann es also nicht liegen, denn der Teelöffel je Tasse ist ein internationales Maß.

Nach dem Frühstück konnte ich durch die Straßen laufen oder fahren oder Sehenswürdigkeiten besuchen. Gegen elf Uhr war dann irgendeine offizielle Sache, ein Vortrag oder eine Besprechung, mit dem unvermeidbaren Lunch. Und der späte Nachmittag sowie der Abend gehörten wieder mir.

Natürlich konnte ich nur einen winzigen Bruchteil der Museen besuchen. Vom Empire State Building, einem der höchsten Gebäude, schaute ich in die Straßenschluchten der Stadt. Bei Macy's bummelte ich durch das größte Kaufhaus der Welt. Es soll 400 000 Artikel anbieten. In der 5. Avenue besuchte ich das berühmte Juweliergeschäft von Tiffany. Vielleicht sind die Diamanten gerade im Preis gesunken, und ich könnte meine Devisen darin anlegen. Doch die Inhaber von Tiffany legten keinen Wert auf Kunden wie mich. Im Erdgeschoß gab es nur billigen Plast- und Glasschmuck zu kaufen. Wer Geld für Diamanten anlegen will, muß mit einem kleinen Fahrstuhl in die oberen Stockwerke hinauffahren. Vor dem Fahrstuhl stehen zwei bullige Gentlemen mit Colt. Sie lassen nur nach Voranmeldung jemanden in den Fahrstuhl einsteigen. Ich war nicht vorangemeldet, und Tiffany mußte auf mich als Kunden verzichten. Natürlich hätte ich gerne den gelben Tiffany-Diamanten im Original gesehen, er soll der größte gefärbte der Welt sein.

Hinter Tiffany verliert die 5. Avenue den Charakter einer Geschäftsstraße. Auf der einen Seite erstreckt sich der Central-Park, unterbrochen von riesigen Museumsgebäuden. Auf der anderen Straßenseite liegen Villen und Appartementhäuser. Vor ihren Haustüren führt ein blauer oder roter Baldachin über den Gehweg bis an den Bordstein. Wer hier mit dem Wagen vorfährt, kann auch bei Regenwetter trockenen Fußes in seine Wohnung gelangen. Die Reihe der großen Wohnungen wird unterbrochen durch das Guggenheimer-Museum. Mister Guggenheimer ließ einen runden Bau errichten, in dem eine Rampe spiralig an der Wand empor läuft. Entlang dieses Spiralweges sind die Erzeugnisse aufgestellt, die die Museumsverwaltung für moderne abstrakte Kunst hält. Ich besuchte bereits einmal in Brüssel eine in der Presse vielgerühmte Ausstellung auf diesem Gebiet. Auch die Guggenheimer-Ausstellung wird in allen Führern durch New York und allen Büchern über moderne und modernste Kunst genannt. Ich bekenne, daß ich auf diesem Gebiet nach Brüssel und New York von einem Zweifler zu einem verstockten »Reaktionär« geworden bin.

Erschöpft bestieg ich ein Taxi, um zum Hotel zurückzufahren. Damit ich dabei noch Neues zu sehen bekomme, bat ich den Fahrer, durch den Central-Park zu fahren. Mißtrauisch musterte er mich. Natürlich, der Park ist einerseits ein riesiges Erholungsgebiet, andererseits ereignen sich dort viele kriminelle Delikte. Und welcher vernünftige Mensch wünscht schon, daß sein Taxi nicht den kürzesten Weg fährt? Ich erklärte, warum ich durch den Park zum Broadway möchte, und da ich auf den Fahrer einen zuverlässigen Eindruck machte, fuhr er mich auch und zeigte mir dabei weitere Sehenswürdigkeiten.

Vielleicht taucht bei einem Leser die Frage auf, warum ich dauernd mit dem Taxi fahre. In New York und überall in den Vereinigten Staaten sind Nahverkehrsmittel »Mangelware«. Die Entfernungen sind groß, Benzin ist billig, daher fährt man mit dem eigenen Wagen. Wer kein Geld für einen neuen besitzt, kauft einen second-hand-car. Wessen Beutel dafür nicht genügend Dollars enthält, sucht sich aus dem Schrott die notwendigen Teile zusammen. Es gibt daher in New York nur wenige Buslinien im Stadtverkehr. Theoretisch könnte man mit der U-Bahn fahren. Doch man wird gewarnt, als Fremder die Bahn zu benutzen, zumindest nicht außerhalb der Hauptverkehrszeit. Ein hoher Prozentsatz aller Verbrechen geschieht in den U-Bahnen oder auf ihren Bahnhöfen.

Natürlich reizt eine solche Warnung zu einem Versuch. Ich stieg eine schmale Treppe hinunter. Sie mündete in einen gekachelten Gang. In ihm lungerten Gruppen junger Leute herum, die nicht vertrauenerweckend aussahen. Außer mir war weit und breit kein Reisender zu sehen. Ich dachte: Lieber fünf Minuten feige als ein ganzes Leben tot oder ohne Dollars, und zog mich schnell zur Oberfläche zurück.

Mit dem Taxi zu fahren ist wirklich die einzige Art, wie sich Nicht-Auto-Besitzer von Ort zu Ort bewegen können. Taxis gibt es in Mengen, und sie sind auch nicht teuer.

Abends möchte ich natürlich gerne auf dem Broadway ausgehen. Im Hotel befindet sich eine Vorverkaufskasse für Theater. Meine Frage nach einem Platz in der Metropolitan

Opera löst bei der Verkäuferin nur ein Lächeln aus. Sie nähme Vorbestellungen für den nächsten Monat an. Ich solle doch in »Oh, Calcutta« gehen, das Stück sei very nice.

Tatsächlich las ich in der Zeitung eine wohlwollende Kritik. Daher kaufte ich eine Karte für »Oh, Calcutta.«

Die meisten Theater liegen am Broadway und den Nebenstraßen nahe beieinander. Sie überbieten sich im Aufwand für die Lichtreklame an der Außenfront. Bei unserem Theater stand der äußere Schein zur inneren Wirklichkeit nicht im rechten Verhältnis. Die Einrichtung war ziemlich schäbig. Vor mir saßen einige ältere Damen von dem Typ, wie er in den USA standardisiert zu sein scheint. Weißblonde Löckchen mit leicht violetter Tönung, sehr viel Puder und Lippenstift und sehr viel Perlen um den Hals, dazu geblümte Kleider. Zwei von ihnen hatten ihre Männer mitgebracht, ältere Herren in großkarierten Anzügen, die bescheiden schwiegen, wenn die Frauen sich unterhielten. Diese Gruppe: Ältere Damen mit einigen Männern im Gefolge, habe ich sehr oft getroffen.

Das Stück schien zwar keinen Sinn und keine für mich verständliche Handlung zu haben, dafür zeigten die zwei Darstellerinnen ihren Partnern und uns von Zeit zu Zeit sehr viel Bein und Bauchnabel.

Meine älteren Damen quietschten vor Vergnügen. Doch als der Vorhang zur Pause fiel, machten sie alle ein leicht empörtes Gesicht. »Moral« wird in der Öffentlichkeit sehr betont. Amerikanische Filme und Fernsehstücke zeigen zwar Morde aller Art, vermeiden es jedoch, sich mit den Frauenvereinen anzulegen, die alles, was oberhalb des Knies ist, als unmoralisch verdammen. Andererseits bewunderten auch Frauenvereinsmitglieder in den Vergnügungsstätten am Broadway durchaus Busen und Oberschenkel, solange es dunkel im Zuschauerraum ist. Vielleicht waren die älteren Damen auch nur in die Vorstellung gekommen, weil eine

Kartenverkäuferin ihnen (wie mir) die Aufführung als »very nice« anpries. Mit »My fair Lady« oder »Hallo, Dolly« hatte sie jedenfalls nichts zu tun. Nach dem Theater bummelte ich noch etwas über den Broadway. Eine Doppelstreife der Polizei ging vor mir. Jeder der beiden Männer trug einen etwa einen Meter langen Knüppel schlagbereit in der Hand. Es war ein kräftiger dicker Stock, mit dem man schon einen Menschen totschlagen kann. Am Hosengürtel klapperten ein Paar Handschellen. Der Griff des Colts ragte aus dem Halfter heraus. Dem »Guinness Book of World Records« entnehme ich, daß zum Ziehen, Schießen und Treffen nur 35/100 Sekunden benötigt werden.

Am nächsten Morgen flog ich nach Los Angeles, quer über den Kontinent. New York verließ ich mit Bedauern. Es ist eine faszinierende Stadt, die sich erst in Monaten erkunden läßt. Wenn ich bisher verhältnismäßig oft über Colts berichtet habe, so heißt das nicht, ich (oder sonst jemand) habe mich ununterbrochen gefürchtet. Ich betonte diese Seite des amerikanischen Lebens nur, weil es in einem so krassen Widerspruch zu unseren Gewohnheiten und Ansichten steht.

Unser Jumbo-Jet bot Kino, kaltes Büfett, Dinner, Zeitung und Zeitschriften und viel freien Raum für lange Beine. Ich vertrieb mir die Zeit mit Zeitunglesen. Die Wochenendausgaben haben 300 bis 400 Seiten und wiegen ein Kilogramm. Sie müssen das Flugzeug merklich belasten. Natürlich bringen auch amerikanische Zeitungen nur einige Seiten Nachrichten, Kommentare und Rezensionen. Die restlichen 300 Seiten sind Reklame. Die Geschäftsanzeigen beginnen meistens: Sie sparen 100 Dollar, wenn Sie jetzt sofort kaufen. Wenn ich alles kaufen würde, was in der Zeitung angeboten wird, hätte ich danach mindestens eine Million Dollar gespart. Nachdem mir dieser Weg, Millionär zu werden, völlig klargeworden war, wusch ich mir die Hände, denn US-Zeitungen sind mit so minderwertiger Druckfarbe gedruckt, daß sie stark abfärben.

In Los Angeles war die Temperatur, verglichen mit unseren Verhältnissen, hochsommerlich. Die Autos hatten alle vier Fenster geöffnet, damit die Insassen sich vom Fahrwind kühlen lassen könnten. Die zulässige Höchstgeschwindigkeit auf den Autobahnen beträgt 40 Meilen, also weniger als 80 Kilometer in der Stunde. Durch den riesigen Verkehr wird dieses Tempo aber nicht genutzt. Die Kraftfahrer hängen mit der linken Schulter aus dem Fenster, mit der rechten Hand halten sie lässig das Steuerrad, und alle tragen den Verkehrsstau mit Geduld und viel Disziplin. Die Autos sind bequem gebaut und die 200 PS des Motors kaum zu hören. Wer in den Wagen steigt, plant die notwendige Zeit gleich ein.

Links und rechts des Highways liegen Einfamilienhäuser. Sie erstrecken sich kilometerweit. Innerhalb eines Gebietes sehen sie sich alle ähnlich oder sind sogar gleich. Vor dem Haus erstreckt sich überall der sorgfältig gemähte Rasen, der

Schrecken der Männer und Bezugsobjekt unzähliger Witze und komischer Zeichnungen. Die meisten Häuser sind aus Holz, und alle sind sehr leicht gebaut. Das milde Klima stellt keinerlei Anforderungen an Isolation oder Heizung. Es solle über eine Million Einfamilienhäuser in Los Angeles geben, sagte der Taxifahrer. Ab und zu tauchten hinter einem Hügel ein vielstöckiger Hotelbau auf oder die Flachbauten eines Einkaufszentrums oder einer Fabrik. Die Hotels (»Verleben Sie Ihre Flitterwochen bei uns«) erinnerten mich an das Gedicht von Christian Morgenstern über den Lattenzaun, dessen Zwischenräume ein Architekt einfach fortgenommen hatte. Die Latten stehen nun da, ohne etwas herum. Genauso stehen die Hotels da. Die Umgebung, die wir bei einem Hochhaus vermuten, fehlt.

Unsere Autobahn kommt aus einem Tal und macht eine Kurve. Große Schilder zeigen an, daß gleich eine wichtige Abzweigung kommen muß. Eine führt in den Stadtkern von Los Angeles. Zwischen den Hochhäusern des Zentrums und der riesigen Abzweigung liegt unser Hotel. Ein Architekt hatte in den siebziger Jahren den Einfall, Hotels einmal ganz anders zu bauen. Eine Hotelkette ermöglichte es ihm, in verschiedenen Großstädten seinen Einfall in Beton und Glas umzusetzen. Auf dem Umfang eines gedachten Kreises errichtete er sechs Türme, in denen sich die Zimmer befinden. Diese Türme verband er mit Glasgängen. An den Außenwänden der Türme laufen in Glasröhren die Aufzüge. Durch die Form des Baues entstand ein riesiger Innenhof, der mit Glas überdacht ist. Er ist als tropischer Garten mit vielen Springbrunnen gestaltet. In diesem Garten befinden sich die Restaurants. In diesem Hotel sind auch zahlreiche Konferenzsäle, in denen die »Technischen Tage der DDR« stattfanden.

Bei meinem Vortrag führte der Präsident der Amerikanischen Schweißergesellschaft den Vorsitz. (»Nennen Sie mich

John.«) Die Diskussion verlief sehr anregend, und die Zeit rann dahin. John sah immer öfter auf die Uhr und wurde sichtlich unruhig. Aber es gab noch eine ganze Anzahl von Zuhörern, die sich zu Fragen und Bemerkungen gemeldet hatten. Schließlich stand John auf: »Gentlemen, es ist mir peinlich, aber ich muß die Veranstaltung schließen. In zwei Stunden muß ich mit meinem Segelboot am Start zum Transpac-Race sein.« Allgemeines zustimmendes Murmeln im Saal. Das Transpac-Race läuft von Los Angeles nach Hawaii. Es ist ein Höhepunkt des Segelsportes, und für Segelsport haben die meisten Californier Verständnis. Wenn sie nicht selbst segeln, so wetten sie doch auf den Sieger. Wir verabschiedeten John daher mit den besten Wünschen.

Das warme Wetter verlockte, an den Pazifischen Ozean zu fahren und zu baden. Der Strand dehnt sich endlos von Horizont zu Horizont. Dort, wo es möglich ist, mit dem Auto in seine Nähe zu kommen, wimmelte es von Menschen. Der Kraftwagen wird auch als Umkleidekabine benutzt. Die Moral, so sagte mir ein Californier, ist sehr streng, und eine Badehose oder einen BH am Strande zu wechseln gilt als sehr anstößig. Mir fiel natürlich sofort die Frage 32 des Fragebogens ein (Vergehen gegen das sittliche Empfinden der Öffentlichkeit).

Ziemlich abseits vom Trubel der Badenden saß eine Gruppe junger Mädchen. Vier von ihnen standen auf und hielten große Badetücher hoch. Die fünfte zog sich in dieser Deckung um. Die Moral ist gewahrt.

Die Pazifikwellen donnern gegen den Strand. Das Baden ist hier bestimmt bedeutend gefährlicher als in Kühlungsborn oder Warnemünde. Aber weit und breit gibt es keinen Rettungsschwimmer oder Tiefenabgrenzungsbojen oder sonst irgendeine Aufsicht. Folglich paßt jeder auf sich selbst auf, und ich finde das gar nicht so schlecht.

Von unserem Hotel aus unterquerte ich die große Autobahnabzweigung in einem Tunnelsystem. Die Tunnel dienen gleichzeitig als Ladenstraße. Es gibt über 100 Geschäfte an dieser Stelle unter der Erde. Wenn ich dann wieder mit der Rolltreppe zur Oberfläche emporsteige, bin ich im Zentrum der Stadt. Banken wechseln mit Luxusgeschäften ab. Zu welcher Kategorie ein Geschäft gehört, ist sehr einfach daran zu erkennen, ob die Waren im Schaufenster mit Preisen ausgezeichnet sind oder nicht. Nur 100 Meter neben dieser Hauptstraße läuft eine zweite Geschäftsstraße mit ganz anderem Charakter. Hier steht an jeder Ware der Preis, aber die Textschilder sind alle in spanischer Sprache abgefaßt. Auch die drei Kinos in dieser Straße spielen Filme, in denen die Darsteller spanisch reden. Ich war hier im mexikanischen Viertel. Von Einfamilienhäusern ist weit und breit nichts zu sehen, dafür aber große Mietskasernen. Um mich herum brodelte eine südländische Bevölkerung, klein, schwarzhaarig und schwarzäugig.

Auffällig sind die vielen kleinen Läden für Lebensmittel und für elektronische und elektrische Geräte. Quarzuhren und Taschenrechner werden zu sehr niedrigen Preisen angeboten. Ich ließ mir von einem Ladenbesitzer erklären, wie das möglich ist. Für den riesigen US-Markt werden eine bestimmte Anzahl von Geräten eines Typs gefertigt. Nachdem ein Teil verkauft ist, kommt ein neuer Typ heraus, meistens von der Konkurrenz. Daraufhin werden die Restbestände an diese kleinen Läden zu stark gesenkten Preisen abgegeben. Diese verkaufen dann Uhren, Radios usw. zu 50 Prozent oder 30 Prozent des bisherigen Preisen.

Inzwischen war es Mittag geworden. Ich hatte keine Lust, Hamburger zu essen. Die amerikanischen Brötchen und Brote sind schneeweiß und völlig geschmacklos. Jährlich findet ein Wettbewerb statt, wer eine bestimmte Brotmenge auf den kleinsten Raum zusammendrücken kann. Wird dabei eine Bestleistung erzielt, erscheint der Wert im »Book of Records«. Billig ißt man in den Restaurants der Kaufhäuser, wobei zwischen Macy in New York und Woolworth große Preisunterschiede bestehen. Diesmal hatte Woolworth eine große Auswahl mexikanischer Gerichte für mich bereit. Ich stand etwas hilflos vor den spanischen Bezeichnungen. Eine Verkäuferin (es ist Selbstbedienung) freute sich, daß ein »Gringo« sich hierher verirrte, und fragte, ob sie mir helfen könne. Diese Frage, ob man dem anderen helfen kann, wird in den USA oft gestellt. Jeder weiß, daß bei der Größe des Landes und bei den vielen Problemen, die dadurch auftreten, gegenseitige Hilfe notwendig ist. Ich erklärte, daß ich gern mexikanisch essen möchte. Die Verkäuferin warnte mich, die Speisen seien stark gewürzt und nicht nach dem Geschmack der meisten Fremden. Ich antwortete, ich sei in Kuba gewesen und habe eine Vorstellung von lateinamerikanischen Gerichten, nur wisse ich die Namen nicht.

Sie füllte mir ein großes Tablett mit allen möglichen Sachen. An der Kasse nahm sie mir nur wenige Cents ab. Offensichtlich aß ich auf Kosten der Woolworth-Familie. Alle die Verkäuferinnen standen hinter dem Tisch mit den Fertiggerichten und schauten mir zu. Kunden, die Speisen auswählen wollen, werden kurz informiert und müssen warten. Die Gerichte sind zwar scharf, aber mir schmeckten sie sehr gut. Bevor ich ging, mußte ich nochmals bestätigen, wie gut das Essen war. Nun kann ich überall erzählen, ich hätte bei einem amerikanischen Millionär mexikanisch gegessen.

Im Hotel wurde ich gefragt, ob ich Lust hätte, Hollywood oder Disney-Land zu besuchen. Natürlich möchte ich beide Orte sehen. Auf der Fahrt in das Filmparadies erzählte der Taxifahrer vom Smog in Los Angeles. An sich soll die Sonne hier 350 Tage im Jahr scheinen, denn Los Angeles liegt auf dem Breitengrad der Sahara. Um 1950 herum bemerkten die Einwohner, daß die Sonne sich immer öfter hinter einem Dunstschleier verkroch. Die Schuld wurde auf die Müllver-

brennungsöfen geschoben, die jedes Haus im Garten stehen hatte. Nach langem Zögern führte die Stadtverwaltung um 1950 herum eine Müllabfuhr ein und verbot die Müllverbrennung in den Gärten. Leider trat der Dunst trotzdem auf, und zwar immer häufiger und immer dichter. An einigen Tagen stand er (und steht) als gelbgrauer Nebel in den Straßen. Die Wahrheit ließ sich schließlich nicht mehr verschweigen: Hauptverursacher sind die drei Millionen Kraftwagen, die morgens zwischen 7 und 9 Uhr im Schrittempo über die Autostraßen kriechen. Wenn die Windverhältnisse ungünstig sind, bleiben die Abgase über der Stadt hängen. Aber Hollywood sei kaum davon betroffen, weil es am Stadtrand liege, meinte der Taxifahrer.

Die Menschenschlange vor dem Eingangstor veranlaßte mich fast, wieder umzukehren. Doch dann sah ich, wie die vielen Leute nahezu im Marschtempo an der Kasse abgefertigt wurden und durch die Drehkreuze der Eingänge eilten. Hinter den Toren ist eine Art Straßenbahnbahnhof angelegt. Immer drei offene Wagen transportieren jeweils 150 Menschen ab. Alle paar Minuten fährt ein Zug los. Aufseher sorgen dafür, daß einerseits alle Bänke besetzt sind, andererseits

Familien oder Bekannte auch zusammensitzen. Fasziniert bestaunte ich die Organisation, bis ich mich entschloß, in einen Wagen einzusteigen.

»Vier Personen?« fragte ein Aufseher und warf einen Blick auf den Zug. »Bitte Wagen drei, die vorletzte Reihe.«

Kaum hatten wir uns hingesetzt, fuhr der Zug los. Gleichzeitig begrüßte uns eine Führerin (»Nennen Sie mich Jane«) durch den Lautsprecher.

Nach der staunenswerten Organisation kam die zweite Überraschung: jedes Wort kommt klar und unverzerrt aus dem Lautsprecher. (Mir fielen sofort die Lautsprecher auf unseren Bahnhöfen ein.)

Die Filmateliers von Hollywood liegen in einem Hügelgelände. Das hat den Vorteil, daß auf der einen Seite eines Hügels ein Cowboy-Film abgedreht werden kann und auf seiner anderen Seite ungestört die Fassaden einer Stadt aufgebaut werden.

Wir durchfuhren einige »Dörfer und Städte« von berühmten Filmen. Dann kamen wir in ein Tal, das in etwa 20 Meter Höhe von einer soliden Holzbrücke überspannt wird. Über solche Holzbrücken fährt in den Westernfilmen der Zug, und am Fuße der Holzbrücken pflegen die Bösewichte zu lauern, die die Brücke sprengen wollen.

Während wir im Tal von der Reiseleiterin erklärt bekamen, in welchen Filmen diese Brücke eine Rolle spielte, fuhren drei Wagen einer vor uns liegenden Bahn auf die Brücke. Als alle drei Wagen genau über dem Tal sind, knickt eine der dicken Holzsäulen weg, und zwar die, welche an der Talseite liegt, von der der Zug kommt. Unsere Führerin fängt laut an zu schreien: »Mein Gott, die Brücke bricht zusammen. Der erste Pfeiler ist eingestürzt. Der Mittelpfeiler knickt ein. Jetzt rutscht die Fahrbahn ab.« Wir starrten alle auf das sich anbahnende Unglück. Aber die Einzelteile der Brücke fielen immer erst hinter dem letzten Wagen der Straßenbahn um.

Und als die ganze Brücke in den Abgrund fällt, hat gerade das hinterste Rad des letzten Wagens den rettenden Boden der anderen Talseite erreicht. Wir atmeten erleichtert auf. Durch ein Wunder war ein großer Unfall vermieden. Aber das größte Wunder folgt noch. Geräuschlos schwebt die Fahrbahn hoch, die eingeknickten Pfeiler werden wieder gerade und richten sich auf. In einer Minute steht die eingestürzte Brücke wieder heil da. »Fertig zur Wiederholung der Aufnahme«, wird uns erklärt.

Ein nicht sichtbares Seil- und Hydrauliksystem ist in den Holzstämmen (aus Schaumpolystyrol) wirksam. Alle stürzenden Teile liegen hinter dem Zug. Eine mächtige Hydraulikanlage, die an der einen Seite verborgen eingebaut ist, klappt die Fahrbahnteile hoch und herunter. Die Pfeiler hängen nur zur Täuschung daran.

Kurz darauf fuhren wir über die Brücke. Im Tal steht schon der nächste Wagenzug, dessen Insassen erschreckt zuschauen, wie wir »gerade noch heil« hinüberkommen.

Die männlichen Zuschauer sahen sich später in den großen Aufnahmehallen weitere Tricks an. Die Frauen waren aus den ehemaligen Garderoben der Filmschauspieler nur mit Mühe zum Weitergehen zu bewegen.

Als Höhepunkt der Führung, so wurde uns erklärt, besichtigten wir nun das Gelände, in dem der Film »Der weiße Hai« gedreht worden war. Zum Zeitpunkt meines Besuches in den USA war der »Weiße Hai« einer der größten Filmkassenschlager. Der Film leitete die Reihe der Massengruselfilme ein.

Unsere Straßenbahn durchfuhr einen zwei Meter tiefen Fluß, ohne daß wir naß wurden (wir lernten den Trick kennen), und erreichten ein kleines Fischerdorf. Die Häuser gruppierten sich um den Hafen. Ein Angler hatte seinen Kahn im Hafenbecken verankert und starrte unbeweglich auf seinen Schwimmer.

»Hier fanden die wichtigsten Aufnahmen zu dem Film statt«, tönte es aus dem Lautsprecher, »und von der Hafeneinfahrt kam dann der Hai angeschwommen. Im Film sieht man zuerst nur seine große Rückenflosse, die durch das Wasser eilt, genauso wie jetzt.« Schäumend rauschte eine hohe grau-weiße Rückenflosse in den Hafen. »Nun hat er den Angler erkannt. Er greift ihn an. Er zieht ihn ins Wasser.« Die Flosse fuhr auf den Angler zu. Ein riesiges Maul erschien über der Wasseroberfläche und drückte den Angelkahn herunter. Der Mann flog ins Wasser. Eine große Blutlache breitete sich auf der Oberfläche aus. Die Frauen und Kinder in unserem Wagen begannen zu schreien und zu weinen. »Jetzt hat er uns gesehen«, tönte es aus dem Lautsprecher. »Vorsicht, er greift uns an.« Wenige Zentimeter neben der Wagenwand gähnt das Haimaul. Die Zahnreihen fletschen uns an. Das Tier versucht, die handbreiten Zwischenräume zu überwinden, um uns anzugreifen. Aber der Wagen fuhr weiter, und wir waren gerettet. Das Maul klappte zu, der Kopf verschwand unter Wasser, die Haiflosse fuhr rückwärts, der Blutfleck verschwand, der Angler wurde von unsichtbaren Drähten wieder in sein Boot gezogen, und der Hafen lag still und friedlich da.

Wir erlebten ein Wunderwerk der Illusion, aber auch, wie man mit technischen Mitteln eine Panikstimmung auslösen kann.

Ähnlich abenteuerlich verlief ein Besuch in Disney-Land. Walt Disney ist ja nicht nur der Schöpfer von Micky-Maus und anderen Gestalten, er ist auch ein hervorragender Organisator (Olympische Spiele) und natürlich auch ein smarter Geschäftsmann. In Californien und in Miami, den großen Urlaubszentren, ließ er Bilderbuch-Landschaften aufbauen für die Jugend von acht bis achtzig Jahren. An der Kasse kauft der Besucher neben der Eintrittskarte noch farbige Chips. Sie stellen das in Disney-Land gültige Zahlungsmittel dar. Ist man so mit Disney-Devisen versehen, kann man sofort mit der Bimmelbahn aus den Westernfilmen losfahren. Wer lieber zu Fuß geht, durchwandert ein Städtchen aus der Pionierzeit der USA. Die Stadtstraße endet an einem Fluß. Eine Anlegestelle lädt zu einer Dampferfahrt auf dem Mississippi ein. Alle zehn Minuten kommt ein »echter Mississippi-Heckrad-Dampfer« angekeucht. Der Bootsmann mißt mit einer Stange die Wassertiefe und ruft »mark twain«. So entstand der Schriftstellername von S. L. Clemens. Wer will, zahlt an der Schiffskasse mit bunten Chips und macht eine Mississippi-Fahrt.

Mich zog es mehr zu einer kombinierten Kongo-Nil-Ganges-Fahrt. Warum nur einen Fluß befahren, wenn es möglich ist, gleich drei kennenzulernen? Da diese Bootstour berühmt ist, haben viele Besucher den gleichen Wunsch. Disney hat das berücksichtigt. Er ließ ein Wegsystem aufbauen, das den Menschenstrom schnell verteilt. Ein kräftiger Mann dirigiert die Ankommenden auf drei Pfade. »Gehen Sie bitte links, Sir. Diese Familie bitte hier entlang.« Eine Balkenbegrenzung sorgt dafür, daß jeder nur vorwärts gehen kann bis zum nächsten Platzanweiser. Dieser bedient wieder drei Pfade: »Wieviel Personen? Drei? Bitte nach links.«

Am Ende des Wegsystems stehen neun Menschensäulen zu vier Personen hintereinander. Alle Familienmitglieder oder Gruppen sind beieinander.

Ein offenes Boot mit neun Bänken legt an. Immer eine Bank liegt genau vor einem Pfad. In einer halben Minute sind etwa 30 Personen eingestiegen, und wir legten ab.

»Wir lassen uns jetzt wie Henry Stanley den Kongo heruntertreiben«, sagte der Bootsführer und Erklärer am Heck. Der Kongo ist mindestens fünf Meter breit, und alle Bootslängen macht er eine Kurve. Die »himmelhohen« Urwaldbäume sind im passenden Maßstab angefertigt. Wir haben nach kurzer Zeit den Eindruck, auf einem riesigen Strom zu treiben. Negervölker sind am Ufer angesiedelt, teils friedlich, teils kriegerisch. Letztere versuchen, uns mit Pfeilen und Speeren umzubringen. Zum Glück ist der Strom so breit, daß wir ausweichen können. Leider kommen wir dabei einem der Kongofälle zu nahe. Unser Boot treibt quer auf den donnernden Fall zu (aufgeregtes Geschrei des Bootsführers). Im letzten Augenblick gelingt es auszuweichen. Dafür rasen wir durch eine Stromschnelle genau auf einen Felsblock zu. Aber auch hier haben die Ingenieure von Mr. Disney ein Einsehen und lassen uns im letzten Augenblick entkommen. Ähnlich gnädig verfährt das Schicksal mit uns, als wir von Rhinozerossen, Elefanten, einer Riesenschlange und schließlich von Orang-Utans angegriffen werden.

Wer jetzt noch Lust hat – und jeder hat Lust –, kann nochmals bei einer Bootsfahrt die Piraten der Karibik erleben. Die Enterbeile sausten an unseren Köpfen vorbei, wir sahen wüste Piratengelage und hörten das Wimmern der Gefangenen. Dann wendeten wir uns den moderneren Schaustücken zu. Wie viele andere Besucher wollte ich schon immer einmal zum Mond fahren. Alle halbe Stunde ist das im Disney-Land möglich. Der Countdown läuft mit höchster Präzision. Die Sauerstoffleitungen zischen, die Haltevorrichtungen der Rakete fallen, die Triebwerke zünden – two – one – zero – Start. Die Beschleunigung der Rakete preßt uns tief in unsere Sessel, das heißt die Sitze klappen nach unten weg und erzeugen in Verbindung mit Lärm und Feuer des Startes diesen Eindruck. Ein Tonband sagte uns eindringlich, was wir zu fühlen und zu sehen haben. Und wir sahen und fühlten es! Durch Bewegung der Sitze wurde sogar der Eindruck der Schwerelosigkeit erzeugt.

Nach 20 Minuten verlasse ich den Raum mit der Überzeugung, daß ein bißchen Raumfahrt eigentlich gar nicht so schlimm ist.

Wer Zeit und genügend Chips hat, kann sicherlich ein

oder zwei Tage durch das Disney-Land wandern und alle Shows besuchen. Außer dem Spaß nahm ich einen tiefen Eindruck von der Organisation und der raffinierten Technik mit.

Dieses Buch handelt ja nicht davon, was ich in den Fabriken an Technik sah. Nur soviel sei gesagt, daß die amerikanischen Ingenieure auf vielen Gebieten anders denken als wir und auch anders denken müssen. Sie können auf ein riesiges Menschenpotential zurückgreifen, aber der Ausbildungsgrad ist nicht besonders hoch. Sie haben einen großen Markt, aber die Entfernungen sind auch groß. Wer Arbeit hat, verdient meistens gut oder sehr gut, aber er kann auch sofort gefeuert werden.

Interessant ist es, die Unterhaltung von Chef und Mitarbeitern zu erleben. Charles und John unterhalten sich ganz familiär, bis Charles eine Anweisung gibt, höflich, oft mit dem Wort bitte. Dann sagt John sehr dienstlich: »Yes, Sir« und eilt davon, um den Auftrag auszuführen.

Der freundschaftliche Ton endet genau dort, wo der Dienst beginnt, denn John weiß, Charles kann ihn binnen einer Minute »feuern«. Und Charles weiß, daß John damit rechnet, bei dem kleinsten Aufmucken sofort arbeitslos zu werden. Nun ist es sicher nicht schlecht, als arbeitsloser Millionär in Californien sein Leben zu beschließen, doch die Betonung ist stärker auf Millionär als auf arbeitslos zu legen.

Trotz aller Zeitungsinserate, nach denen ich Millionen einsparen könnte, fehlen mir noch ein paar Dollar zu so einem Rentnerdasein, und mir bleibt nichts anderes übrig, als nach dem Reiseplan den californischen Süden zu verlassen und in den rauhen Norden nach Chikago zu fliegen.

Nun liegt Chikago zwar geographisch auf der Breite von Italien. Doch die kalten Winde blasen im Mai noch aus der Arktis über den Michigansee. Nach den Badetagen am Strand des Pazifiks froren wir in Chikago. Zwar ist die Sonne warm – aber der Wind pfeift eisig durch die Straßen. Nun hätte ich gern einige Erlebnisse aus Chikago berichtet. Doch es passierte während meines Aufenthaltes einfach nichts, wovon es sich lohnte zu erzählen. In der dreistöckigen Hotelhalle saßen einige Gentlemen und lasen stundenlang den Börsenteil der Zeitungen. Die Füße legten sie dabei manierlich auf Hocker, mit rotem Plüsch bezogen, die vor jedem Clubsessel standen. Die eisernen Stützen der Hochbahn vor dem Hotel sahen bedenklich aus. Da sie jedoch seit Jahrzehnten hielten, war anzunehmen, daß sie auch weiterhin nicht zusammenbrechen würden. Jenseits der riesigen verrosteten Eisenbahnanlagen am Seeufer sind Parkanlagen und Segelboothäfen geschaffen worden. Das Fortwerfen eines Zigarettenstummels im Park kann bis zu 100 Dollar kosten. In dieser Beziehung ist die Stadtverwaltung vorbildlich. Hingegen hat sie in den Michigansee so viel Abwässer einleiten lassen, daß der See (einer der größten der Welt) bereits »umgekippt« ist. Jedoch sind die Fische, die ehemals den See bevölkerten, noch in einem großen Aquarium zu bewundern.

Über die Getreidebörse schrieb bereits E. E. Kisch, und über das Verkehrswesen liest man am besten in der Theodore-Dreiser-Trilogie (Der Finanzier, der Titan, der Stoiker) nach. Ich möchte der Stadt nicht Unrecht tun. Sicher gibt es in Chikago viel zu erleben. Immerhin ist der Ort 100 Kilometer lang und bis zu 30 Kilometer breit. Doch auch die offizielle Stadtrundfahrt weiß nicht so recht, was sie den Fremden zeigen soll. Ich war daher froh, als ich Chikago verlassen konnte und nach Cleveland am Eriesee flog. Bisher war ich immer Mitglied der offiziellen DDR-Delegation. Jetzt reiste ich alleine weiter, was natürlich viel interessanter ist.

In Cleveland bin ich von der Redaktion eines technischen Magazins eingeladen. Der Redaktionsstab haust (im wahrsten Sinne des Wortes) im 20. Stock eines Wolkenkratzers mit Blick auf den See. Wer vor einem großen Haus steht, denkt unwillkürlich, drinnen müsse auch viel Platz sein.

Doch jeder Quadratmeter kostet Miete, und zwar viel Miete. Daher ist jede Ecke der Zimmer und der Gänge ausgenutzt.

Das Telefonfräulein macht gleichzeitig Einlaßdienst und nimmt die Garderobe ab. Auch wenn sie Besucher empfängt, trägt sie Kopfhörer und ein Mikrofon vor der Brust. Ihr Arbeitsraum ist etwa 2 × 2 m klein. Sobald es klingelt, schaltet sie sich in die Leitung und lächelt (man soll hören können, ob jemand beim Sprechen lächelt): »Guten Morgen. Hier ist das Technische Magazin. Sie sprechen mit Barbara June«. Dann zu mir: »Hängen Sie bitte Ihren Mantel hier auf. Ich werde Sie sofort dem Chefredakteur melden.« In das Mikrofon: »Natürlich ist Mister Smith für Sie zu sprechen, Sir. Ich verbinde.« Ende des Lächelns. Und alles in einem Raum ohne Fenster, vollgepackt mit einem Vermittlungsschrank, Mänteln und Akten.

Das Büro des Chefredakteurs besteht aus einem alten Sofa, einem Tisch mit Papier vollgepackt und drei Stühlen, drei Wänden und einem Fenster mit Seeblick.

Nach dem geschäftlichen Teil kramte ich meine Kenntnis über den Eriesee heraus. Theodor Fontane hat die Ballade von »John Maynard« geschrieben:

> »Die Schwalbe fliegt über den Eriesee
> Gischt schäumt um den Bug, wie Flocken von Schnee.«

Auf dem Schiff bricht Feuer aus, und der Steuermann John Maynard versucht das Schiff bei Buffalo auf den Strand zu setzen, wobei er umkommt. Das Ganze erzähle ich auf englisch. Der Chefredakteur schüttelte den Kopf. »Nie gehört, aber ich will meine Mitarbeiter fragen.«

Nacheinander fragte er nun Sam, John, Jim und wie sie alle hießen, ob sie jemals die Story von John Maynard gehört hätten.

»Wenn die Sache vor hundert Jahren passierte«, meinte Sam, »dann ist es reichlich lange her.«

Dagegen ließ sich wenig einwenden. Es zeigte sich aber hier, wie »Geschichte« entsteht. Fontane hat sicherlich eine Zeitungsmeldung über den Unfall auf dem Eriesee gelesen. Aus der Meldung formte sich in seinem Kopf ein Gedicht. Millionen preußischer und deutscher Schulkinder mußten es lesen und lernen. Ich auch!

John Maynards Tat lebt nur weiter, weil Fontane »etwas daraus machte« (wie die Zeitungsleute in Cleveland sagen). »Wenn Sie schon am Eriesee sind, so müssen Sie sich unbedingt die Niagarafälle ansehen«, wird mir geraten. Ich sage, daß ich in Columbus zu tun hätte und der Besuch der Fälle ein ziemlicher Umweg wäre. Der Chefredakteur lacht, das wären die üblichen europäischen Vorstellungen. Keine der Entfernungen sei größer als 500 Kilometer, also eine Flugstunde mit den örtlichen Fluglinien. Über das Telefon bucht er in wenigen Minuten für die Strecke Columbus-Buffalo-New York. Der Computer macht es möglich. Columbus ist die Hauptstadt des Bundesstaates Ohio. Bevor ich zur dortigen Universität eingeladen wurde, wußte ich genausoviel von Columbus wie die Amerikaner von John Maynard, also nichts.

In der letzten Zeit wurde Columbus bekannt durch die Einführung des Kabelfernsehens. Wer will, wählt über eine Nummerscheibe eines von 20 oder 30 Programmen. Abgerechnet wird dann wie ein Telefon nach der Einschaltdauer. Der Columbianer kann natürlich auch sechs oder noch mehr Stationen drahtlos empfangen. Doch dann muß er, wie alle Amerikaner, in Kauf nehmen, daß alle paar Minuten das Programm für Werbezwecke unterbrochen wird.

Seitdem ich alleine reiste, habe ich mich schon daran gewöhnt, im Hotel anfangs mit tiefem Mißtrauen betrachtet zu werden. Ich habe keine Kreditkarte, deren Nummer beim

Empfang verbucht wird. Wenn ich mit einem grünen Frack oder in der Badehose angereist käme, wäre es weiter nicht schlimm. Aber ein Mensch ohne Kreditkarte ist verdächtig. Entweder ist er mittellos, oder er plant böse Taten und möchte keine Spuren hinterlassen.

»Dann bezahlen Sie bitte im voraus«, wurde gesagt, wenn ich gestehe, kreditkartenlos zu sein. Der schlechte Eindruck wird etwas gemildert, wenn ich als Ausländer erkannt werde. Verdächtig wurde ich aber wieder, als ich in einem Motel fragte, ob man nicht das Zimmerfenster zum Garten öffnen könne. Ich hatte große Mühe, dem Motelchef zu erklären, daß ich nicht die Einbruchsicherungen außer Betrieb setzen wollte, sondern nur gewohnt sei, bei offenem Fenster zu schlafen.

»Aber Sie haben doch die Klimaanlage«, sagte der Mann ganz erstaunt. Wir einigen uns, daß das Fenster geschlossen bleibt, weil die Klimaanlage gleichbleibende Temperatur, konstante Luftfeuchtigkeit und Staubfreiheit garantiert, alles Dinge, die in der Natur nicht zu haben sind.

In Columbus nahm ich ein Taxi, um in die Universität zu fahren. Der Fahrer ist ein Student, der sich als Fahrer Geld verdient. Er fragte, ob in East-Germany die Studenten auch die Möglichkeiten hätten, während des Studiums noch einen Job zu betreiben. Wahrheitsgemäß antwortete ich, daß ich bei uns noch nie einen Studenten traf, der gleichzeitig ein Taxi fuhr.

»Das sind eben die großen Möglichkeiten, die die Vereinigten Staaten bieten«, meinte der Student voller Stolz.

Ich erklärte ihm, warum unsere Studenten auf diese Möglichkeit nicht angewiesen sind, sondern sich dem Studium widmen können. Man muß mit der Schilderung vieler Dinge aus der DDR vorsichtig umgehen. Die meisten Amerikaner können sich die kostenlose Fürsorge, die uns von der Geburt bis zum Tode umgibt, nicht vorstellen. Es besteht die Gefahr, für unglaubwürdig gehalten zu werden. Ich verschwieg auch, daß die ersten Jahre an einer amerikanischen Universität unserem Abitur entsprechen, um den jungen Mann nicht zu beleidigen. Auch haben in den USA die Hochschulen verschiedenes Niveau. Einige sind wegen ihrer Leistungen weltberühmt. Viele haben keinen wissenschaftlichen Ruf.

Die Staatsuniversität von Ohio in Columbus ist ein riesiger Komplex. Die zahlreichen Backsteinbauten liegen in einem Parkgelände mit prächtigen alten Bäumen. Da ich zu früh eingetroffen bin, setze ich mich auf eine Bank in die Sonne. Hier ist nichts von den rauhen Winden von Chikago zu spüren. Studenten liegen auf dem Rasen und lesen oder schlafen. Studentinnen gehen ins College mit kurzen Hosen, einem Tuch als BH und hochhackigen Schuhen. Aus meiner Praxis weiß ich, wie einige hübsche, gut angezogene Studentinnen den Dozenten zu einer guten Vorlesung anregen. In Columbus müssen offensichtlich zahlreiche sehr gute Vorlesungen stattfinden.

Mein Kollege empfing mich sehr herzlich, zusammen mit seiner Frau. (»Nennen Sie mich Mac, und das ist Cathleen.«) Sie sind vom Rektor zu einer Auszeichnungsveranstaltung eingeladen, natürlich mit Lunch. Ohne viel Formalitäten wurde ich mitgenommen.

Etwa 500 Professoren mit ihren Frauen saßen im Festsaal um große runde Tische. Mac hat es in wenigen Minuten geschafft, daß meine Namenskarte geschrieben und mir ein Platz reserviert wird. Alle am Tisch versicherten mir, wie froh sie seien, mit einem Besucher aus so einem fernen Land zusammenzusitzen. Die meisten Amerikaner verstehen es großartig, sich durch Fragen und Gegenfragen die Zeit zu vertreiben. Für uns ist es anfangs etwas überraschend, wenn Leute, die man seit zehn Minuten kennt, nach der Höhe unseres Gehaltes oder unserer Meinung zur Intelligenz von

Farbigen fragen. Nach einiger Zeit lernte ich, entsprechende Gegenfragen zu stellen. Meine Gesprächspartner erzählten gerne, warum sie einer bestimmten Religionsgemeinschaft angehörten oder wen sie bei der letzten Präsidentenwahl gewählt haben. Zeitungen, Rundfunk und Fernsehen nutzen die Sitte, über die intimsten Dinge öffentlich zu sprechen, weidlich aus. In den Buchhandlungen füllen die Reports-Auswertungen von Befragungen die Regale.

Die Preisverteilung verlief erfreulich unfeierlich. Nur um das Beten kam ich nicht herum. Gott wird von den USA etwa so gepachtet, wie es bei uns die Preußenkönige taten. Da Gott bekanntlich meistens bei den starken Bataillonen ist und die USA immer noch zu den wirtschaftlich und militärisch starken Mächten zählt, hat dieser Ausspruch eine gewisse Berechtigung.

Der Rektor machte zu Beginn seiner Rede einen (von allen erwarteten) Witz. Dann kam er in erfreulicher Kürze zur Sache. Die Hochschule verleiht jährlich Preise an Studenten, Assistenten und Professoren für wissenschaftliche Arbeiten. Auch die Industrie hat Preise gestiftet. Es gab Urkunden, Schecks, Händeschütteln und viel Beifall.

Danach marschierten dreißig bis vierzig Kellner in den Saal, und das übliche Essen begann.

Ich mußte den Professoren an meinem Tisch eine ganze Anzahl Fragen beantworten.

»Nein, in der DDR herrscht Religionsfreiheit. Kirche und Staat sind voneinander getrennt – wie in den USA.«

»Richter werden bei uns gewählt – wie in den USA.«

»Wir haben fünf Parteien in unserem Parlament – drei mehr als die USA.«

»In Grundsatzfragen sind sich die Parteien einig – wie in den USA.«

»Nein, die DDR hat mit Frankreich keine gemeinsame Grenze.«

»Es ist jedem freigestellt, sich kirchlich trauen zu lassen oder nicht.«

»US-Raketen stehen unmittelbar an der Grenze zur UdSSR. Sowjetische Raketen stehen einige Tausend Kilometer von der Grenze der USA entfernt.«

»Glauben Sie im Ernst, daß zehn Millionen Kubaner zweihundertfünfzig Millionen Amerikaner überfallen?«

Es ist gar nicht so einfach, die passenden Vokabeln zu finden und dabei noch zu essen.

Mac und Cathleen wollten mir anschließend die Stadt zeigen. Es gab einen kurzen Streit, wessen Wagen genommen wird, denn natürlich besitzen sie zwei Straßenkreuzer. Cathleen setzte sich durch, weil Mac so zerstreut ist und Cathleen ihn nicht für zuverlässig im Straßenverkehr hält. Ich saß vorn neben Cathleen und sah mir die Parks, Wolkenkratzer und die Wohnbezirke der »middle class« an. Dann kamen wir in einen Stadtteil, der ungepflegt und zerfallen ist und von Farbigen bewohnt wird.

»Schließen Sie bitte das Seitenfenster«, sagte Cathleen und drehte auch ihr Fenster hoch. Ich schaute sie fragend an.

»An den Verkehrsampeln können Jugendliche stehen, die durchs offene Fenster greifen und Handtaschen oder Schmuck herausreißen.«

Die Fußgänger an den Straßenkreuzungen sind ausnahmslos vom hellen Braun bis zum tiefsten Schwarz getönt.

»Meine Tochter hat einen Neger geheiratet«, sagte Cathleen und sah mich an, wie ich darauf reagiere. Als ich antwortete, daß man sich in die Heiratsabsichten der Kinder nie einmischen solle, war sie sichtlich erleichtert.

Theoretisch sind Rassenprobleme sehr einfach zu lösen, da alle Menschen gleich sind. Sobald aber zu dem Unterschied in der Hautfarbe noch Unterschiede in der Bildung, der Religion, den Sitten, den Auffassungen über Mode und der Tradition kommen, ist es schwer, die Frage sachlich zu behandeln. Es spielen dann Gefühlsregungen aller Art mit. Unterstützt werden die Emotionen noch durch scheinwissenschaftliche Reports wie: Untersuchung über den Intelligenzquotienten bei Weißen und Negern oder sexuelles Verhalten in Abhängigkeit von der Schulbildung und der Religion.

Cathleen ist Mitglied einer protestantischen Religionsgemeinschaft. Davon soll es in den USA über 1000 Stück geben. Mit Stolz zeigte sie mir ihre Kirche, die in einem vornehmen Viertel der Stadt liegt. Alle ihre Freunde sind WASP (white, anglo-saxon, protestant). Und nun kommt ihre Tochter und will in dieser Kirche mit einem Neger verheiratet werden, oder, was ebenso schlimm ist, der Neger besteht darauf, daß in seiner Kirche geheiratet wird. Vielleicht gehört er einer Sekte an, die die von Cathleen in die Hölle verdammt.

Ich habe schon Verständnis für Cathleens Sorgen. Aber es hätte keinen Sinn, ihr den Fehler des Systems erklären zu wollen.

Wenn Amerikaner in eine Kirche gehen, so ist das nicht nur eine Glaubensfrage. Es ist auch ein Statussymbol. Vor allem ist es eine Möglichkeit, Bekanntschaften zu schließen. Die religiösen Ansichten gehen weit auseinander. Nur in einem Punkt sind sich alle Kirchen einig: Wer Mitglied ist, muß zahlen! Der Begriff des »Zehnten« aus der Bibel wird von den kirchlichen Funktionären sehr wörtlich ausgelegt.

Ich lernte in Columbus allerhand über das Familienleben einer amerikanischen Professorenfamilie.

Den vorletzten Tag meines Aufenthaltes verbrachte ich in Niagara-Falls. Nicht weit vom Motel steht ein Wellblechschuppen mit der Aufschrift: Fahrten zu den Fällen. Der Kartenverkäufer im Schuppen ist sehr erfreut, einen Kunden zu haben. Es sei noch zu früh im Jahr für den Fremdenverkehr. Ob es mir recht sei, wenn ich um 11 Uhr vom Motel abgeholt würde? Ob es mir etwas ausmachen würde, wenn noch ein Ehepaar mitführe? Nein, es macht mir nichts aus, aber wie sich dann der Preis ermäßigt. Ich fühle mich wie ein eingeborener Amerikaner, der überall den Preis drücken will. Zwei Dollar werden mir erlassen. Noch ein paar solcher Einsparungen und eine Million ist zusammen.

Das Ehepaar entpuppte sich als ein türkischer Kaufmann mit einer sehr blonden Freundin, die englisch mit rheinländischem Akzent spricht.

Zuerst fuhren wir zu den Stromschnellen. Der Abfluß des Eriesees zwängt sich hier durch Inselchen und große Steine. Das ist schon ein gewaltiges Bild. Der Donner des nahen Wasserfalles mischt sich mit dem Brausen der Stromschnellen. Neben dem Fall auf der US-Seite (es gibt auch einen auf der kanadischen Seite) führt uns ein Fahrstuhl in die Tiefe. Ein raffiniert angelegter Pfad führt den Besucher an einer Felswand entlang bis zum Auftreffpunkt des Falles. Bei günstigem Wasserstand kann man sogar unter dem Fall entlang gehen. Der Blick bergauf, oder besser wasserauf, ist furchteinflößend. Dazu der grollende Donner der Gischt beim Auftreffen des Falles auf das Unterwasser und der Strudel des abfließenden Wassers. Hinter dem Fall fließt der Niagara in einem tiefen Tal mit gelben, senkrechten Wänden weiter. Trotz der warmen Maisonne hielten sich in den Nischen und Grotten der steilen Wände noch Schnee und Eis.

Selbst die großartigsten Landschaften lassen sich nur kurze Zeit betrachten. Dann ermüdet der Blick. Der Besichtigungsplan unseres Reiseleiters war geschickt so gestaltet, daß wir immer aufgefordert wurden, weiterzugehen, bevor es langweilig wurde.

Zum Abschluß der Rundfahrt um die Niagara-Fälle war der Besuch eines Aquariums vorgesehen, verbunden mit einer Delphin-Show. Im Aquarium gab es für die Vorführung ein großes Becken, um das amphitheatrisch die Sitzplätze angelegt waren. Zuerst zeigte eine junge Dame eine Seelöwendressur. Seelöwen besitzen bekanntlich die Fähigkeit, Bälle auf der Nase zu balancieren, was im Zirkus ausgenutzt wird. Dann kam der Delphin. Er steckte seinen Kopf aus dem Wasser und sah erst uns und dann die Dompteuse an. Dabei stieß er einige quiekende Laute aus.

Nun trat die Dompteuse auf einen Steg, der einige Meter in das Becken hineingebaut war. Sie forderte den Delphin auf, durch den Reifen zu springen. Der Delphin steckte nochmals seinen Kopf aus dem Wasser und sah sich die Sache genau an. Dann tauchte er weg und schwamm unter den Laufsteg. Die Vorführerin rief und lockte in allen Tönen. Aber der Delphin blieb ruhig unter dem Steg liegen und rührte sich nicht. Schließlich wurde uns gesagt, daß die Veranstaltung zu Ende sei. Ein Mann zog ein Unterwassergatter hoch, das den Weg in das »Wohnaquarium« freigab. Mit einem einzigen Schwanzschlag schoß der Delphin durch das Gatter und verschwand.

Ich habe bei meinen Reisen allerhand Streiks erlebt. In Japan streikten die Lokomotivführer und das Flugpersonal. Ich erlebte die Demonstration streikender Studenten und entkam mit Mühe und Not der eingreifenden Polizei. Es mußten schon Reisen abgesagt werden, weil in dem betreffenden Lande gerade ein Generalstreik angesagt war. Aber der Streik eines Delphins ist wohl einmalig. Eindrucksvoll war auch die Art, wie er sich der Dressur entzog, ohne direkt ungehorsam zu sein. Unter dem Steg sah er die Dompteuse nicht, folglich war sie für ihn nicht da. Jetzt glaube ich, was die Wissenschaftler über die Intelligenz der Delphine schreiben.

Am letzten Tag in den USA stand ich auf dem Flugplatz in Buffalo. Der Mann am Ticketschalter besah sich meine Flugkarte.

»Sie fliegen vom Airport Kennedy nach Europa, unser Flugzeug bringt Sie aber zum Airport Guardia. Haben Sie an die Entfernung zwischen den Flughäfen gedacht?«

Ich hatte bisher noch nicht daran gedacht und fragte, was zu tun sei. Der Mann am Schalter fragte seinen Computer. Nach einer Minute erschien auf dem Bildschirm ein Flugplanvorschlag. Der Kollege Computer meinte, es sei für mich günstiger, zweimal umzusteigen und direkt zum Flughafen Kennedy zu fliegen. Außerdem rechnete der Computer aus, daß sein Vorschlag um vier Dollar billiger sei als die alte Route. Sofort schrieb der Vertreter der Fluggesellschaft einen neuen Flugschein aus, nahm den alten in Zahlung und holte aus der Kasse vier Dollar.

Der inneramerikanische Verkehr verläuft ähnlich wie bei der Eisenbahn. Man kommt frühestens 30 Minuten vor dem Abflug, bezahlt und kann ohne jede Formalität (mit Ausnahme des Magnettests auf Waffen) einsteigen. Gute Fluggesellschaften lassen noch fragen, ob man lieber auf der linken oder rechten Seite sitzen möchte und ob man einen Fensterplatz oder (wegen der Beine) einen Sitz am Gang bevorzugt.

Nach vier Stunden war ich auf dem Flughafen Kennedy. In der Inlandabfertigung brodelte die Masse der Reisenden. Ich sah nun noch einmal die »typischen Amerikaner«: Da war die ältere Dame mit den roten Schminkflecken auf den Bäckchen und dem vielen Schmuck um den faltigen Hals. Sie ging mit ihren drei Freundinnen energisch durch die Halle. Hinter ihr trotteten ihre vier alten Ehemänner. Da war weiter der Gentleman im besten Alter mit einem tollkühn karierten Anzug. Einige Damen aus dem Süden promenierten vorbei, in Hosenröcken und Reitstiefeln mit Silbersporen. Im Lärm des Flughafens hörte man es nicht, aber ich weiß, daß die großen Sporenräder bei jedem Schritt leise klingeln. Es gibt noch mehr solcher »typischen Amerikaner«. Aber sie sind nur scheinbar typisch. In Wirklichkeit machen sie nur wenige Prozente der Reisenden aus. Die restlichen Menschen sehen aus wie man selbst.

Vor der Abfertigung von LOT drängten sich die Menschen. Die polnischen Reisenden nahmen lautstark und tränenreich Abschied von ihren in den USA lebenden Verwandten. Etwas abgesondert standen einige Geistliche. Ein Bischof mit einem roten Käppchen auf dem Hinterkopf wurde von jüngeren Priestern sorgfältig gegen die Menge abgeschirmt. Neben dieser römisch-katholischen Gruppe stand ein Angehöriger einer orthodoxen Richtung, kenntlich an dem Kreuz mit dem schrägen Balken, das er an einer Kette über seiner Soutane trug (ich hoffe, das ist der richtige Ausdruck, vielleicht ist Kaftan richtiger?). Er wurde von drei jungen hübschen Damen begleitet, die seinen wallenden Vollbart und die langen Haare bewunderten. Von Zeit zu Zeit hob der Geistliche seine Soutane hoch und holte einen Kamm aus der Hosentasche. Dabei wurden jedesmal scharf gebügelte graue Hosenbeine sichtbar, was den drei jungen hübschen Damen riesige Freude bereitete. Dann wurden Bart und Haupthaare sorgfältig gestriegelt. Wenn die drei jungen hübschen Damen durch Augenaufschlag andeuteten, daß alle Haare streng parallel lägen, wurde die Soutane wieder bis zur Hüfte hochgezogen und der Kamm in die Tasche gesteckt.

Die halbe Stunde, bis der Abfertigungsschalter geöffnet

wird, verging für mich so schnell wie im Kino bei einem guten Film.

Ein Angestellter von LOT kam, um die Geistlichkeit zur bevorzugten Abfertigung abzuholen. Schnell nahm ich meine Koffer und marschierte im römisch-katholischen Gefolge mit. Rückendeckung gewährte mir der orthodoxe Priester. Die übrigen Reisenden machten uns ehrfurchtsvoll Platz.

Anschließend war ich froh, alle Formalitäten hinter mir und eine Platzkarte in der Tasche zu haben. Irgend jemand hatte mehr Flugkarten verkauft, als das Flugzeug Plätze führt. Wir mußten eine Stunde über die Abflugszeit warten, bis alles geregelt war, und eine Gruppe Reisender schleppte traurig ihre Koffer wieder weg, weil sie nicht befördert wurde.

Das Festland verschwand hinter mir. Die Turbinen summten gleichmäßig. Die Geistlichkeit der verschiedenen Konfessionen schlief den Schlaf der Gerechten. Ich überdachte meinen Aufenthalt in den USA. Ein so riesiges Land wie die Vereinigten Staaten von Amerika ist schwer zu beurteilen, weil der Besucher immer nur einzelne Bereiche, und die auch nur für Stunden, kennenlernt. Ich gebe daher kein Gesamturteil ab, sondern erzähle einfach, was ich sah. Und natürlich auch, was ich dabei empfand.

An den technischen Möglichkeiten, dem Organisationstalent und dem Optimismus der Amerikaner gibt es keinen Zweifel. Ihre wirtschaftlichen Erfolge sind imponierend. Ich habe in diesem Bericht nicht über sie gesprochen, weil dies zum »dienstlichen« Teil gehört.

Die Methode, viele Menschen kennenzulernen und niemanden richtig zu kennen, scheint aus der Geschichte der Staaten gewachsen zu sein. Sie erfordert eine ganz bestimmte Einstellung, die nicht jedem gegeben ist.

Ob die Amerikaner mit ihren Problemen wie Rassenfrage,

Arbeitslosigkeit und den großen Städten fertig werden, erscheint mir zweifelhaft.

Mich erfüllt tiefe Dankbarkeit meinen amerikanischen Fachkollegen gegenüber, von denen ich viel über ihre Erfolge in Technologien und ihre Probleme erfuhr.

Mercedes weint

Eines Tages kam ein junger, gutaussehender Kubaner in unser Institut und ließ sich unsere Entwicklungen zeigen. Besonders interessierte er sich für die Auftragsschweißung von Walzen und für Stromquellen mit Dieselantrieb. Uns erschien sein Interesse schwer verständlich, denn Kuba besaß zu der Zeit kein Walzwerk, in dem Walzen hätten aufgeschweißt werden müssen. Stromquellen mit Dieselantrieb werden vorzugsweise im Rohrleitungsbau benutzt, ein Industriezweig, der in Kuba nicht besonders verbreitet war.

Ein Jahr später war der gutaussehende junge Mann verantwortlich für bestimmte Fragen innerhalb der kubanischen Zuckerindustrie. Er forderte über die Regierungsebene Hilfe für seine Zuckerfabriken an. Ich wurde beauftragt, mit einem Begleiter nach Kuba zu fliegen und mir die Sache einmal anzusehen. Gleichzeitig sollte ich dabeisein, wenn eine Industrie-Ausstellung der DDR eröffnet würde.

Jede Tropenreise beginnt im Krankenhaus mit einer Untersuchung auf Tropentauglichkeit und mit zahlreichen Impfungen nach den Vorschriften der Weltgesundheitsbehörde und der Eintragung dieser Impfungen in den Gesundheitspaß. Nach einigen Spritzen in die verschiedenen Körperteile meinte der behandelnde Arzt: »Sie werden sich in den nächsten Tagen etwas unwohl fühlen. Jetzt muß ich Sie noch gegen Pocken impfen. Damit Sie Ihre Arme bewegen können, impfe ich Sie zwischen die Schulterblätter.«

In den nächsten Tagen fand ich, daß der Arzt mit dem Ausdruck »etwas unwohl« stark untertrieben hatte. Mir ging es einfach sehr schlecht, und ich wünschte, man hätte mich zu den Eskimos geschickt, die bekanntlich nicht gegen Tropenkrankheiten geimpft werden.

Aber alles geht vorbei. An einem häßlich grauen und kalten Märztag bestiegen wir in Prag eine ehrwürdige alte »Britannia« der ČSA und flogen über Irland nach Gander in Kanada. Nach der Zwischenlandung in Irland flogen wir dem westlichen Abendrot nach über den Atlantik.

Das für die damalige Zeit große, viermotorige Flugzeug war kaum besetzt. Wer flog in den sechziger Jahren schon nach Kuba, wo gerade die Landung in der Schweinebucht zurückgeschlagen worden war? US-amerikanische Kriegsschiffe blockierten die Insel. Für einen direkten Flugverkehr, ohne Zwischenlandung in einem NATO-Staat, waren die Reichweiten der Flugzeuge noch nicht ausreichend.

Durch die Stewardeß schickten wir dem Flugkapitän unsere Visitenkarten und fragten ihn, ob wir einmal in das Cockpit kommen dürften. In bezug auf Flugzeugentführungen war die Welt damals noch harmlos. So etwas kam höchstens in Amerika vor. Der Kapitän freute sich, daß wir ihm Gesellschaft leisten wollten. Wir drängten uns zu den übrigen Besatzungsmitgliedern in das Cockpit. Die Steuerung war offensichtlich auf Automatik umgeschaltet. Pilot und Copilot saßen entspannt in ihren Sesseln. Die Steuersäulen bewegten sich wie von Geisterhand und glichen die Luftströmungen aus. Unsere Maschine flog ja nur in 4000 Meter Höhe, wo noch atmosphärische Störungen auftreten. Der Funker schwatzte eifrig mit einem Partner irgendwo über dem Atlantik. Der Flugingenieur versuchte den äußeren Motor auf der Backbordseite in der Drehzahl zu regulieren. An den Wänden und an der Decke schimmerten die Leuchtziffern der Meßinstrumente.

Geduldig erklärte der Flugkapitän uns die wichtigsten Hebel und Skalen. Ich war schon einmal in der Führerkanzel einer kleinen Verkehrsmaschine von Prag nach Berlin mitgeflogen. In Schweden durfte ich auch einmal in einer viersitzigen Maschine den Steuerknüppel des Copiloten anfassen. Aber in der ›Britannia‹ war der Aufwand an Technik doch überwältigend.

Inzwischen hatte die Stewardeß uns aus zwei Sesseln ein Bett hergestellt. Sogar Hausschuhe lieferte die ČSA für ihre Fluggäste auf dieser Linie. Die Motoren brummten gleichmäßig. Dem Bordingenieur war es gelungen, die vier Motoren genau aufeinander abzustimmen und so die »Schwellungen« – das Motorengeräusch ändert sich regelmäßig in Lautstärke und Tonhöhe – zu beseitigen. Wir schliefen tief und fest und wachten erst auf, als die Maschine in Gander in Kanada aufsetzte. Es war noch dunkel. Links und rechts der Rollbahn türmten sich hohe Schneewälle.

Normalerweise kümmern sich die Behörden eines Landes wenig um Transitreisende. Man sperrt sie bis zum Abflug ihrer Maschine einfach in einem besonderen Raum ein. Anders war es damals in Gander. Das Flugzeug kam aus einem Staat »jenseits des Eisernen Vorhangs«. Es beförderte Passagiere aus einem Staat, »den es nicht gab«. Und es flog in ein Land, »dessen Bevölkerung auf die Befreiung von dem bärtigen Diktator durch die USA wartete«. Daher durften wir nicht einfach in den Transitraum, sondern mußten erst durch die damals umständliche Kontrolle der Paß- und Gesundheitsbehörden.

Unsere Pässe wurden mit tiefem Widerwillen betrachtet und die Personalien sorgfältig registriert. Die Gesundheitswächter wollten unsere Impfpässe sehen. Ich griff in meine Tasche für die Reiseunterlagen. Kein Paß vorhanden! Ich hatte ihn zu Hause liegenlassen.

Große Freude bei den Kanadiern. Da sah man wieder einmal, daß die bösen Leute aus dem Osten versuchten, alle möglichen Seuchen über den Ozean zu schicken. Ich wurde

in ein Krankenzimmer gebracht, und eine sehr energisch dreinblickende Ärztin legte alle für Kuba vorgeschriebenen Spritzen zurecht, um mich damit zu impfen.

Bisher hatte ich nicht viel gesagt, denn ich hatte ein schlechtes Gewissen wegen des Passes. Aber im Anblick der Spritzen entwickelte ich Heldenmut und Beredsamkeit. Ich erklärte, die Kanadier hätten kein Recht, mich für Kuba zu impfen, und ich würde keine dieser Kanülen an meinen Körper heranlassen. Die Ärztin sagte, sie hätte doch das Recht, und fuchtelte mit einer besonders großen Spritze herum.

Nach längerem Hin und Her geschah das, was überall bei Behörden geschieht, wenn man sich energisch wehrt, ein Vorgesetzter wurde herbeigerufen. Er hörte sich unsere Argumente an und fällte ein salomonisches Urteil: 1. Die Kanadier impfen mich nicht gegen Tropenkrankheiten. 2. Da für Kanada eine Pockenschutzimpfung vorgeschrieben sei, ich dieselbe aber nicht nachweisen könne, sei ich gegen Pocken zu impfen. 3. Darüber sei mir ein kanadischer Impfpaß auszuhändigen.

Betrübt packte die Ärztin ihre Spritzen wieder fort. Dann impfte sie mich gegen Pocken, mit einem tiefen Schnitt in den Oberarm.

So wurde ich Besitzer eines kanadischen Impfpasses. Vom Schnee der kanadischen Küste ging es nun südwärts in tropische Gegenden. Das berühmte Bermuda-Dreieck überquerten wir ohne Schwierigkeiten. Nach dem Flugplan mußte in den nächsten Minuten Havanna erscheinen. Unsere Maschine drehte einige Kreise. Etwas schien mit der Landung nicht zu klappen. Dann flogen wir in niedriger Höhe über Palmen hinweg. Schließlich landeten wir auf einem Militärflugplatz. Der Himmel war dunkelgrau, und ein heftiger Tropenregen prasselte auf unser Kabinendeck. Als die Tür geöffnet wurde, schlug uns eine Waschküchenluft – feucht und warm – entgegen. An der Gangway erwartete uns eine Anzahl Soldaten, die eine Art Spalier zu einer nahegelegenen Hütte aus Holz und Palmwedeln bildeten. Wegen des Regens trabten wir alle schnell unter das schützende Dach. Als der letzte Passagier eingetreten war, wurde die Holztür zugesperrt und verschlossen.

Wir sahen uns an. So hatten wir uns den Empfang in Kuba nicht vorgestellt. Die Hütte besaß keine Fenster, aber zwischen den Palmwedeln kam ausreichend Licht in den Raum. Doch die Ventilation ließ zu wünschen übrig, und uns lief der Schweiß über den Rücken. Nach energischem Klopfen an der Tür wurde diese geöffnet. Wir machten den Posten klar, daß wir frische Luft brauchten. In Notfällen kann man sich in den meisten Sprachen verständlich machen. Daraufhin wurde uns erlaubt, unter dem vorspringenden Palmwedeldach der Hütte auf und ab zu gehen.

Nach einer Stunde kam ein Hubschrauber mit einem höheren Offizier, der uns wieder in die Freiheit entließ. Wir flogen weiter nach Havanna. Am nächsten Tag wurden die Toten begraben, die es bei einem Sabotageversuch auf dem Flugplatz in Havanna gab, als wir gerade im Anflug waren.

Ich war auf eine große Impfaktion der Kubaner gefaßt, doch als mein Begleiter und ich ausstiegen, brachte uns ein

Vertreter der Zuckerindustrie ohne Formalitäten durch alle Sperren hindurch.

Erwähnen muß ich noch, daß die DDR-Pockenimpfung so gut war, daß der kanadische Impfstoff nicht mehr wirkte und ich keinen dicken Oberarm bekam.

Unser Quartier schlugen wir im Hotel »Havanna libre« auf. Ursprünglich hieß es »Hilton« und gehörte dem gleichnamigen internationalen Hotelkonzern. Es war für »first class«-Reisende eingerichtet, die vor der Revolution nach Havanna reisten, um sich zu amüsieren. Die Stadt soll damals mit Vergnügungslokalen und allem, was da so zugehört, international an der Spitze gestanden haben. Jetzt wohnten und aßen im »Havanna libre« Männer und Frauen, die früher wegen ihrer Hautfarbe und wegen ihres Mangels an Dollars nur als Kellner und Zimmermädchen Zutritt hatten. Dabei achtete die neue Hotelleitung darauf, den alten Service-Standard beizubehalten. Nur die Damen, die man stundenweise mit auf das Zimmer nehmen konnte, wurden abgeschafft, und die Speisekarte enthielt keine extravaganten Gerichte mehr.

Nun haben Kubaner im allgemeinen große kräftige Zähne, die spielend mit dem Fleisch fertig werden. Für mein mitteleuropäisches Gebiß war der Braten einfach zu zähe. Daher stellte ich meine Ernährung auf Fisch und Langusten um und lebte vier Wochen lang mittags und abends nur von den Produkten des Meeres. Langusten, die in anderen Ländern eine teure Delikatesse sind, waren hier ein billiges Essen.

In der kühlen Hotelhalle saß ich oft vor einem »Cuba libre« (Rum und Cola) und sah und hörte mir die Ausbrüche südlicher Temperamente an. Begegnungen und Trennungen glichen bühnenreifen Aufführungen mit rollenden Augen, Tremolo in der Stimme und Umarmungen.

Mitunter sah ich auch ein bißchen echte Tragik. Eine Frau

aus der DDR war in unserem Flugzeug mitgereist, um zu ihrem kubanischen Mann zu ziehen, der sie bei uns geheiratet hatte. Sie war groß, sehr blond und sehr gepflegt gewesen, als die Reise begann. Aber das tropische Klima machte ihr Schwierigkeiten. In der Halle saß nun eine erschöpfte und verschwitzte Frau mit strähnigem Haar. Kuba hatte neben dem Klima noch viele andere Probleme für sie bereit. In Rostock war ihr Mann eine auffällige Erscheinung gewesen, hier sah er aus wie Dutzende anderer Männer, die alle blitzende Zähne, feurige Augen und eine braune Haut hatten. Sie hatte die »Familie« kennengelernt. Mama und Großmama hatten in knarrenden Schaukelstühlen gesessen, aus denen sie ihre zwei Zentner nur ungern herauswuchteten. Brüder, Schwestern und deren Kinder bevölkerten temperamentvoll die wenigen Räume der Wohnung. Von der Straße aus konnte jedermann am Familienleben teilnehmen, denn Türen und Fenster standen weit offen. Dazu plärrte der Radioapparat mit Straßenlautstärke, und mittags gab es zum Nachtisch Käse mit Konfitüre.

Die Frau hatte nur den einen Wunsch: zurück zum grauen Himmel an der Ostsee mit Wind und kaltem Regen, zu Menschen, die wenig reden, und wo man die Haustür hinter sich zumachen kann.

Von einer Kultur in eine andere Kultur hinüberzuwechseln ist mit großen Mühen verbunden.

Von unserem Hotel beobachteten wir gegen 18 Uhr, kurz bevor die Tropennacht einsetzte, wie eine Kubanerin einen Stuhl neben die Schwingtür stellte und sich bequem daraufsetzte. Das Erstaunliche war, sie trug ein Gewehr. Auch vor anderen Hotels und öffentlichen Gebäuden standen oder saßen solche Wachen, meistens Frauen. Zum Glück war Ernst, unser Dolmetscher, zur Hand, und wir konnten uns mit unserer Hotelwache unterhalten.

Sie war eine kräftige Mulattin, etwa 25 Jahre alt. In diesem

Alter beginnt die Gertenschlankheit vieler junger Mädchen einer gewissen Fülle zu weichen. In den Tropen altert man schneller, die Körperformen der Frauen werden rundlich wie die meisten Südfrüchte. Die Röcke werden nun nicht so schnell weiter gemacht, wie der Körperumfang wächst, und daraus ergeben sich einige Festigkeitsprobleme für die Reißverschlüsse oder die Haken und Ösen über den Hüften. Jedenfalls war der Rockverschluß unserer Hotelwächterin bis an die Grenzen seiner Festigkeit belastet.

Sie freute sich sichtlich, daß sie uns ihre Tätigkeit erklären konnte. Man müsse immer mit feindlichen Landungen, wie kürzlich in der Schweinebucht, rechnen oder mit Sabotageakten, wie gestern wieder auf dem Flugplatz. Daher bewache und schütze sie das Hotel »Havanna libre«, wie Tausende andere weitere gefährdete Gebäude bewachten. Sollte ein Agent, Saboteur oder sonst ein Bösewicht unser Hotel angreifen, so sei sie bereit, uns bis zum letzten Blutstropfen zu verteidigen. Diese Rede unterstrich sie wirkungsvoll durch Bewegungen mit dem Karabiner. Ich mußte dauernd schnell meinen Standort wechseln, um aus der eventuellen Schußlinie zu kommen, denn der hübsche Zeigefinger unserer Beschützerin lag immer verdächtig nahe am Abzugbügel des Gewehres.

Das knackende Geräusch, das wir nun hörten, kam aber nicht daher, weil der Sicherungsbügel umgelegt wurde, sondern weil die Haken des Rockverschlusses den Verteidigungsanstrengungen nicht mehr gewachsen waren. Das schwellende Fleisch der Hüften hatte die leblose Materie aus Stahldraht und Nähgarn besiegt. Mit einem kleinen Aufschrei ließ unsere Mulattin das Gewehr auf den Boden fallen und hielt mit der linken Hand den klaffenden Spalt an der Hüfte zu und mit der rechten den sinkenden Rock fest. Dann faßte sie sich aber schnell. Sie nahm eine große Sicherheitsnadel, die bisher den etwas »offenherzigen« Blusenausschnitt zusammenhielt, und steckte damit den Rockschlitz zusammen.

Wenngleich der ganze Zwischenfall sehr lustig war, gab er uns doch zu denken. Die Kubaner sind viel mehr mit dem Herzen bei einer Aufgabe als wir Nordeuropäer. Nur mit dem rechnenden Verstand wäre es wohl unmöglich gewesen, nur wenige Kilometer von den USA entfernt eine antiimperialistische Revolution durchzuführen.

Tagsüber konnte man aus den oberen Stockwerken unseres Hotel-Wolkenkratzers die Masten der US-Blockade-Schiffe auf dem Atlantik sehen. Das erzeugt natürlich eine kämpferische Einstellung. Dem gegenüber steht die südländische Lässigkeit in manchen Dingen. Mañana (morgen) ist das Wort, mit dem sich alles endlos verschieben läßt und mit dem ein Nordeuropäer aus Preußen zur Verzweiflung getrieben werden kann. Bis man dahinterkommt, daß es eigentlich gar nicht so schlimm ist, eine Sache morgen zu tun, wenn man heute nicht will. Vorausgesetzt, man lebt auf einer Insel, wo täglich die Sonne scheint, täglich der Passatwind aus der gleichen Richtung weht, und wo die Ansprüche an Kleidung,

Essen und Wohnung gering sind. Ob man sein Zuckerrohr für den Hausgebrauch eine Woche später schneidet, ist ohne Belang. Anders wird der Fall, wenn man eine moderne Industrie aufbauen will. Dann muß das Zuckerrohr an einem ganz bestimmten Tag in die Zuckerrohrmühle gefahren werden. Und in der Fabrik muß alles funktionieren.

Es war eine ungeheuer schwierige Aufgabe der Revolution, die Menschen aus dem Zeitalter, wo die Machete das Hauptwerkzeug war, in das Zeitalter der Fabriken zu überführen. Die Machete ist ein 50 bis 80 cm langes, schweres Haumesser. Man kann damit Bäume und Büsche umschlagen, Zuckerrohr ernten, Menschen ein Loch in den Kopf schlagen, Fleisch schneiden, Bleistifte anspitzen und vieles mehr. Jede deutsche Mutter würde laut schreien, wenn ihr fünfjähriger Sohn eine solch scharfe Klinge mit sich herumschleppen würde. Aber in dem kubanischen Dorf sah ich Jungen mit Macheten hantieren, wo das Haumesser fast so lang war wie der braunhäutige Knirps.

Die Eröffnung der DDR-Industrieausstellung stand nun unmittelbar bevor. Von kubanischer Seite halfen uns einige Frauen und Männer. Besonders Mercedes tat sich hervor. Sie sprach ein gutes Deutsch und erzählte uns viel über Kuba und die Revolution.

»Sie haben schon als Kind lesen gelernt«, sagte sie einmal zu mir. »Sie ahnen ja gar nicht, was es für einen Erwachsenen bedeutet, nicht lesen zu können, und welcher Sprung es ist, mit dreißig oder sechzig Jahren lesen und schreiben zu lernen.«

Dann erzählte sie, wie sie durch die Dörfer gezogen war und den Erwachsenen das Alphabet beibrachte. Vor Begeisterung über diese Zeit und ihre Erfolge kullerten ihr dicke Tränen über die braunen Backen.

»Meine Vorfahren waren Sklaven und wurden in Havanna auf dem Sklavenmarkt verkauft. Ich kann lesen und schreiben und habe studiert und spreche sogar Deutsch. Und wir haben einem ganzen Volk das Lesen beigebracht.« Mercedes ist die Vertreterin der neuen Intelligenz, die stolz auf die Leistungen der Revolution ist.

Tatsächlich, wir Europäer können es uns nicht mehr vorstellen, wie es ist, wenn man nicht lesen kann. Die US-Amerikaner lösten das Problem in Kuba so, daß sie an Schalthebeln Bilder anbrachten. Die mündliche Betriebsanweisung lautete dann etwa so:

Stelle den schwarzen Hebel auf das Bild des Hahnes. Die Maschine wird dann anlaufen. Dann stelle den roten Hebel auf das Bild der Palme.

Natürlich konnten mit diesen Methoden die Kubaner nur zu den allereinfachsten Arbeiten eingesetzt werden. Die Alphabetisierung brachte auch Probleme. Das harmloseste war die Einstellung: Wir wollen alle Bücher haben, die es anderswo auch gibt. So lag dann in der Buchhandlung eine Übersetzung eines Lehrbuches für den Skisport. Schwieriger war die Einstellung aus der Kolonialzeit: Wer lesen kann, braucht nicht mit den Händen zu arbeiten.

Fünfzehn Jahre später war ich wieder in Kuba und sah die großen Schulen und die neuen Industrien. Die Arbeit von Mercedes hatte sich gelohnt.

Für die Eröffnung der Industrieausstellung hatten sich Kamerateams aus Kuba und der DDR angesagt. Wir überlegten, wie sie möglichst fotogen gestaltet werden könne. Schließlich kam uns der Einfall, unserem Botschafter nach seiner Rede eine Schweißerschürze umzuhängen und eine Elektrodenzange in die Hand zu geben. Mit der Zange sollte er einen Draht, der den Eingang versperrte, berühren. Dadurch sollte ein Stromkontakt geschlossen werden und der Draht unter Funkensprühen abschmelzen. Durch Versuche wurde die richtige Drahtlänge mit der entsprechenden Stromstärke abgestimmt. Die Fernsehleute erhielten eine

Nachricht, für diesen Gag Filme in ihren Kameras bereitzustellen. (Die elektronische Aufzeichnung war noch unbekannt.)

Am Eröffnungstag verlief anfangs alles planmäßig. Die verschiedenen Reden plätscherten vorbei. Zur Freude der Zuschauer wurde unser Botschafter mit Schürze, Schweißerschirm, Handschuhen und Zange versehen. Die Kameras surrten. Der Botschafter hielt die Zange an den Draht. Der begann zu glühen, dachte aber nicht daran zu schmelzen. Dafür dehnte er sich infolge der Erhitzung und senkte sich immer tiefer. Der Botschafter folgte mit der Zange und bückte sich mehr und mehr. Aber der Draht wurde noch länger, und der arme Botschafter mußte sich nun schon um 90° vorneigen, was für einen Diplomaten keine sehr würdige Stellung ist.

Ich gab dem Mann an der Schweißmaschine immer Zeichen, die Stromstärke zu erhöhen. Aber er war von den Verbeugungen unseres Diplomaten so angetan, daß er mich lange nicht bemerkte. Schließlich fing er doch einen Blick von mir auf und drehte den Stromstärkeregler weit auf. Der Botschafter fuhr erschrocken zurück, weil jetzt der Draht mit einem prächtigen Feuerwerk durchbrannte. Großer Beifall bei den Kubanern.

Anschließend wurde »der Schuldige gesucht«. Der Protokollchef hatte gemeint, die Pfosten, zwischen denen der Draht hing, stünden zu nahe beieinander, und hatte sie weiter auseinanderstellen lassen. Ein breiter Eingang wirkt ohne Frage repräsentativer. Nur richten sich die Naturgesetze nicht nach dem Protokoll der Diplomaten. Ein längerer Draht hat einen größeren elektrischen Widerstand und bedarf einer höheren Stromstärke, um durchzubrennen. An eine Änderung der Stromquellen hatte der Protokollchef aber nicht gedacht. Nachdem der Fehler auf der diplomatischen Ebene lag, gab es natürlich keinen Schuldigen mehr.

Nach der Ausstellung konnte ich mich der Zuckerindustrie widmen. Für meine Fahrten durch die ganze Insel stand mir ein riesiger amerikanischer Buick zur Verfügung. Überhaupt bestand damals der kubanische Wagenpark fast nur aus alten und uralten Straßenkreuzern von Buick, Ford und Chevrolet. Ein US-amerikanischer Radiokommentator soll prophezeit haben, das Castro-Regime würde zusammenbrechen, sobald die Autos alle kaputt und für die US-Kühlschränke die Garantiezeit abgelaufen wäre. Er hatte aber nicht damit gerechnet, was ein richtiger kubanischer Kraftfahrer alles mit seinem Wagen anstellt, damit er läuft.

José, unser Fahrer, sprach mit seinem Buick wie mit einem Pferd und überredete ihn immer wieder, weiterzurollen. Außerdem war José tiefschwarz und wußte, daß er sich vorteilhaft vom Silbergrau der Karosse abhob. Ferner besaß José noch ein besonderes Verhältnis zur Zeit. Nicht etwa, daß er im Zusammenhang mit seinem Wagen etwas auf morgen verschoben hätte. In dieser Beziehung war er absolut zuverlässig. José teilte seine Fahrzeit (und damit auch meine) nach den auf der Strecke liegenden Kaffeeausschanken ein.

Nehmen wir einmal an, José wäre für 8 Uhr bestellt. Erwartungsgemäß trifft er so gegen 9 Uhr ein. Dann repariert er schnell noch eine Kleinigkeit am Wagen, und um 9.15 Uhr fahren wir ab. Wir rollen durch die Innenstadt, unterqueren den Hafen in einem Tunnel, kommen hinter dem alten spanischen Kastell wieder an das Tageslicht und benutzen nun die Autobahn. Josés Tachometer zittert so um 20 Meilen herum, also 40 Kilometer je Stunde. Kurz vor 10 Uhr biegt der Wagen bei einer Raststätte ein. José erklärt, er leide an einem ungeheuren Durst, und so betreten wir dann die Kaffeebar. Betreten ist vielleicht nicht der ganz richtige Ausdruck, weil er an einen geschlossenen Raum erinnert. Unsere Bar befindet sich unter einem großen runden Palmwedel-Dach und besitzt nur an einer Seite, hinter dem Bartisch, eine Wand. Dieser Bartisch ist nun eine Sehenswürdigkeit. Er ist nicht steril mit Chromleisten und Sprelacartplatten wie in Europa, sondern massiv aus tropischen Edelhölzern. In einem Dreiviertelkreis bietet er Platz für 15 bis 20 durstige Gäste. Die Bedienung braucht nur wenige Schritte zu tun, um von ganz links nach ganz rechts überzuwechseln.

Wichtig für eine gute Bar ist bekanntlich die Fußleiste. Hier verläuft einige Zentimeter über dem Fußboden eine armdicke schwarze Holzleiste. Sie gestattet, einen Fuß darauf abzustellen. Der Barbesucher steht dann so, daß er entweder beide Arme auf die Tischplatte legen kann, oder daß er einen Ellenbogen darauf abstützt und den Kopf in die Hand legt. Das sind die Stellungen, in denen Männer »tiefsinnige« Gespräche über nichts führen können.

Eng aneinandergedrängt stehen und stützen sich 20 Gäste an der Theke. Einige Zuckerrohrschneider in durchgeschwitzten Leinenanzügen. Die langen Machetas baumeln am Riemen am Gürtel. Einige Gauchos, berittene Rinderhirten, in karierten Hemden und großen Hüten stehen zusammen. Ihre Pferde haben sie an einer Königspalme angehalftert. Eine Gruppe von Lastwagenfahrern tauscht Erfahrungen aus. Als wir uns nähern, verstummen die leisen Gespräche. Alle Augen sind auf den »Gringo« gerichtet, der durch Haut- und Haarfarbe sowie durch Kleidung gezeichnet ist. Ein alter dunkelhäutiger Zuckerrohrschneider macht sich zum Sprecher der Anwesenden.

»Yankee?«

José verneint entrüstet.

»No, cindadano aleman democrático.«

Unser Dolmetscher übersetzt leise und unauffällig mit.

»Ah«, sagt der Mann aus dem Zuckerrohr, »seitdem ich lesen kann, studiere ich ›El Mundo‹, und da steht über Republica Democratica Alemana nur Gutes.«

»El Mundo« ist eine zentrale Zeitung, und ich muß bei diesen Worten an Mercedes und ihre Tränen denken. Nun mischt sich ein Gaucho ins Gespräch.

»Liegt das hinter den USA?«

»Nein, nein«, wird er eifrig belehrt, »Republica Democratica Alemana liegt bei Spanien.«

Nun wissen alle genau, woher ich komme. Alle rücken noch mehr zusammen, und höflich werden uns Stehplätze an der Bar angeboten. Langsam plätschern die vorher unterbrochenen Gespräche weiter. Alle Augen (auch unsere) sind hoffnungsvoll auf die Kaffeemaschine gerichtet, die um 10 Uhr den belebenden Trank produzieren soll.

Der Ausdruck Maschine ist hier wirklich angebracht. Eine Propangasflamme brennt unter einem riesigen Kessel von der Größe eines Badeofens. Verschlungene Rohrleitungen führen zu kleineren Gefäßen, zu Druckmessern, deren Zeiger um einen roten Strich tanzen, und zu Überdruckventilen. Das ganze Monstrum ist hochglanzvernickelt und läßt tolle Erwartungen zu. Ein ganz dünnes Rohr führt von der Maschine weg zur Seite. Dort steht auf einer kleinen Plattform eine verbeulte graue Aluminium-Kaffeekanne, und in diese tröpfelt nun eine pechschwarze Flüssigkeit.

Eine kurze Überschlagsrechnung zeigt, daß eine Kanne für 20 Mann sehr wenig ist. Die Täßchen, die vor uns hingestellt werden, sind daher auch nur groß geratene Fingerhüte. Nun denkt der Mitteleuropäer, infolge der Kaffeeknappheit würde besonders sorgfältig eingeschenkt, damit kein Tropfen verlorengeht. Weit gefehlt! Mit großem Schwung werden die Tassen gefüllt, und bei jeder läuft eine kleine Pfütze auf den Tisch. (Untertassen gibt es nicht.) Jeder schlürft anderthalben Schluck, wirft eine Kupfermünze auf den Tisch und geht. Wir fahren mit José weiter, wobei das Tempo sich nach der Entfernung bis zur nächsten Kaffeebar richtet. Zwischendurch wird auch gearbeitet, und ich kann versichern, daß Arbeit in den Tropen hart und schwer ist. Meine Einweisung begann auf den Zuckerrohrfeldern.

Zuckerrohr ist eine zweijährige Pflanze. Im zweiten Jahr sieht ein Feld wie ein Schilfgebiet aus, nur sind die »Schilfstengel« armdick und bis zu drei Metern hoch. Wer einmal an einem Sommertag durch den Schilfrand einheimischer Seen ging, weiß, wie drückend warm es dort ist. Im Zuckerrohrfeld fehlt aber der feuchte Boden unseres Schilfes, und die Lufttemperatur liegt bei 30 °C.

Mit der Machete wird nun Stengel für Stengel abgehauen, entblättert und auf Carretas, zweirädrige Wagen, verladen. Diese Carretas bringen die Stengel zu Kleinbahnen, die die Zuckerrohrgebiete durchziehen (wir immer hinterher). Die Kleinbahn fährt in die Zuckerfabrik auf eine hohe Rampe. Dort werden die Wagen gekippt, und die Stengel rutschen unter riesige Walzen. Man wundert sich, wie aus dem trokken aussehenden Rohr nun Saft ausgepreßt wird. Die Rutsche und die großen Walzen sehen unheimlich aus. Es gibt daher auch mittelamerikanische Schriftsteller, die dieses Aussehen ausnutzen und ihre Helden oder Nebenhelden unter die Walzen kommen lassen. Das Rohr wird dann mit Wasser besprüht und unter weiteren Walzen völlig vom Zukkersaft befreit. Der Saft wird eingedickt und der Zucker abzentrifugiert. In diesem Produktionsprozeß tritt ein hoher Verschleiß auf, und daher errichteten die früheren Fabrikbesitzer Reparaturwerkstätten. So eine Werkstatt besteht aus einem Palmenwedel- oder Wellblechdach für empfindliche Maschinen und sonst aus viel Luft nach oben und allen Seiten.

Da vor der Revolution die meisten Arbeiter nicht lesen konnten, waren die Schweißmaschinen mit Bildern versehen. Die Schweißvorschrift lautete dann etwa: Stelle den schwarzen Hebel auf das Bild mit dem Affen, nimm eine Elektrode aus dem Kasten mit dem Elefanten.

Solche Methoden reichten aus, solange aus den USA der Nachschub an Ersatzteilen rollte. Nun, während der Blockade Kubas durch die USA, mußte man andere Lösungen finden. Der gewachsene Ausbildungsgrad der Arbeiter ließ das auch zu. Ich dachte eifrig über die Lösung dieses Problems nach.

Der erste Sonntag in Kuba kam heran, und wir wurden gefragt, was wir sehen möchten. Natürlich wollten wir baden.

»Jetzt im April? Das Wasser hat höchstens zweiundzwanzig Grad. Aber wir kennen ein schönes Hotel mit Swimmingpool.«

»Wir baden in der Ostsee bei vierzehn Grad.«

Unsere kubanischen Betreuer bekamen schon vom Zuhören eine Gänsehaut.

Am nächsten Sonntag fuhren wir an den Strand von Varadero. Am kilometerlangen Sandstrand saß einsam eine Familie. Es waren Spezialisten aus der ČSSR. Die Kubaner sahen mißtrauisch zu, als wir unsere Badehosen anzogen. Dann nahmen sie aus ihrem Gepäck knielange Bermudashorts und standen nun fröstelnd, die Arme vor der Brust, im kühlen Seewind (30 °C im Schatten). Als wir nun in die Brandung stürmten, erhob sich lautes Protestgeschrei. Ob wir wirklich baden wollten? Und wenn ja, nur zwei Stunden nach dem Essen, jedoch auch nicht mit leerem Magen. Wir sollten ein zweites Frühstück im Hotel einnehmen und dann, nach zwei Stunden, könne man ja vielleicht ins Wasser gehen. Natürlich waren wir nicht vom Baden abzuhalten. Darauf wurde einer unserer Begleiter eingeteilt, Leben und Gesundheit zu opfern und uns in den Ozean zu begleiten. Wir sind später immer heimlich an den Strand gefahren, um den Kubanern Gewissensbisse zu ersparen. Wir lernten auch das Tauchen an Korallenriffen, was zu meinen schönsten Erinnerungen gehört.

An einem Nachmittag nahm José uns mit zum Hahnenkampf. In einem abgelegenen Viertel Havannas betraten wir

eine Art Mini-Zirkus-Gebäude. Um eine kleine Manege gingen steil einige Sitzreihen empor, die von aufgeregten, schreienden und schwitzenden Männern belegt waren, d. h. niemand saß, alle standen. In der Manege zeigten zwei Männer ihre Kampfhähne herum, häßliche Geschöpfe, denen alle Federn, soweit sie beim Kampf hinderlich sind, ausgerupft waren. An den Füßen trugen die Tiere zentimeterlange Messer angeschnallt.

Auf den ersten Bankreihen standen die Buchmacher. Aus der gestikulierenden und schreienden Menschenmenge nahmen sie Wetten an. Banknoten wurden hinübergereicht und kurz notiert. Dann ließ man die beiden Hähne aufeinander los. Federn flogen, Blut floß, und die Wetten wurden immer schneller abgeschlossen. Schließlich gab ein Hahn auf und lief weg. Das Geschrei der Menge schwoll zum Orkan. Augen wurden gerollt, Haare gerauft, Arme wild gen Himmel gehoben. Andere saßen vernichtet auf ihren Sitzen und dachten über ihre Verluste nach. Die Buchmacher zahlten die Gewinne aus.

In der Arena streute ein Mann Sägespäne über die Blutlachen, und dann begann der nächste Kampf.

Unser nordisches Temperament reicht natürlich bei weitem nicht an die südliche Ekstase heran. Aber aufregend war das Ganze doch. Mit dem südlichen Temperament ist es überhaupt so eine Sache. Schlagartig gehen die Wogen der Erregung auf Hurrikanhöhe, aber innerhalb einer Sekunde kann auch alles wieder normal sein. Mir fiel dieses Extrem besonders beim Karneval auf. Tagelang hieß es: Wenn der Karneval kommt, dann sehen Sie das richtige Kuba. Wir dachten natürlich, die Stadt sei an dem Tag von Narren und Närrinnen überschwemmt. Doch alles verlief wie an jedem Tag (was bei 30 °C auch vernünftig ist). Erst gegen Mitternacht begann der Karnevalsumzug. Entlang den Straßen waren dazu Sitzreihen aufgebaut worden. Wir hatten Karten für die Hauptstraße in der Nähe des Capitols bekommen. Die Amerikaner schenkten Kuba einmal eine Nachbildung des Capitols in Washington. Die Kubaner mußten dafür Guantanamo als Flottenstützpunkt verpachten. So hatte jeder etwas, nur war dieses Etwas verschieden viel wert.

Wir saßen also in der Nähe des Capitols und harrten der karnevalistischen Dinge. Zuerst kam ein Trupp der motorisierten Polizei. Diese Polizisten stehen sonst an allen belebten Straßenecken mit ihren schweren amerikanischen Zwei-Zylinder-Motorrädern. Zu ihren Uniformen gehören außer einem weißen Sturzhelm prallsitzende weiße Reithosen. Die Hosen stecken in Lacklangschäftern, wie sie die schwere Kavallerie um 1900 trug. Das Besondere an diesen Stiefeln ist außer dem Lack noch der Knieschutz. Vorn reicht der Schaft zehn Zentimeter am Oberschenkel hoch, und hinten ist er bis zur Kniekehle ausgeschnitten. An diesen Stiefeln hängen pfundschwere Silbersporen mit talergroßen Spornrädern. So ein Verkehrspolizist stellt wirklich etwas vor.

Nach der Polizeieskorte folgten nun stundenlang Wagen mit Tänzerinnen oder mit allegorischen Bildern und immer wieder Kapellen, die aufreizende kubanische Melodien spielten. Jeder Wagen bestand aus drei Teilen. Dem Mittelstück, auf dem getanzt wurde, dem Vorderteil, einer verkleideten Zugmaschine, und dem Hinterteil, einem Schweißgerät mit Dieselmotor, das die Beleuchtung des Wagens sicherte.

Wir wußten nun wenigstens, warum die Kubaner immer an dieser Art von Schweißgeneratoren interessiert waren.

Je später die Nacht, desto weniger hatten die Tänzerinnen auf den Fahrzeugen an, und desto wilder sprangen sie im Sambaschritt umher. Sie schienen die Umwelt überhaupt nicht mehr wahrzunehmen.

Da ich nicht mehr sitzen mochte, drängte ich mich entlang der Straße durch die Menge in Richtung des Zuges. Hinter dem Capitol hörte die Zuschauertribüne auf. Schlagartig stellten die Tänzerinnen ihre Vorstellung ein, steckten sich eine Zigarette an und zogen Mäntel über. Die Musik spielte anstandshalber noch einige Takte, aber dann machte sie auch Schluß.

Ich habe im Laufe meiner Kubaaufenthalte aufgeregte Menschen immer weniger ernst genommen. Die Kubaner untereinander scheinen es auch nicht zu tun. Mitunter kann dieses Aufgeregtsein natürlich auch üble Folgen haben, vor allem, wenn der Betreffende eine Hieb- oder Schußwaffe besitzt, und das war 1966 öfters der Fall. Wir besuchten während der letzten Tage unseres Aufenthaltes eine Fabrik. Im Zimmer des Direktors hing die Fotografie eines Mannes. Am Bild war ein Trauerflor angebracht. Wir erfuhren auch die Geschichte, wie es zu dem Trauerflor kam. Der Direktor hatte bei einem Mitarbeiter dessen Arbeit beanstandet. Dieser antwortete nicht nur erregt, er hatte auch eine Pistole und beendete die Diskussion damit. Wir waren natürlich beeindruckt, ahnten aber nicht, daß die Erinnerung an dieses Bild wenige Tage später bei uns eine Rolle spielen würde.

Eine Woche vor Ende meines Kubaaufenthaltes mußte ich meine Vorschläge für die Verbesserung der Schweißarbeit in der Zuckerrohrindustrie vorlegen. Der Hauptinhalt war ein Ausbildungsprogramm. Es entwickelte sich dann das folgende Gespräch:

»Wir haben aus anderen Ländern auch Spezialisten zu diesem Thema hier gehabt. Alle schlugen sie eine Automatisierung der Fertigung vor. Nur Sie erwähnen die Schweißautomaten kaum und wünschen eine Ausbildung. Wie soll Kuba ein Industriestaat werden, wenn wir keine hochentwikkelten Automaten einführen und bauen?«

»Je höher die Automatisierung, desto höher muß der Ausbildungsstand sein. Also muß man erst ausbilden und dann Automaten einführen.«

Es folgte eine lange Beratung auf spanisch.

»Alle anderen Gruppen hatten bisher nur Mißerfolge. Vielleicht haben Sie recht. Wir wollen es mit der Ausbildung versuchen. Morgen früh stehen zwanzig Mann aus der Industrie zu Ihrer Verfügung vor dem Technischen Institut.«

Am nächsten Morgen standen immerhin zwölf Mann und eine Frau vor dem Institut. Die Frau war eine Russin, die nach Kuba geheiratet hatte. Die Männer waren Schweißer aus den Betrieben. Ihre Hautfarbe ging vom gelblichen Weiß bis zum dunkelsten Schwarz, und — was uns auffiel — einige trugen einen Colt am Gürtel.

Ich begrüßte sie und sagte: »Ziehen Sie Arbeitskleidung an, wir wollen dann anfangen.«

Verlegenes Schweigen. Dann machte sich einer zum Sprecher und erklärte, sie seien zur »educación« hierher geschickt, also um etwas zu lernen und nicht um zu schweißen. Wir sagten, daß die Handschweißung die Grundlage zu allem Weiteren sei und daß die Schweißungen qualitätsmäßig verbessert werden müßten und daß die educación sich nach Absprache mit der Regierung darauf bezöge. Das kubanische Temperament ging ziemlich hoch. Aber schließlich hängte sich doch jeder eine Lederschürze um und begann den Lichtbogen zu zünden.

Wie schon gesagt, die Qualifikation war nicht hoch, und die meisten Kursusteilnehmer gaben sich auch keine Mühe. Nach einer Stunde sammelten wir die Schweißproben ein und bewerteten sie. Das Ergebnis war niederschmetternd, und das sagten wir den Kursusteilnehmern auch. Daraufhin veranstalteten sie in einer Ecke eine erregte Betriebsversammlung. Schließlich hatten sie einen Beschluß gefaßt und kamen wieder zu mir. Unwillkürlich rückten sie dabei ihre Colts zurecht. Mir fiel das Bild mit dem Trauerflor ein. Aber was half es, wenn wir hier auch nur einen Schritt zurückwichen, würde der Lehrgang platzen.

»Compañero«, begann der Sprecher, »wir Kubaner sind ein stolzes Volk. Wenn wir Zeugnisse bekommen und es sind alles schlechte Noten, so ist das für uns beleidigend.«

Wir waren etwas überrascht, womit ein Volk beleidigt werden kann, und ich glaube, so ganz waren die Kubaner von ihrer Argumentation auch nicht überzeugt.

»Compañeros, wir Deutschen sind auch ein stolzes Volk. Nichts kann uns mehr beleidigen, als wenn wir einen Auftrag der Regierung durchführen und wenn Schweißer, die an sich gute Arbeit leisten könnten, durch Faulheit mit Absicht schlechte Noten machen. Die Noten werden hier an dieser Tafel mit den Namen öffentlich angeschlagen. Und jetzt geht ihr sofort an die Arbeit und schweißt ordentlich!«

Der Dolmetscher traf sehr genau Ton und Lautstärke meiner Worte. Meine Rede war wohl auch ohne Übersetzung durch die Handbewegung zu verstehen, mit der ich auf die Arbeitsplätze wies. Wortlos drehten sich unsere Schweißschüler um und begannen mit ihrer Arbeit. Der Lehrgang nahm dann einen sehr guten Verlauf, und es sind ihm später noch zahlreiche weitere – mit kubanischen Ausbildern – gefolgt.

Bei meinem nächsten Besuch in Kuba, zehn Jahre danach, sah ich, unsere Arbeit hatte sich gelohnt.

Zum Abschluß meines Aufenthaltes sollte im Technologischen Institut eine kleine Feier stattfinden. Die Reden waren voller südländischem Pathos. Man konnte annehmen, Kolumbus sei im Verhältnis zu mir ein unbedeutender Mann gewesen.

Als dieser Teil vorbei war, trat der Parteisekretär nochmals an das Rednerpult. Ich befürchtete schon eine weitere Rede. Aber er begann auf dem Holzpult einen Tanzrhythmus zu trommeln. Der Gewerkschaftssekretär eilte an einen Tisch und entlockte ihm dumpfe Begleittöne. Die Belegschaft, besonders der weibliche Teil, räumte blitzartig die Stühle zur Seite, und schon wirbelte es im Samba-, Rumba- und Calypsotakt durcheinander. Noch nie habe ich eine offizielle Feier mit einem so turbulenten Abschluß erlebt.

In Kuba lernte ich die Probleme kennen, die bei der Entkolonialisierung auftreten. Sie sind viel komplizierter, als wir in den Industriestaaten es uns vorstellen. Aber Mercedes und ihre Helfer haben es geschafft.

Das Kreuz des Südens

Ich hatte immer den Wunsch, bestimmte geographische Punkte oder Linien zu sehen oder zu überqueren. Die Erfahrung lehrte dann im Laufe der Jahre, daß außer dem subjektiven Gefühl, »dagewesen zu sein«, meistens nichts Besonderes an solchen Orten los ist.

Als ich zum ersten Mal den Polarkreis überquerte, erhielt ich zwar ein »Diplom von Neptun« aus der Schiffsdruckerei. Bedeutung hatte die Überquerung aber nur für die Schiffsbesatzung: sie erhält Polarzulage.

Das Nordkap ist zwar ein gewaltiger Anblick, doch ist es enttäuschend, wenn man erfährt, daß das Kap nicht der nördlichste Punkt Europas ist. Der liegt einige Seemeilen westlich, ist unscheinbar und trägt den schönen Namen Knivskjärodden.

Den nördlichen und südlichen Wendekreis überquerte ich ohne besondere Feierlichkeit, und den Äquator habe ich glatt verschlafen. Als Beweis kann ich nur eine Flugkarte nach Australien zeigen.

Um es vorwegzunehmen, mein Wunsch, das Sternbild Kreuz des Südens zu sehen, ging nicht in Erfüllung. Erst einmal ist der südliche Sternhimmel nicht so schön wie unser Nordhimmel. Während wir sofort den Wagen des Großen Bären oder das W der Kassiopeia erkennen, besteht das Kreuz aus einigen nahe beieinanderliegenden Sternen. Mir gelang es nicht, in Gedanken Verbindungslinien zwischen ihnen zu ziehen, um ein schiefes Kreuz zu erhalten.

Im Frühjahr 1975 flogen wir von Europa ab mit dem seltsamen Gefühl, in wenigen Stunden im herbstlichen Australien zu sein. Auf den Zwischenaufenthalten in Indien und in südostasiatischen Staaten schlug uns feuchtheiße Tropenluft entgegen und strapazierte unsere auf Frühlingsluft eingestellte Lunge. Daher versuchte jeder so schnell wie möglich in die klimatisierten Flughallen zu eilen.

In einer dieser Hallen (ich nenne den Ort mit Absicht nicht) saß ich nun erschöpft in einem Sessel und schaute dem bunten Treiben der Abfertigung zu. Alle möglichen Rassen, zum Teil in exotischer Kleidung, drängten sich vor den Tischen der Zollabfertigung. Kleine, drahtige Zöllner in Khaki-Uniformen und weißen Handschuhen fertigten die Reisenden ab. An einer Stelle gab es eine Stockung. Mit einem Chinesen schien es Schwierigkeiten zu geben. Wenn ich Chinese sage, so bedeutet es nicht, daß der Betreffende Bürger der Volksrepublik China ist. In Südost-Asien leben seit Jahrhunderten viele Millionen Menschen chinesischer Herkunft. Dieser Chinese war ein älterer Herr in alter Chinesentracht: langer schwarzer Rock, enge schwarze Hose, Stoffschuhe, ein Käppchen auf dem Kopf. Nur der Zopf war als Zugeständnis an die Neuzeit ab. Er stand vor dem Zöllner und schaute mit unbewegtem Gesicht ins Leere. Der Zöllner nahm mit spitzen Fingern in weißen Handschuhen Stück für Stück der Wäsche aus einem kleinen Koffer. Der Chinese bewegte keinen Gesichtsmuskel. Nun begann der Mann vom Zoll alle Nähte der Wäschestücke abzutasten. Anscheinend fand er nicht, was er suchte. Der Chinese starrte ins Leere. Aber er schien doch zu merken, daß ich interessiert zuschaute. Unsere Augen trafen sich, und es war mir, als ob sich in seinen Augenwinkeln ganz kleine Fältchen bewegten.

Der Zöllner zog nun sein Messer aus der Tasche. Damit schnitt er die Seife aus dem Waschzeug in dünne Scheiben. Dann trennte er die Nähte des Koffers mit dem Messer auf. Schließlich drückte er noch den Inhalt der Zahnpastatube auf ein Stück Zeitung. Der Chinese verzog keine Miene. Doch unsere Augen trafen sich wieder, und nun sah ich deutlich die Bewegung der Fältchen in den Augenwinkeln, so als ob jemand innerlich lacht.

Der Lautsprecher plärrte, die Transit-Reisenden nach Singapur würden aufgefordert, sich zum Flugzeug zu begeben. An der Tür wandte er sich nochmals um. Zwei Zöllner machten bei dem Chinesen eine Leibesvisitation. Er stand mit erhobenen Armen da und ließ sich abtasten. Sein Gesicht war absolut gleichgültig. Doch seine Augen verfolgten mich bis zur Tür.

Nachdem die Transitpassagiere ihre Plätze eingenommen hatten, strömten die Reisenden, die erst jetzt zusteigen wollten, herbei. Unter ihnen war mein Chinese. Mit einem leichten Kopfnicken nahm er auf dem freien Sessel neben mir Platz. Bald nach dem Start war rund um uns herum alles eingeschlafen. Ich hatte gelesen und wollte auch die Augen etwas schließen. Neben mir saß unbeweglich der Chinese und sah gleichgültig geradeaus. Als ich mein Buch fortlegte, drehte er den Kopf und sah mich an. Dann vollführte er mit der rechten Hand eine blitzschnelle Bewegung. Langsam öffnete er die Hand. Drei große Rubine lagen auf seiner Handfläche. Die Finger schlossen sich, eine schnelle Handbewegung, er öffnete die Hand, sie war leer. Mein Chinese drehte den Kopf wieder geradeaus und sah unbewegt zur Flugzeugdecke empor. Nur an den Augenwinkeln spielten einige kleine Fältchen. So saß er zwei Stunden, bis die Maschine wieder landete. Mit leichtem Kopfnicken verabschiedete er sich in Singapur und verschwand schnell in der Menge.

Ich weiß, es ist unmoralisch, für Schmuggler und ähnliche Leute Sympathie zu empfinden. Aber gefallen hat mir der Mann doch!

In Singapur sagte uns eine hübsche kleine Malayin in der Uniform der australischen Luftgesellschaft Quantas, unsere

Maschine würde erst gegen Abend, in fünf oder sechs Stunden, fliegen. Die Versuchung, in der kühlen Passagierhalle vor sich hinzudämmern, war groß. Aber wann würde ich je wieder nach Singapur kommen?

Ich überwand mich und trat vor das Flughafengebäude in die feuchtheiße Luft. Mit einem Taxifahrer verabredete ich eine Stadtrundfahrt und natürlich auch den Preis dafür. Wer das nicht macht, kann in fremden Ländern unangenehme Überraschungen erleben. Der Fahrer tat für das Geld sein Bestes. Wir fuhren durch die Villenviertel der Engländer und reichen Chinesen, zu Fuß durchquerten wir die weniger vornehmen Stadtteile der einzelnen Rassen. Bei den Indern besuchten wir einen Tempel, in dem die Mönche gerade eine Zeremonie ablaufen ließen. Die Hauptsache dabei waren eine riesige Trommel und mehrere kleine. Die große machte regelmäßig bum-bum. Die kleine rasselte wild, wenn irgendwelche Höhepunkte der Feierlichkeit stattfanden. Jedenfalls können die Gläubigen in diesem Tempel nicht einschlafen wie in einer christlichen Kirche, wenn der Pastor zu lange predigt.

Zum Sonnenuntergang fuhr unser Taxifahrer uns auf den höchsten Punkt der Insel. Wir genossen von dort oben den Blick übers Meer, die tropische Inselwelt und über den viertgrößten Hafen der Welt.

Singapur hat für mich in meiner täglichen Arbeit als Forscher noch die Bedeutung eines Beispiels, wohin einseitiges Denken führt.

Der ehemalige englische Premierminister Winston Churchill erzählt in seinen Kriegserinnerungen die folgende Geschichte: Wegen seiner Bedeutung als Flottenstützpunkt beschloß die englische Regierung, Singapur als Festung auszubauen. Die Admiralität schickte ihre Spezialisten in den Osten, Pläne wurden ausgearbeitet, Bunker gebaut und Geschütze aufgestellt. In England war man fest überzeugt, daß die Festung Singapur durch japanische Flottenverbände (die erwartete man) nicht zu nehmen sei. Aber die Japaner schickten keinen Flottenverband gegen die Festung. Sie landeten weit entfernt auf der malakischen Halbinsel und drangen durch den Urwald auf Singapur vor. Diesen Fall hatten die Spezialisten der englischen Admiralität nicht vorgesehen. Ein Flottenstützpunkt mußte nach ihrer Meinung unbedingt von einer Flotte von See her angegriffen werden. Die Geschütze der Festung konnten größtenteils nicht einmal in Richtung der Landfront schießen. Singapur wurde bekanntlich sehr schnell von den Japanern erobert. Das Beispiel hat mich tief beeindruckt, als ich es zum ersten Mal las.

Der Taxifahrer erzählte, hier auf diesem Hügel hätte früher die englische Flagge geweht. Sie wehte damals über 25 Prozent der Erdoberfläche. Im zweiten Weltkrieg und danach zerfiel das Weltreich in wenigen Jahren. Ich dachte, wie wenig Geist dazu gehört, um einen Punkt wie Singapur und ein Weltreich zu verlieren, und fuhr zum Flugplatz zurück. Dort wartete Quantas bereits mit einem Jumbo-Jet auf uns. Das Riesenflugzeug für 700 Passagiere war von knapp 100 Leuten besetzt. Der Drang, nach Australien zu fliegen, schien nicht besonders groß zu sein.

Der Reisende neben mir ist sehr mitteilsam. Während wir unseren Cocktail trinken und uns dann von der Stewardeß das Essen servieren lassen, erfahre ich allerhand über ihn und Australien.

Mister Gregory ist ein »old Aussi«, d. h. er ist in Australien geboren. Ob seine Vorfahren als Sträflinge aus England kamen oder als freie Einwanderer, läßt er offen. Immerhin fanden die letzten Deportationen noch 1867 statt. Mister Gregory ist auch stolz darauf (sagt er), ein ANZAG zu sein. ANZAG war ursprünglich die Abkürzung für die australisch-neuseeländische Armee, die im ersten Weltkrieg bei Gallipoli mit großen Verlusten kämpfte. Der Einsatz entsprang der

Idee Churchills, womit ich schon zum zweiten Mal an diesem Tag auf diesen Mann gestoßen bin, wenn auch jetzt im Zusammenhang mit dem ersten Weltkrieg.

Mister Gregory scheint mir aber für einen Weltkrieg-I-Kämpfer zu jung zu sein. Durch vorsichtiges Befragen komme ich dahinter, daß er mit ANZAG die Soldaten allgemein bezeichnet. Er hat in Afrika im zweiten Weltkrieg gekämpft. Mit Begeisterung pfeift er mir »Lili Marleen« vor.

Nun will Mister Gregory Genaueres über mein Reiseziel wissen. Daß ich nach Australien fliege, kränkt ihn tief. Er flöge ja auch nicht einfach nach Europa, sondern nach England oder Italien oder sonst einem Land. Genauso wäre mein Reiseziel nicht einfach der Erdteil Australien, sondern einer der sechs Bundesstaaten oder das Capital Territory mit der Hauptstadt Canberra. Beschämt bekenne ich meine Unwissenheit. Ich kann nur sagen, daß ich in Melbourne und Sydney Vorträge halten soll.

»Also reisen Sie in die Staaten Victoria und Neusüdwales«, stellt Mister Gregory fest.

Zum Glück kann ich in Melbourne eine Broschüre erwerben, die meiner europäischen Unwissenheit etwas abhilft. Natürlich wußte ich, daß Australien nur wenig kleiner als Europa ist und daß dieser Erdteil nur von 14 Millionen Menschen bewohnt ist. Aber welche Konsequenzen sich aus dieser Menschenarmut und aus der Geschichte der ehemaligen Kolonien ergaben, erfuhr ich erst im Laufe meines Aufenthaltes. Jedenfalls hatte ich durch Mister Gregory so viel gelernt, daß ich bei meinen Vorträgen immer den richtigen Bundesstaat nannte, was meine staatsbewußten Zuhörer mit tiefer Befriedigung erfüllte. Mit der Zeit merkte ich dann, daß die meisten Australier über Staatsfragen auch nicht so genau im Bilde sind. Manches ist auch wirklich kompliziert. Die australische Bundesverfassung beruht auf einem Gesetz des englischen Parlaments. Das Staatsoberhaupt ist die britische Krone, die durch einen Generalgouverneur vertreten wird. Aus der Broschüre entnahm ich weiter, daß 1908 die erste Labour-Regierung an die Macht kam, die 35-Stunden-Woche angestrebt wird und 80 Prozent der Bevölkerung in der Stadt wohnen.

Mister Gregory legte sich in seinen Sessel zurück und schlief ein.

Ich schaute mir noch einen Westernfilm an. Der Jumbo führt in einem Abteil ein Kino 10 000 Meter hoch durch die Luft. Dann schlief ich auch. Als die Morgensonne mich weckte, waren wir auf der südlichen Halbkugel. Zehn Kilometer unter uns glänzten die Wellblechdächer einer Siedlung. Es sei die Stadt Alice Springs, ziemlich genau in der Mitte Australiens, sagte die Stewardeß. Ich versuchte mir vorzustellen, wo die Mitte Europas liegt. Da Europa nur eine Halbinsel ist, die von Asien ausläuft, kann ich einen solchen Punkt schwer finden. Bei Australien ist es durch die Gestalt einfach. Der Erdteil ähnelt einem verbogenen Kreis mit einem Durchmesser von etwas über 4000 Kilometern in Ost-West-Richtung und 3200 Kilometern Durchmesser in Nord-Süd-Richtung. Wenn wir in der Mitte sind und nach Süden fliegen, so trennen uns noch 1500 Kilometer von Melbourne, unserem Ziel. Das sind weniger als zwei Flugstunden, rechne ich aus. Es bleibt gerade noch Zeit, um sich zu waschen und in Ruhe zu frühstücken. Die Australier haben neben vielen anderen Dingen auch die englische Sitte des ausgiebigen Frühstücks beibehalten. Die restliche Flugzeit reicht gerade dafür aus.

Einige Tage später lese ich in der Broschüre über Australien, daß es erst 100 Jahre her ist, daß der Kontinent zum ersten Mal in Nord-Süd-Richtung durchquert wurde. Auch heute gibt es praktisch nur die Möglichkeit, diese Strecke zu fliegen.

Melbourne ist eine Zwei-Millionen-Stadt. Im Zentrum ragen die Wolkenkratzer der Banken. Um diesen Kern erstreckt sich ein Bezirk endloser Straßen mit kleinen Läden. An der Straßenfront sieht man zwei- und dreistöckige Häuser mit Portalen, Säulen, Fenstern und vor allem riesigen Inschriften, daß Smith oder Brown hier Stoffe oder Kaffeegeschirr verkauft. Sieht man genauer hin, so entdeckt man, daß die prächtige Front nur eine Fassade aus Holz oder aus Ziegelstein ist. Dahinter steht ein flacher Schuppen, in dem Mister Smith oder Brown seine Waren anbietet. Hat man diesen Bezirk durchquert, so folgen 50 Kilometer Vorort, lauter Grundstücke von einigen Tausend Quadratmetern, mit einem Bungalow aus Klinkersteinen gemauert. Viel Rasen, Gummibäume und andere exotische Pflanzen und natürlich das Auto. Am Stadtrand kann man immer noch billig Land kaufen, erzählt man uns, aber in der Nähe des Stadtkerns sei der Boden sehr teuer.

Ich wohne etwa 30 Autominuten vom Mittelpunkt Melbournes entfernt, in einem Motel. Jeden Morgen stehen vor meiner Tür zwei Milchflaschen zu einem Liter. Sie sind im Zimmerpreis einbegriffen. Im Wohnzimmer finde ich im Schrank eine Büchse Tee, eine Dose Instantkaffee, Zucker und Trockensahne. Das hat nicht etwa mein Vorgänger vergessen, sondern das gehört zur Zimmereinrichtung. Dazu kommen Gläser, Teller und Tassen sowie ein elektrischer Kochtopf. Ich denke an unsere heimatlichen Hotelzimmer mit dem Schild, auf dem zu lesen ist, was alles verboten wird. Der elektrische Topf ist raffiniert und narrensicher gebaut. Es ist ein Keramikgefäß mit einem festangebrachten Plastdeckel. Dieser Deckel läßt sich nur öffnen, wenn man vorher den Netzstecker zieht. Die Einrichtung ist daher völlig brandsicher, und ich lerne wieder einmal ein Beispiel kennen, wie man ein Problem nicht durch Verbote, sondern durch Technik löst.

Der Kühlschrank im Zimmer ist voller Saft- und Wasserflaschen. Ein kleiner Zettel macht darauf aufmerksam, daß unten im Keller eine Waschmaschine nebst Trockenraum zu meiner Verfügung stünde. Täglich wird die Morgenzeitung durch die Türritze geschoben. Die Redaktion berichtet, daß jetzt die Technischen Tage der DDR (East-Germany) in Melbourne stattfinden.

Zu meinem Vortrag ist der Saal bis auf den letzten Platz gefüllt. Der Vorsitzende begrüßt uns. Ich denke: Komisch, wie der spricht, fast so, als wenn er vorher zwei Glas Sekt getrunken hätte. Dann bin ich schon mit meinem Vortrag dran. Die Zuhörer sind interessiert, und alles verläuft sehr gut. Nach der Diskussion gehe ich zum Vorsitzenden und bedanke mich bei ihm. Natürlich bin ich durchgeschwitzt und erschöpft.

»Wollen Sie eine Prise Koks?« fragt der Vorsitzende. »Sie fühlen sich sofort wie neugeboren. Ich nehme bei solchen Tagungen immer eine Prise.« Er hält mir eine Schachtel mit einem weißen Pulver hin. Ich danke höflich, ich sei kein Kokain gewohnt.

»Sie können es ruhig nehmen, es ist ganz rein«, drängt er mich. Als ich trotzdem nicht will, zuckt er die Achseln und schnupft eine Prise.

»Das ist eben der Vorteil eines freien Landes, daß man tun kann, was man will.«

Ich gebe sofort die Überlegenheit »of the free world« zu. Beschwingt verabschiedet sich der Vorsitzende von mir und eilt zu seinem Auto.

Bei Veranstaltungen dieser Art liegt eine Namensliste aus. Ich sehe mir die Anschriften der Besucher an. Erst einmal sagen sie mir nicht viel. Aber im Kongreßgebäude hängen Karten des Staates Victoria und des Landes Australien. Ich suche mir die Städte heraus, aus denen die Zuhörer kommen, und messe die Reiseentfernungen. Einige kommen aus Broken Hill. Die Broken-Hill-Companie ist ein großer Konzern. Broken Hill liegt 800 Kilometer von Melbourne entfernt. Eine

Werft in Brisbane schickte ihren Schweißingenieur. Er mußte 1500 Kilometer hin und die gleiche Strecke zurück reisen. Mir wird langsam immer klarer, was ein menschenleerer Kontinent für Probleme aufwirft.

Natürlich bedaure ich sehr, daß ich von einem so fernen Erdteil nur einige Städte und ihre Umgebung sehen kann. An die neuartige Pflanzenwelt habe ich mich nach wenigen Tagen gewöhnt. Auch daß die Vögel anders aussehen als unsere europäischen Spatzen, erscheint bald selbstverständlich. Erstaunt bin ich aber jedesmal, wenn ein »Aborigine«, ein Nachkomme der Ureinwohner, hinter einem Bankschalter oder Ladentisch steht.

In Australien veranstalten Banken Ausstellungen aller Art. Vielleicht sollen dadurch die Kunden aufgemuntert werden, mehr zu sparen oder mehr Kredit aufzunehmen. Jedenfalls finde ich es sehr praktisch, wenn Ausstellungen dort sind, wo die Menschen an Wochentagen hinkommen, und sie so ganz nebenbei besuchen können.

Natürlich gibt es in den Städten auch große Museen, die Stücke aus der Vergangenheit Australiens ausstellen. In Melbourne finde ich im Zoo sogar einen Komplex: Tiere Australiens.

Zuerst wundere ich mich, denn unsere Zoologischen Gärten kennen keine Ausstellung: Tiere der DDR. Aber dann fällt mir ein, daß Australien ein Kontinent ist. Außerdem ist die Tierwelt so ungewöhnlich, daß sie auch für einen »Aussi« sehenswert ist.

Von Melbourne flog ich 600 Kilometer über schneebedeckte Berge nach Sydney. Hier wohne ich ziemlich in der Nähe des Stadtzentrums in einem großen Hotel. Aber die Milch vor der Tür, die Zeitung, der Kochtopf und der Kaffee sind auch hier im Zimmerpreis einbegriffen.

Wenn ich vom Hotel zum Hafen mit der berühmten Brücke und der noch berühmteren Oper will, muß ich eine große Kreuzung überqueren. Neunundneunzigmal denkt man in Ländern mit Linksverkehr daran, vor Betreten der Fahrbahn nach rechts zu sehen, aber das hundertste Mal schaut man aus europäischer Gewohnheit nach links und marschiert los. Bei mir war der hundertste Fall dran! Etwa 50 Autos machen quietschend eine Schnellbremsung. Ziemlich erschrocken und schuldbewußt bleibe ich unmittelbar vor dem Kühler eines Straßenkreuzers stehen. Links von ihm und dahinter stauen sich sofort die Wagen. Ich erwarte, daß mein Vorrat an englischen Schimpfwörtern nun ungeheuer bereichert wird, denn nach deutscher Sitte habe ich Zurufe wie: Trottel, Dussel usw. zu erwarten oder zumindest das Zeigen des berühmten Vogels.

Nicht so in Australien! Die Fahrer in meiner Sichtweite lachen oder grinsen. Sie freuen sich, daß sie so gut reagierten und auf die Bremse traten. Mit Handbewegungen werde ich aufgefordert weiterzugehen, obwohl das den Verkehr noch länger aufhält. Kraftfahrer fahren in Australien zwar schnell, aber sie haben es nicht eilig. Nach dem Überqueren dieser Kreuzung (in den nächsten Tagen schaffe ich es wie ein alter »Aussi«) komme ich in den Victoria-Park. Er heißt nach der englischen Königin, deren Denkmal dort auch steht. Weiter finden wir im Park als Denkmal ein Stück vom Bug des deutschen kaiserlichen Kreuzers »Emden«, der 1914 von dem australischen Kreuzer »Sydney« versenkt wurde.

Und schließlich entdecken wir noch das Monument von James Cook. Kisch, der »rasende Reporter«, macht sich in seinem Buch über Australien darüber lustig, daß Cook überall Kapitän genannt wird, obwohl er bei der Landung in Australien nur den Dienstgrad eines Leutnants hatte. Aber »Leutnant Cook entdeckte Australien« hört sich nicht besonders feierlich an. Der erste Europäer, der Australien sah, war wahrscheinlich der Spanier de Torres im Jahre 1606. Der holländische Seefahrer Abel Tasman besuchte 1642 und

1644 schon größere Stücke des Kontinents. Der englische Leutnant Cook fuhr erst 1770 vom heutigen Sydney nordwärts, und seit 1802 kennt man den Küstenverlauf von ganz Australien. Der »Australien Day« wird ausgiebig am 26. Januar eines jeden Jahres gefeiert. Die wenigsten Australier wissen, daß an diesem Tag der erste Sträflingstransport bei Sydney landete. Wie man sieht, ist es mit Entdeckerruhm und Nationalfeiertagen mitunter eine komplizierte Sache.

Nahe dem Victoria-Park finde ich einen Laden, in dem Schatzgräberausrüstungen verkauft werden. Auch kann man für einige australische Dollar eine Schatzgräberlizenz für drei Tage oder einen Monat erwerben. Meine schon oft erwähnte Broschüre teilt mit, daß in Australien jährlich zwischen 30 und 50 Tonnen Gold gefunden werden. Halbedelsteine, vor allem Opale, werden in großen Mengen gefördert. Das Buch spricht weiter noch von Kohle, Kupfer, Wolfram, Mangan, Eisen und Zink. Doch mit so profanen Dingen möchte ich mich nicht befassen. Mir genügen Gold- und Edelsteine. Also betrete ich den Laden und lasse mich beraten, was man denn so braucht, um durch Goldgraben reich zu werden. Das Ergebnis ist ernüchternd. Hauptsächlich werden benötigt: eine Spitzhacke, um den harten Boden aufzulockern, eine große Schaufel, um die Erde wegzuschaufeln, und Plastikschüsseln, um das Gold aus der Erde herauszuwaschen. Ich überlege, wie lange man an einem Kubikmeter Erde hacken und schaufeln muß, um ein oder zwei Gramm Gold herauszuwaschen, und verzichte auf die Schatzgräberlaufbahn zugunsten der Großindustrie.

Auf dem Ladentisch steht eine große Schüssel mit Achaten. Es sind Stücke, die beim Anschleifen Fehler aufwiesen. Ein Schild bietet das Stück für einen halben Dollar an. Als Erinnerung an meine Goldsucherträume nehme ich einen Achat mit, bei dem der Fehler so aussieht, als wenn er gewollt wäre. Als weitere Erinnerung an Australien möchte ich einen

Opal mitnehmen. Es gibt in der Welt verschiedene Opalsorten. Die australischen zeichnen sich durch ein besonders lebhaftes Farbenspiel aus.

Ein australischer Bekannter geht mit mir in das Stadtviertel, in dem die Opalhändler wohnen. Schaufenster reiht sich an Schaufenster, alle gefüllt mit Opalen, die in allen Farben spielen. Zwischen den einzelnen Straßen verlaufen Quergänge, in denen die kleineren Händler ihre Ware ausstellen. Aber weit und breit schien ich der einzige Kaufwillige zu sein. Die Straßen sind kaum belebt, und die Passanten interessieren sich nicht für die Schmucksteine.

Der Opalhandel liegt in der Hand indischer Händler. Als wir den großen Laden betreten, stehen sofort einige bräunliche Verkäufer mit schwarzen, öligen Haaren für uns bereit. Im Hintergrund versammelt sich der Rest der Familie, Frauen in bunten Saris, mit Perlen in den Nasenflügeln und einem blutroten Punkt auf der Stirn.

Der Chefverkäufer, wahrscheinlich das Familienoberhaupt, versucht, uns einen möglichst teuren Stein aufzudrängen. Er wird eifrig unterstützt durch drei Gehilfen, die immer neue Opale auf ein schwarzes Samttuch legen. Ich würde gerne schwach werden und dem Rat des Verkäufers folgen: »Einmalige Gelegenheit, einmalig schön, einmalig billig, kaufen Sie.« Doch niemand kann mehr Geld ausgeben, als er besitzt. Das Reisekostenrecht sorgt dafür, daß ich nicht den größten Opal des Ladens kaufe, auch nicht einen der gehobenen Mittelklasse, sondern einen hübschen kleinen. Sichtliche Freude bei der indischen Familie. Ein kleines Geschäft ist immer besser als kein Geschäft. Der Chefverkäufer will gerade einen Kassenzettel ausschreiben, als sich mein Begleiter einmischt. »Wieviel Preisnachlaß geben Sie, wenn wir bar bezahlen?« Familienrat in hindustanischer Sprache. Wenn ich bar zahle, fällt der Zinsverlust fort, den der Verkäufer hat, wenn der Käufer (wie meist üblich) mit einer Kreditkarte zahlt.

Fünf Prozent Ermäßigung werden angeboten und angenommen. Die Familie begleitet uns achtungsvoll bis zur Ladentür. Ich werde gebeten, falls ich je wieder einen Opal kaufe, ihn nur hier zu erstehen, was ich auch fest verspreche.

Wenn man in angelsächsischen Ländern ist, läßt es sich nicht vermeiden, zu einer Party eingeladen zu werden. Die Einladung lautet in der Regel, daß um 18 Uhr eine Cocktail-Party zu Ehren von irgend jemand stattfindet, und der Veranstalter würde sich freuen, wenn man käme.

In England und den USA habe ich, wenn es nicht zu umgehen war, solche Veranstaltungen gut überstanden. Das Glas mit Tomatensaft und Gin half dabei. Ich weiß nun nicht, ob das in Australien immer so ist oder ob es auf meinen Parties etwas Besonderes war, ich meine die Damen, die für Kontakte sorgen.

Man hat die ersten Gespräche mit den Leuten, mit denen man sprechen wollte, hinter sich und zieht sich in eine Zimmerecke zurück, um in Ruhe einen Schluck zu trinken. Schon kommt eine dieser Frauen angestürzt: »Oh, Doktor Gilde kennen Minister (oder Bankdirektor oder einfach Mister) Sowieso?« Ich wundere mich, daß die Dame mich kennt, und den Minister kenne ich nicht. Schon schleppt sie mich in die Saalmitte, wo ein Gentleman steht und gerade jemanden mit dem Wunsch verabschiedet, er hoffe ihn wiederzusehen.

»George (oder William oder Fred), darf ich dir Doktor Gilde vorstellen?«

»Doktor, das ist . . .«, und dann folgt der Nachname von George.

Der Minister (oder Bankdirektor oder einfach Mister) fragt, wie es mir ginge. Diese Frage darf nur mit der Gegenfrage beantwortet werden, wie es ihm geht, niemals aber mit gut oder schlecht. Nachdem wir so die üblichen Begrüßungsfragen austauschten, stellen wir fest, wie das Wetter heute ist, wie es gestern war und wie es morgen sein wird. Dann kommt eine von diesen Frauen mit einem neuen Partyteilnehmer angesegelt. Wir verabschieden uns mit dem Ausdruck der Hoffnung, uns bald wiederzusehen. Beim Fortgehen höre ich noch: »George, darf ich dir . . .« usw.

Ich verkrieche mich in der äußersten Zimmerecke. Vergebens. Schon kommt wieder eine dieser kontaktknüpfenden Frauen (wenn sie wenigstens hübsch wäre!) und zerrt mich zu einem Mann, den ich einfach kennenlernen muß.

Schließlich finde ich für dieses Problem eine einfache Lösung. Immer wenn ich angesprochen werde, antworte ich: »O ja, ich habe mich gerade mit ihm unterhalten.« Die Kontakt-Dame sagt dann sehr erstaunt: »Oh, wirklich?«, und wundert sich, daß etwas ihrer Aufmerksamkeit entgangen war. Aber ich habe meine Ruhe.

Dieses Untereinander-Bekanntmachen scheint aus der Pionierzeit Australiens zu stammen. Man brauchte oft Hilfe, und je mehr Leute man kannte, desto wahrscheinlicher war es, daß einem geholfen wurde. Ich benötigte auch Beziehungen, weil ich in Australien segeln wollte. Über einige Georges, Bills und Bobs und mit leichter Hilfe unserer Botschaft knüpfte ich Verbindungen zu einem der vielen Segelklubs. Die Auswahl ist sehr groß, aber ich dachte, das Beste sei für mich gerade gut genug, und wollte »The Royal Sydney Yacht Squadron« von 1862 besuchen. Schließlich ist dort der General-Gouverneur von Australien Vorsitzender, und zur Hundertjahrfeier 1962 hatte Prinz Philipp, der Mann der englischen Königin, die Schirmherrschaft.

Wer segeln will, besitzt zuerst einmal Segelschuhe und, wenn er in einem Club standesgemäß auftreten will, eine helle Yachthose. Also ging ich zu Myer's, dem größten Kaufhaus der südlichen Erdhälfte, wie die Reklame sagt. Da ich ziemlich lang geraten bin, lebe ich auch »auf großem Fuß«. Die Schuhindustrie der DDR nimmt auf diese Tatsache nur sehr selten Rücksicht. Doch auch im größten Kaufhaus der südlichen Hemisphäre sagt der Verkäufer auf meine Wünsche nur, was übersetzt: »Ham'n wir nich!« heißt. Erst nach langem Suchen finde ich ein Geschäft, das mir ein Paar passende Turnschuhe verkauft. Die Seglerhosen finde ich aber bei Myer's. Sie sind weit, wie der große Pazifik. Aber ich sehe ein, was auf der Nordhalbkugel modern ist, braucht auf der Südhalbkugel nicht modern zu sein. Es spricht aber alles dafür, daß in Kürze auch bei uns weit wieder »in« sein wird.

Beim Royal Sydney Yacht Squadron empfängt mich das Vorstandsmitglied J. A. L. Shaw, Hon. Handicapper (so steht auf seiner Visitenkarte). Ich übersetze im Geiste Hon. Handicapper mit Chefvermesser und hoffe, daß das richtig ist. Mister Shaw sieht aus, wie ein Gentleman mit drei Vornamen in einem königlichen Yachtklub auszusehen hat. Jedes Haar sitzt parallel zu seinem Scheitel, der Kragen reicht fast bis zu den Ohrläppchen, dazu blaue Clubjacke, helle Hose. Aber er ist sehr freundlich zu dem Gast aus einem fernen Land.

Im Klubgebäude ist die Einrichtung im old english fashion style, wie Mister Shaw erklärt. Seit 1862 werden die Bilder und Modelle siegreicher Yachten in den Räumen ausgestellt. Mister Shaw erläutert ausführlich, wer wen 1907 schlug. Hier ist eine lückenlose hundertjährige Tradition.

Durch den Park des Klubs gelangt man an die herrliche Bucht von Sydney. Mister Shaw zeigt mir die Boote des Klubs und übergibt mir eine Liste aller Mitglieder. Sie, die Liste, läßt keinen Zweifel mehr aufkommen, ich bewege mich in first-class-Kreisen. Nun wird Mister Shaw etwas verlegen. Ich habe die »Gretel« entdeckt, die dort ankert. »Gretel« wurde gebaut, um den America-Pokal zu gewinnen. Dieser Pokal gilt als die kostbarste Seglertrophäe der Welt. Er befindet sich in US-amerikanischem Besitz, und bisher ist es noch keiner anderen Nation gelungen, diesen Pokal zu erringen. Die Australier versuchten es in den sechziger Jahren mit »Gretel«, aber ohne Erfolg. Nun ist es an sich weiter nicht tragisch, wenn man einen sportlichen Wettkampf verliert. Doch so ein Schiff wie die »Gretel« kostet in der Herstellung, dem Training und dem Transport in den USA etwa 12 Millionen Mark. Genutzt, also im Rennen eingesetzt, wird so ein Boot sechs Tage (also pro Tag zwei Millionen). »Gretel« verlor und schwimmt nun als ein teures Denkmal vorm Klub. (1983 übrigens gewannen die Australier doch noch den America-Pokal.)

Trotz Bootsschuhen, Seglerhose und Verabredung mit Mister Shaw wurde aus meinen Seglerplänen nichts. Es erschien ein Mitglied unserer diplomatischen Vertretung bei mir und teilte mir mit, daß ich davon Abstand nehmen solle. Es sei zu gefährlich, unter anderem wegen der Haifische, falls ich über Bord fiele. Mit Mister Shaw einigte ich mich daher auf eine Motorbootfahrt. Wenn ich dabei über Bord fiel und ein Hai mich fraß, so hatte ich kein Verbot übertreten, denn das bezog sich nur auf Segeln.

Die Bucht mit dem Hafen von Sydney gilt als eine der schönsten der Welt. Durch eine verhältnismäßig enge Einfahrt gelangen die Schiffe in eine riesige Bucht, deren Ufer das Wasser gegen Stürme aus allen Richtungen schützen. Die Brücke und der muschelförmige Bau der Oper vor den Wolkenkratzern von Sydney sind die beherrschenden technischen Bauwerke. Wer keine Häuser oder Stahlkonstruktionen sehen will, rudert, segelt oder motort in eine der unzähligen kleinen Buchten, die vom Hauptgewässer abzweigen. Sofort ist er in tiefster australischer Wildnis.

Im eigentlichen Hafen herrscht tiefe Stille. Es wurde gestreikt. Wenn ich die Erklärungen von Mister Shaw und die Notizen der Zeitungen richtig verstanden habe, wollten die Hafenarbeiter weder mehr Geld noch mehr Urlaub. Sie streikten, weil sie sich mit den Hafenbehörden nicht einigen konnten, welche Gewerkschaft für den Containerverkehr zuständig ist. In Australien gibt es nach englischem Vorbild viele Einzelgewerkschaften. Die Dockarbeiter, die in einem Schiff be- oder entladen, sind in einer Gewerkschaft. Die Arbeiter, die die Ware auf dem Kai in Empfang nehmen, gehören zu einer anderen. Alles war jahrelang geordnet, bis eines Tages ein Containerschiff am Kai festmachte. Ist ein Container einfach eine Kiste? Oder ist ein Container Teil eines Lastwagens? Welche Konsequenz hat es für die Arbeitseinteilung der Dockarbeiter, wenn die Container vom Benutzer selbst beladen und mit dem LKW ins Schiff gefahren werden? Solche und andere Fragen waren in der Abgrenzung zwischen den Gewerkschaften nicht festgelegt. Nun hätte man, bis zur endgültigen Regelung, die Container irgendwie verladen können. Aber das englische Recht lebt von Präzedenzfällen. Daher wurden die Containerschiffe bestreikt, und weil es noch einige andere offene Fragen gab, streikten auch die Docker, die normale Schiffe beladen sollten.

Nachdem ich bei der Motorbootfahrt nicht über Bord gefallen war, fuhr ich zum Meeresaquarium, um mir einen Haifisch anzusehen. Hinter einer dicken Glaswand schwamm einer immer rund ums Aquarium. Er machte einen ausgesprochen traurigen Eindruck. Das ist verständlich, denn ein gefangener Hai frißt nicht, sondern verhungert langsam. Daß er nicht frißt, stand auf einer Tafel am Aquarium, und das mit dem Verhungern habe ich daraus gefolgert. Vom Aquarium ist es nicht weit bis zum Strand am Ozean. Ganz am Horizont brachen sich die Wellen, türmten sich im flacher werdenden Wasser immer höher und donnerten gegen den Strand. Ein letztes Überschlagen des Wellenkammes, und harmlos verläuft sich der vorher so mächtige Brecher am Sandstrand. Am Strand standen einige Hundert Menschen mit Surfbrettern. Wellenreiten ist eine der Nationalsportarten neben Segeln und Pferderennen. Das Surfbrett wird ins flache Wasser geschoben, und nun beginnt der Kampf mit der Brandung. Dem Anfänger wirft die erste kleine Welle das Brett gegen den Kopf. Der Könner nutzt den Sog des zurücklaufenden Wassers aus und schafft es, bis zur Sandbank weit draußen hinauszuschwimmen. Dort wartet er, bis ein schöner großer Brecher kommt. Die Wasserwand wächst auf drei oder vier Meter und hebt den Schwimmer mit empor. Nun ist er unmittelbar vor dem Wellenkamm, der sich rauschend bricht. Blitzschnell stellt sich der Surfer auf sein Brett und fährt nun den Wellenkamm bergab. Das Kunststück besteht darin, die Wellenfront etwas schräg anzusteuern. Dabei soll das Brett so schnell bergab gleiten, wie die Welle wandert, d. h. der Surfer steht immer auf der gleichen Stelle des Wellenkammes. Wer es kann, rauscht so mit D-Zug-Geschwindigkeit an den Strand. Wer es nicht so gut kann, überschlägt sich nach einigen Metern.

Am Strand sitzen auf Türmen Wächter und versuchen, durchs Fernglas zu erkennen, ob jemand ertrinkt oder ob sich die dreieckige Rückenflosse eines Haies nähert. Für je-

den Strandabschnitt gibt es Rettungsschwimmervereine, die diese freiwilligen Wächter stellen. Mitglied eines solchen Vereines zu sein gilt als hohe soziale Auszeichnung.

Wenn ich die Surfer weit draußen sehe, stelle ich mir einen Badestrand bei uns an der Ostsee vor. Die Wellen sind drei- bis fünfmal so hoch wie die, bei denen in Warnemünde und Zinnowitz schon der Sturmball mit Badeverbot gehißt wird. Kein australischer Strandwächter brüllt durch das Megaphon: »Der Schwimmer an der Begrenzungsboje soll sofort zurückkehren. Es ist verboten, die Bojen zu berühren!« Fürsorge ist etwas Schönes, man muß sich nur rechtzeitig über ihre Grenzen einigen.

Nach meinem Vortrag in Sydney erhalte ich eine Einladung zur Hochschule nach Newcastle für einen Vortrag. Professor Oates holt mich vom Bahnhof ab. Ich bin die 200 Kilometer mit dem Zug gefahren, um möglichst viel von der Küstenlandschaft zu sehen. Der Bahnhof liegt direkt am Hafen. Ich bitte Professor Oates, mich zur Mole zu fahren. Ich möchte den Leuchtturm Nobby Head vor der Hafeneinfahrt sehen.

Professor Oates fragt, woher ich diese Spezialität von Newcastle kenne. Ich erzähle ihm, daß vor dem ersten Weltkrieg die Segelschiffe aus Deutschland Stückgut nach Sydney brachten. Dann fuhren sie nach Newcastle. Von dort fuhren sie mit Steinkohle nach Chile. In Chile luden sie Salpeter für Deutschland. Der Leuchtturm Nobby war das letzte Stück Land, das sie vor der stürmischen und gefährlichen Reise nach Südamerika sahen. Aus Berichten von Seefahrern in meiner Familie kannte ich Newcastle und den Leuchtturm.

Die Hochschule in Newcastle war neu gegründet. Ihre Institute liegen bungalowartig in einem Waldgelände verstreut. Eigentlich war es dort viel zu schön, um zu arbeiten.

Abends gehen wir gemeinsam in der Stadt zum Essen. Ich hatte vorgeschlagen, ein volkstümliches Lokal zu besuchen. So gingen wir ins Gewerkschaftshaus am Hafen. Es war eine Art Klub. In einigen Räumen spielten Männer Karten. Ihre Frauen saßen zusammen und strickten oder häkelten. Ein großer Saal stand voller »einarmiger Banditen« (wie Professor Oates sagte). Das sind Spielautomaten, in die man ein Geldstück wirft. Dann betätigt der Spieler einen Hebel (den Arm). Dadurch wird ein Räderwerk in Bewegung gesetzt, das drei Scheiben mit Zahlen antreibt. Wenn alle drei Zahlen beim Stehenbleiben der Scheiben gleich sind, spuckt der Automat ein Vielfaches des Einsatzes aus. Man kann leicht ausrechnen, daß die drei Zahlenscheiben von 000 bis 999 anzeigen können (also 1000 Möglichkeiten), aber nur jede hundertste Zahl ist eine »Schnapszahl«, z. B. 111. Der Ausdruck Bandit ist für den Automaten noch geschmeichelt. Trotzdem standen über 100 Menschen davor und ließen den Arm des Spielgerätes auf- und abschnellen. Weit über die Hälfte waren übrigens Frauen. Mitunter gewann eine ein paar Münzen. Dann drängte sich die andere, um an den »erfolgreichen« Automaten zu kommen. Logik scheint nicht die starke Seite der Frauen von Newcastle zu sein.

Ich fragte Professor Oates, ob ein Gewerkschaftshaus unbedingt einen Spielsalon haben müsse. Er meinte ja, sonst würden die Leute nicht ins Gewerkschaftshaus gehen, sondern in eine private Spielhölle. Spielen würden sie auf jeden Fall.

Am nächsten Morgen hatte Professor Oates Sorgen. Es war der Reisestelle der Hochschule nicht geglückt, einen Platz in der Maschine nach Sydney für mich zu bekommen.

»Würde es Ihnen etwas ausmachen, wenn Sie mit einer kleinen Maschine der Hochschule fliegen?« Es machte mir nichts aus. So bestieg ich eine viersitzige Maschine und flog in 1000 Meter Höhe nach Sydney zurück. Die australische Landschaft unter mir zeigte sich von der herrlichsten Seite. 9000 Meter über uns donnerten die Düsenmaschinen mit 900 Kilometer Stundengeschwindigkeit. Ihre Passagiere sahen die Erde unter sich nur winzig klein. Wir flogen schön langsam, wie in alten Zeiten, und konnten jedes Känguruh erkennen.

Australien ist ein Erdteil ohne Landesgrenzen. Viele europäische Probleme sind daher den meisten Australiern unverständlich. Australien ist Mitglied des englischen Commonwealth. Daher sind für den reisenden Australier etwa 20 Prozent der Erde »Inland«. Schließlich kommt noch das einigende Band der englischen Sprache hinzu, das auch noch die USA mit umfaßt. All das gibt dem Australier das Gefühl der Weite und schließt ihn für alles Neue auf. Natürlich haben die Australier auch ihre wirtschaftlichen Sorgen. Aber sie tragen sie mit einer gewissen Gelassenheit. Dazu trägt einmal der Reichtum des Landes an Bodenschätzen bei und vielleicht auch das nördliche Klima (was unserem südlichen Klima entspricht). Viel Sonnenschein macht die Menschen leichtlebiger.

Auf der Heimreise flogen wir mit einer thailändischen Maschine. Der Werbeslogan dieser Linie lautet: Smoothy like silk. Dieses: »Schmeichelnd wie Seide« soll sich anscheinend auf die Stewardessen beziehen. Nun sind Süd-Ost-Asia-

tinnen für unsere Begriffe oft sehr hübsch, und die Damen der Fluggesellschaft waren sicher mit bestem Geschmack ausgesucht. Doch bei einem Flug über 7000 Kilometer nützt eine hübsche Stewardeß nicht sehr viel. Wichtiger sind bequeme Sitze und ein gutes Essen. Die thailändische Küche ist aber für Menschen von 1,50 m Größe berechnet. Ich überquerte den Äquator daher mit hungrigem Magen.

In Singapur stiegen wir in eine europäische Maschine um. Sie war kaum besetzt. Als ich den Chefsteward darauf ansprach, meinte er, ich würde mich noch wundern, wenn wir in Kuala Lumpur zwischenlandeten. In Kuala Lumpur wurden wir aufgefordert, unsere Plätze nicht zu verlassen. Durch die geöffneten Türen drang feuchtwarme Tropenluft in die Kabinen. Uns stand der Schweiß auf der Stirn, und die Hemden klebten am Körper. Von draußen ertönte lautes Geschrei. Sehen konnte ich nichts, weil ich nicht auf der Seite saß, an der die Tür angebracht ist. Der Chefsteward und seine Stewardessen standen an der Tür und bemühten sich, irgend etwas zu regeln. Doch dann wurden sie zur Seite geschoben. Herein strömte schreiend eine Schar Inder. Aus irgendwelchen Gründen prügelten sie sich untereinander. Turbane wirbelten durch die Luft. Hemden rissen entzwei. Menschen stürzten im Kabinengang, andere stolperten über die Liegenden hinweg. Einem Mann gelang es, den Sitz neben mir zu erobern. Befriedigt kreuzte er die nackten Beine zum Schneidersitz. Er hätte bedenken sollen, daß man in dieser Stellung vielleicht gut meditieren kann, jedoch sehr wacklig sitzt. Zwei seiner Mitreisenden zogen ihn mit Schwung in den Gang. Anschließend balgten sie sich um den freien Platz. Nun kamen auch noch einbeinige Krüppel. Sie droschen mit ihrer Krücke auf ihre Umgebung ein. Weil sie dabei nur auf einem Bein standen, wurden sie natürlich umgeschubst.

Anfangs stand die Flugzeugbesatzung hilflos in einer Ecke zusammengedrängt. Nun waren alle Inder (ich nehme an, daß es ein indischer Volksstamm war, sie stiegen in Neu-Delhi aus) im Flugzeug und mit dem Kampf um die Sitze voll ausgelastet. Man muß sich alles bei über 35 °C und 99% Luftfeuchtigkeit vorstellen. Dazu kam nun, daß die neuen Mitreisenden sich, dem Geruch nach, einige Zeit nicht gewaschen hatten. Man sagte uns später, es seien Pilger einer Sekte. Der Flugkapitän und seine Offiziere begannen mit ihren Fäusten Ordnung zu schaffen. Jeder Pilger erhielt einen Platz. Dort konnte er die Beine hochziehen und sich um seine blauen Flecken kümmern. Wir Europäer wurden in das Abteil I. Klasse geholt, und der Flug ging weiter heimwärts.

Ich werde Millionär

Die schwere Düsenmaschine von Interflug wurde über den Alpen kräftig von Böen geschüttelt. Das Schild: »Bitte anschnallen« leuchtete auf. Für die Turbulenzen sind die 100 Tonnen unseres Flugzeuges nur ein Spielzeug. Doch bei 900 Kilometer in der Stunde kann der Pilot uns in wenigen Minuten aus der unruhigen Luftströmung hinausbringen. Die Zeiten, in denen die Propellermaschinen sich mühsam den Weg durch eine Gewitterfront bahnten und das Material und die menschlichen Mägen hoch beansprucht wurden, sind lange vorbei.

Sanft setzte unsere Maschine auf dem Flugplatz Leonardo da Vinci auf. Dann rollte sie endlos hinter dem winzigen Führungswagen her. Wir erhielten gleich den richtigen Eindruck von der Ausdehnung dieses Flugplatzes. Endlich erreichten wir das Abfertigungsgebäude, einen Mammutbau aus Aluminium, Glas und Marmor. Dort begann die übliche Warterei auf die Koffer. Die Gepäckentladung und der Transport zum Zoll sind international noch ein ungelöstes Problem. Die Italiener haben wenigstens um jedes der vielen Transportbänder herum Sitzplätze in ausreichender Zahl aufgestellt, etwas, woran viele Flugplatzarchitekten nicht denken.

Während der Autofahrt vom Flugplatz nach Rom hatten wir Gelegenheit, uns an einige Besonderheiten des italienischen Verkehrs zu gewöhnen. Die Nadel des Tachometers pendelt zwischen 150 bis 160. Vor uns ist beängstigend nahe das Heck eines Wagens. Neben uns ziehen die Fahrer vorbei, denen wir zu langsam sind. In der eigentlichen Stadt wird zwar das Tempo verlangsamt, dafür fuhren wir in Dreier- und Viererreihen, und jeder wechselt blitzartig die Spur, wenn er neben sich ein freies Loch in der Autoschlange sieht. Neben einigen staatlichen Verkehrsregeln gilt vorzugsweise das Recht des Stärkeren. Dort, wo selbst die Wagen mit 200 PS unter der Haube nur im Schrittempo weiterkommen, schlängeln sich die Motorroller und Mofas noch durch. Die kleinen schnittigen Motorfahrräder sind größtenteils von Jugendlichen besetzt. Zwar hat das Fahrzeug nur einen Sattel, doch »er« hockt auf der vordersten Sattelspitze, und »sie« findet Platz auf dem Sattelende. Es geht in Italien alles, man muß nur wollen, das lernten wir an solchen Beispielen.

Von einem Auto aus ist die Dichte des Verkehrs und die Fahrweise beeindruckend, sobald man Fußgänger ist, wirkt sie anfangs beängstigend. An den Kreuzungen leuchtet rot die Inschrift »Alt«. Der Schwarm der Fußgänger sammelt sich. Man fragt unwillkürlich, wo bei so vielen Kraftfahrern noch so viele Fußgänger herkommen. Es scheint damit zusammenzuhängen, daß die Zentren der italienischen Städte nicht nur aus Bankhäusern und Geschäften bestehen, sondern auch bewohnt werden.

Nun leuchtet grün »Avanti« auf. Im Vertrauen auf die Bremsen der heranrasenden Kraftwagen stürmt man vorwärts und erreicht die andere Straßenseite.

Der Mensch gewöhnt sich an alles. Nach einigen Tagen findet man es ganz selbstverständlich, wenn der Verkehrspolizist durch Zeichen und Pfeifensignale die Kraftfahrer auffordert, noch schneller zu fahren, wenn es die Obrigkeit nicht stört, wenn zwei Personen auf einem Mofa hocken, oder wenn ein Radfahrer in einer Einbahnstraße gegen die Verkehrsrichtung fährt. Die Hauptsache ist, der Verkehr rollt.

Ein Erlebnis sind für die Anfänger in Verkehrsfragen auch die Autobusse. Etwa alle halbe Minute trifft einer an den

Halteplätzen ein. Die Haltezeit (ich habe sie gestoppt) beträgt fünf Sekunden. Man muß schon sprungbereit an der Stelle stehen, wo die Vorder- oder Hintertür sein wird. Ein Sprung, und es ist geschafft. Der Bus fährt an, den Fahrschein in den Stempelautomaten halten, dann kann man die römischen Straßenbilder in Ruhe genießen bis zum Aussteigen. Jetzt schnell zur Mitteltür vordrängen und einen Knopf drücken, der dem Fahrer anzeigt, man wünscht auszusteigen. Als Antwort blinkt dann ein rotes Licht. Die Tür geht auf, der Bus hält (man beachte die Reihenfolge!). Ein kühner Sprung, und man ist auf der Straße. Nach einigen Fahrten ist man das Tempo gewöhnt und weiß es zu schätzen, daß die riesigen Entfernungen einer Großstadt schnell zurückgelegt werden. Die römischen Verkehrsbetriebe rechnen mit der Intelligenz der Menschen und mit ihrem Willen zu überleben. Der Erfolg zeigt, daß ihre Rechnung aufgeht.

Wer nun glaubt, Rom sei eine Stadt voller Hektik, der irrt. Der Kraftfahrer, der eben noch tollkühn (nach unseren Maßstäben) durch die Straßen raste, findet eine Parklücke in der endlosen Autoreihe am Straßenrand. Schon stellt er seinen Wagen ab, setzt sich in ein Café und liest eine Stunde lang Zeitung.

Ein Ausländer fragt im Bus den Fahrer, wie er von der Haltestelle zu einer Sehenswürdigkeit kommt. Sofort wird der Fünf-Sekunden-Stopp auf drei Minuten verlängert. Zahlreiche Busse überholen uns. Der ganze Fahrplan kommt durcheinander. Doch der Fahrer erklärt umständlich mit vielen Armbewegungen und Wiederholungen, wie der Fremde zu gehen habe. Auf der Endhaltestelle wird der Fahrer sich wieder richtig in die Busfolge einreihen. Das Gespräch geht von seiner Erholungszeit an der Endstation ab.

Wir fragten einen Italiener im Bus nach der Villa Borghese. Er stieg an der richtigen Haltestelle mit uns aus und lief fünf Minuten mit uns bis zum Eingang zum Museum.

Vielleicht liegt es am Klima, daß die Menschen hier zwischen größter Eile und größter Ruhe pendeln. Jeden Morgen ist der Himmel blau, mittags ist es heiß (also macht man eine Pause), abends um 22 Uhr steht das Thermometer auf 22 °C. Die Luft ist sauber, der leichte Wind angenehm, mittags und abends trinkt man zum Essen einen halben Liter Wein und zwischendurch mehrere Espressos. Es läßt sich leben. Nach einem Tag fühlten wir uns wie alte Römer, und wir beschlossen, dem Außenministerium einen Besuch abzustatten. Kenner der Literatur werden bei den folgenden Erlebnissen argwöhnen, ich habe bei dem israelischen Humoristen Kishon eine Anleihe gemacht. Kishon erzählt seine Erfahrungen, wie er im Kulturministerium eine Bescheinigung für eine Fahrpreisermäßigung abholen wollte. Er benötigte (schreibt er) dazu fast eine Woche. Wir wollten ins Außenministerium und benötigten für unseren Zweck nur einen Vormittag. Der Beamte, dessen Telefonnummer wir haben, ist im Urlaub. Sein Vertreter ist auf einer Dienstreise, aber vielleicht wisse Signora Teska Bescheid. Tatsächlich, Signora Teska sagt, wir sollten nur kommen, sie sei im Bilde.

Das Außenministerium der Republik Italien liegt in der Nähe des Olympiastadions, also am Rande der Stadt. Pompös erhebt sich ein Marmorklotz auf einem Hügel. In der Mitte wölbt sich ein riesiges Portal. Eine breite Auffahrt führt dorthin. Unsere auf Verbotsschilder dressierten deutschen Augen bemerkten, daß auch hier etwas verboten ist, doch unseren Fahrer störten die Einfahrverbote nicht. Mit Schwung brauste er die Auffahrt hoch und hielt unter dem Marmorportal vor einem roten Teppich. Wir waren angenehm berührt über so viel Aufwand unseretwegen. Es stand auch eine Schar von Bediensteten bereit, alle in grauen Anzügen, roten Westen mit weißen Querbindern. Der Würdigste von ihnen, ein Herr mit grauen Schläfen, fragte erst auf italienisch, dann auf englisch nach unserem Begehren. Wir sagten, daß wir zu

Signora Teska wollen. Dazu sei dies der falsche Eingang, sagte der Herr mit den grauen Schläfen. Wir sollten doch auf der anderen Seite des Portals unser Glück versuchen. Dabei schielte er immer die Auffahrt entlang, ob der, für den der rote Teppich gedacht ist, schon käme.

Alles geht sehr höflich vor sich. Störend wirkt nur, daß zwei Carabinieri den Vorgang aufmerksam verfolgen und dezent ihre Beretta auf uns gerichtet haben. Die Beretta gilt als eine der kleinsten und besten Maschinenpistolen der Welt. Doch habe ich es ungern, wenn ihre Mündung in meine Richtung zeigt. Hier muß ich einfügen, daß Italien von Terroristen geplagt wird. Einen Tag vor unserer Ankunft wurde der Chef der Mafiabekämpfung, ein General, in Palermo mitsamt seiner Frau umgebracht. Die Lage ist also etwas gespannt.

Auf einen Wink des Empfangschefs wurde für uns eine Glastür auf der »nicht für Diplomaten vorgesehenen Seite« geöffnet. Auch hier stehen schußbereite Posten. Wir wurden an ihnen vorbei in einen Empfangsraum geführt. Sehr tiefe Sessel, Gemälde alter italienischer Meister, vornehme Ruhe und zwei Empfangsdamen, die Wunderwerke der Kosmetik und der Mode darstellen. Gekonnt lächelnd hörten sie sich unseren Wunsch an, Signora Teska einen Besuch abzustatten. Kopfschütteln, nein, eine Signora Teska stehe nicht im Telefonbuch des Ministeriums. Wir nannten die Nummer, unter der wir bereits telefonierten. Das Lächeln der beiden Damen wird reduziert. Zwischen Signora Teska und dem Außenminister müssen sehr viele Dienstgrade liegen. Wir seien völlig falsch, wird uns nun versichert. Wir müßten rechts um das Ministerium herum, dort sei ein Eingang, der für uns der richtige sei. Also lassen wir uns aus dem Haus hinausbegleiten. Der rote Teppich ist inzwischen fort, der erwartete Mann ist demnach eingetroffen.

Wir wanderten nun um das Gebäude herum. Es ist wirklich sehr groß, und die Sonne strahlt auf die weiße Marmorfläche. Tatsächlich ist an der Seite ein Eingang, nicht so pompös wie der Haupteingang, doch man kann in einen kleinen Raum eintreten. Hinter dicken Glasscheiben saß hier eine Dame, die sich unseren Wunsch, zu Signora Teska zu kommen, anhörte. Nervös saugte sie an ihrer Zigarette. Aber als sie von uns die Telefonnummer erhielt, rief sie doch an, ob wir wirklich erwartet würden. Dann sollten wir unsere Pässe abgeben. Wir wollten anfangs nicht, doch die junge Dame war energisch: Keinen Paß – keinen Passierschein. Da wir unbedingt zu Signora Teska wollten, gaben wir nach und erhielten jeder einen schönen großen Passierschein im Format A 5 und eine Plakette zum Anstecken, die uns als Besucher kennzeichnete.

Um nun den Vorraum ins Innere des Ministeriums verlassen zu können, treten wir jeder in eine winzige Kabine ein. Diese Kabine ist aus Glas und faßt genau eine Person ohne Koffer oder Aktentasche oder sonstige Behältnisse, die Bomben oder Maschinenwaffen verbergen können. Sobald man den kleinen Fußboden betreten hat, setzt ein Sicherheitsbeamter einen Mechanismus in Bewegung, und die Kabine dreht sich um 90 Grad. Nun kann man weder rein noch raus. Wahrscheinlich arbeitet nun ein Detektor und prüft, ob wir nicht vielleicht doch ...? Aber wir haben nichts Metallisches außer etwas Kleingeld bei uns. Der Mechanismus dreht weiter, und nun sind wir im Außenminsterium, jedoch immer noch im Schußbereich der Carabinieri. Die Passierscheine werden nochmals geprüft und für gut befunden. Wir dürfen zu Signora Teska.

Die Signora ist ein kleines, freundliches Persönchen in roten Hosen und Spitzenbluse. Sie fragte als erstes, ob wir unsere Pässe bei uns haben, damit wir uns ausweisen können. Wir schwenkten unsere Passierscheine. Das genügt nicht, wir sollten die Pässe holen. Nun sind wir an der Grenze unseres

Leistungvermögens angelangt. Die Signora hatte ein Einsehen, sie kam mit uns zum Pförtner. Wir liefen durch endlose Gänge. Das Mobiliar in den Zimmern, deren Türen offenstehen, wurde immer vornehmer, schließlich tauchte viel Marmor und ein roter Teppich auf.

Wir erklärten, dies sei nicht der für uns zuständige Eingang. Der Weg führt wieder durch lange Gänge ohne Teppich und ohne echte Ölgemälde an den Wänden zu unserer Pforte.

Nun gibt es eine temperamentvoll geführte Diskussion im klangvollen Italienisch. Unsere Pässe gleichen dem Goldstandard, sie werden immer wertvoller. Schließlich wurde, wie überall auf der Welt, ein Vorgesetzter geholt. Mit Schwung werden zwei Reden gehalten, deren Beweiskraft unüberhörbar ist. Darauf erfolgte die Entscheidung: die Besucher aus der DDR geben die Plakette an die Passierscheinstelle zurück und erhalten dafür ihre Pässe. So geschieht es!

Triumphierend zog Signora Teska mit uns zur Kasse des Ministeriums. Der Mann hinter dem Gitter las umständlich und genau unsere Pässe und einen roten Schein, den die Signora ihm überreichte. Dann legte er einige Geldscheine auf den Tisch. Sie trugen die Inschrift Centomila Lire und die Zahl 100 000. Vor uns lagen über eine Million Lire. Das italienische Außenministerium finanziert unseren Aufenthalt. Wir fühlten uns ungeheuer wohlhabend und sagten das auch zu Signora Teska. Aber sie lachte und meinte, wir würden ja sehen. Ohne Plakette und ohne Begleitung marschierten wir zum Ausgang zurück. Millionäre gelten als Vertrauenspersonen. Ohne Schwierigkeiten kamen wir wieder durch die Kontrollkabine. Mit über einer Million standen wir wieder draußen. In den folgenden Tagen lernen wir, wie schnell eine Million Lire alle wird.

Morgens gingen wir in eine Bar. Bars gibt es in Rom alle 50 Meter. Sie haben mit unserem deutschen Begriff Bar als

Nachtlokal nichts zu tun, sondern entsprechen etwa der amerikanischen Snack-Bar, wo man einen Schnellimbiß zu sich nehmen kann. Je nach dem Wohnviertel ist das Warenangebot verschieden, doch immer gibt es Espresso, Wein, Gebäck und diverse Schnapssorten. In unserer Bar gab es über zehn Sorten Wein, fünf Arten von Bier, sechs Arten von Nudeln, sechs verschiedene Sorten von Eiskrem und zehn Arten von Eis am Stiel. Die meisten Italiener nehmen morgens ihren Espresso mit einem Stück Blätterteig oder einem Sandwich in der Bar, das kostet 1000 bis 1500 Lire.

Während des Frühstücks überprüften wir im Geist noch schnell einmal, ob wir unsere Wohnung vorschriftsmäßig abgeschlossen haben. Der Schlüssel der Zimmertür muß viermal herumgedreht werden, bis das Schloß etwa zehn Zentimeter tief eingerastet ist. Unsere Wohnungstür hat keine Türdrücker, dafür aber zwei Schlösser für insgesamt sieben Umdrehungen. Wenn man in der Wohnung ist, kann man noch einen Sperriegel vorschieben. Falls es klingelt, schaut man durch eine perlgroße Linse in der Tür. Sie ist so beschaffen, daß jede Ecke des Korridors überblickt wird. Hat man sich überzeugt, daß nur ein harmloser Mensch dort steht, rastet man den Sperrhaken ein und schließt auf (siebenmal die Schlüssel umdrehen). Nun läßt sich die Tür durch den Sperrhaken im Spalt öffnen, und man kann mit dem Besucher sprechen.

Wir haben die Wohnung abgeschlossen und auch vorschriftsmäßig den Haustürschlüssel zweimal umgedreht. Uns kommt das natürlich alles komisch vor. Doch bei der Einweisung in unsere Räume zeigt man uns die Spuren von Werkzeugen an der Tür, mit denen sie gewaltsam geöffnet werden sollte.

Nach zehn Minuten Fußweg erreichten wir die Busstation. Alle fünf Minuten fährt ein Wagen in das Zentrum von Rom.

Der für uns zuständige Planer im Außenministerium hat

unsere Reise- und Besuchstermine so gelegt, daß wir Zeit haben, uns die historischen Stätten Roms anzusehen. Dafür sei ihm gedankt!

Für unsere offiziellen Besucher in der DDR werden die Termine leider immer so gelegt, daß der Ausländer außer Weimar und Dresden kaum etwas von unseren Sehenswürdigkeiten sieht. Das ist sehr schade, denn unser Land braucht sich nicht zu verstecken.

Vor einiger Zeit besuchte mich eine italienische Delegation im ZIS. Für Halle war außer einer ZIS-Besichtigung nichts vorgesehen. Ich hielt dann unseren Gästen einen Stegreifvortrag über die Ghibellinen (Staufer) und Guelfen (Welfen) und über die Reichspolitik um 1200, wo die Machtkämpfe gleichzeitig in Italien und in der Umgebung des Harzes ausgefochten wurden. Für die geschichtsbewußten Italiener war der Zusammenhang sehr interessant und für ihren Begleiter aus Berlin leider völlig neu. Als ich bei meiner Italienreise nun einige meiner früheren Besucher wiedertraf, sprachen sie sofort über meinen damaligen Vortrag.

Wenn meine schriftstellerischen Fähigkeiten ausreichen würden, schriebe ich ein Buch über Rom. Noch nie hat mich eine Stadt so beeindruckt. Hier ist wirklich der Mittelpunkt unserer europäischen Kultur. Vor allem der riesige leere Raum unter der Kuppel des Pantheons ist für mich unvergeßlich.

Vor 2000 Jahren errichteten römische Baumeister den Rundkuppelbau mit über 40 Metern Durchmesser. Bis zum heutigen Tage wurde dieser Wert nicht wieder erreicht. Eine Halbkugel erscheint mir von innen viel eindrucksvoller als die eiförmige Kugel, die wir meistens antreffen. Ich scheine da in guter Gesellschaft zu sein, denn Raffael wünschte ausdrücklich im Pantheon begraben zu werden, obwohl er die Auswahl unter vielen anderen Kirchen hatte.

Interessant ist das Verhalten der Besucher. Sie treten ein

und stutzen. Dann gehen sie bis zur Mitte der Kuppel vor, mustern die schmucklose graue Decke und staunen über das große Loch in der Kuppelmitte, durch das der blaue italienische Himmel hereinschaut. Schließlich treten alle an den Rand des Pantheons. Dort stehen oder sitzen sie und lassen den völlig leeren Raum auf sich wirken. Es gibt nichts zu sehen. Die Gemälde und Vergoldungen der üblichen römischen Kirche fehlen völlig. Die Säulen an den Wänden sind schmucklos. Die Gräber Raffaels und der italienischen Könige zwischen den Säulen fallen überhaupt nicht auf. Nur der Raum wirkt.

Von morgens 8 Uhr bis abends 22 Uhr durchstreiften wir die Stadt. Und mit uns pilgerten viele Tausende Besucher aus aller Welt, das heißt die Japaner blieben meistens in ihren vollklimatisierten Bussen sitzen und wunderten sich über die Europäer. Die paar Ruinen wären in Japan schon längst wieder aufgebaut, und im Kolosseum fänden jeden Abend garantiert echte Gladiatorenkämpfe statt. Hier treffen zwei völlig verschiedene Kulturen aufeinander.

Abends wanderten (in Rom sagt man wohl besser: pilgerten) wir der zentralen Bushaltestelle am Bahnhof zu. Auf einmal umringte uns etwa ein Dutzend kleiner Zigeunermädchen. Sie tanzten um uns herum, redeten auf uns ein (was wir natürlich nicht verstanden) und wurden immer zudringlicher. Eine solche Situation im Ausland ist kompliziert. Man weiß nicht, was eigentlich gespielt wird. Wir hielten die Taschen fest zu und eilten der nächsten Café-Bar zu, wo uns die Quälgeister sofort verließen. Diese Bar lag in den Kolonnaden am Bahnhofsplatz. Auf der Säulenseite mit Blick auf den Platz ist eine Reihe Tische aufgestellt. An der Wandseite, neben der Eingangstür, steht eine weitere Tischreihe. Dazwischen drängt und schiebt sich der endlose Strom der Römerinnen und Römer, gemischt mit Touristen aus allen Weltteilen. Zahlreich sind die jungen Mädchen und Frauen. Der

Größe nach dürften sie erst 12 Jahre alt sein, sie sind aber zwischen 16 und 20, wie uns von Kennern des Landes versichert wird. Wohlgefällig betrachten wir alle Rockarten vom Mini-Mini bis Super-Maxi. Und dazu alle Hosen: sehr kurze, halblange, knielange, Kniebundhosen, Hosen mit Seitenschlitz, einfarbige, bunte Pluderhosen. Die Regel scheint zu sein: wer etwas vorzuzeigen hat, zeigt es vor.

Von den Männern kann ich nicht so viel berichten. Sie sind natürlich bei weitem nicht so interessant wie die Damenwelt. Aber jeder junge Römer trägt ein blütenweißes Hemd und gebügelte, frischgewaschene blaue oder weiße Jeans. Darin unterscheidet er sich sofort von den jungen Touristen, die in ausgebeulten schmutzigen Jeans herumlaufen.

Mitunter tauchen auch einige »Signores« von zweifelhaftem Aussehen auf: gelber Anzug mit breiten wattierten

Schultern, pflaumenblaues Hemd mit knallgelber Krawatte. Ihnen folgen betont unauffällig Figuren, die sehr nach Leibwächtern aussehen.

Wir konnten uns nicht satt sehen an dem Gewimmel. Das Sitzenbleiben wurde uns noch erleichtert, weil es hier 24 (vierundzwanzig!) Sorten Eis gibt. Nicht etwa wie bei uns »Eisbecher Venedig« und »Eisbecher Prag«, die sich nur durch den Preis unterscheiden, sondern 24 Kübel mit Speiseeis standen zur Auswahl. Natürlich fühlten wir uns verpflichtet, diese einmalige Gelegenheit zu nutzen.

Plötzlich trat eine Stockung in der vorbeiflutenden Menge ein. Direkt vor mir drehte sich ein Mann sehr schnell um und hielt einem anderen einen Ausweis vor das Gesicht. Dieser versuchte, seitlich in der Menge zu verschwinden, doch ein dritter Mann hinter ihm legte ihm ziemlich heftig die Hand auf die Schulter.

Nun bemerkten wir, daß rund um uns herum etwa zehn Verhaftungen stattfanden. Sie werden von Beamten in Zivil vorgenommen. Gleichzeitig tauchten uniformierte Polizisten mit Maschinenpistolen hinter allen Säulen auf. Ein blauer Transportwagen fuhr vor und nahm die Verhafteten auf. Das Ganze dauerte nur wenige Minuten. Die Kellner und die anderen Passanten hatten nicht einmal hingeguckt. Wir waren die einzigen, die Erstaunen zeigten, was uns den forschenden Blick von zwei Kriminalisten, welche die Kolonnaden nochmals durchkämmten, eintrug.

Ich könnte nun noch allerhand erzählen über Sicherheitsmaßnahmen beim Betreten von Betrieben, über Geldtransporte bei der Post und über Wachposten für die Familie eines ermordeten Staatsanwaltes in Mailand. Doch fürchte ich den Eindruck zu erwecken, wir hätten in Italien unter Räubern und Dieben in steter Lebensgefahr gelebt. Das ist überhaupt nicht so. Es ist ein verschwindend kleiner Bruchteil der Bevölkerung, der die übrigen Bewohner des Staates terrorisiert.

Die Verbrecherorganisation Mafia (in Sizilien), Cammorra (in Neapel) und andere sind in erster Linie kapitalistisch geführte Betriebe mit riesigen Geldmitteln. Sie morden aber rücksichtslos dort, wo Menschen wagen, ihrem System zu widerstehen. In Neapel gab es 1982 von Januar bis September 200 Morde. Der Staat war bisher zu schwach, sich gegen die Syndikate durchzusetzen, vor allem dort, wo sie ihre Geldgeschäfte »legal« abwickeln.

Im »Windschatten« der großen Ganoven gedeihen nun die kleinen Einbrecher und Taschendiebe, die der Bevölkerung das Leben schwer machen und dem Ruf des Landes schaden.

Auf meinen vielen Reisen in 30 Jahren bin ich nur einmal bestohlen worden. Ein Hoteldieb schlich sich nachts in mein Zimmer und entleerte meine Brieftasche. Das war aber nicht in Italien, und ich möchte das Land nicht nennen.

Übrigens erhält man in Italien in jedem Restaurant, in jeder Bar, kurz überall eine säuberlich gedruckte Rechnung. Es ist dort nicht möglich, das Datum mit zu addieren.

Rom wurde zur »ewigen Stadt« und zum Kulturzentrum, weil die katholische Kirche die Bauten der Römerzeit benutzte und weiter ausbaute. Darüber hinaus entstanden viele Bauwerke von italienischen Meistern ab 1400. Der Stadtführer enthält eine Aufzählung von Kirchen mit klangvollen Namen wie San Giovanno in Latrano oder Trinita Del Monti.

Die Kirchenleitungen stehen nun vor einer Schwierigkeit. Einerseits sollen die Kirchen den Gläubigen jederzeit offenstehen. Sie sind ganz auf internationalen Besuch eingerichtet. Wer will, kann in allen Sprachen zwischen Madrid und Warschau beichten. Bei Bedarf ist es auch in Esperanto möglich. Große Schilder weisen die Gläubigen ein. Sie haben auch noch die Wahl zwischen Beichtvätern von den verschiedensten Mönchsorden. Doch insgesamt kommen mehr Touristen als gläubige Christen in die Kirchen. Sie wollen die

Kulturgüter sehen. Das führt oft zu Störungen der Gottesdienste, denn manche Besucher sind ziemlich rücksichtslos, wenn sie einen Erzbischof im vollen Ornat fotografieren wollen. Auch entspricht die Kleidung der Touristen oft nicht den Vorstellungen der für die Kirchen verantwortlichen Priester. Daher bittet vor jeder Kirchentür ein Schild um eine Kleidung, die der Kirche angepaßt ist, und ein Geistlicher oder ein Kirchendiener steht bereit, um notfalls den Eintritt zu verwehren.

Natürlich interessiere ich mich dafür, welche Kleidung für angemessen gehalten wird. Bei den Männern gehen eine Turnhose und ein Polohemd ohne weiteres durch. Bei Frauen werden nicht zu kurze Shorts akzeptiert. Auch schulterfreie Blusen gehen durch. Schließlich kommt noch eine Touristin in einem durchsichtigen Kleid. Was sie darunter trägt (und zeigt) hat die Größe eines halben Schnupftuches. Doch auch hier hofft der Wachhabende mehr auf die seelischen Qualitäten als auf die Wirkung des Kleides und läßt sie passieren.

In Mailand erfuhren wir einige Tage später, daß man dort nicht so großzügig ist wie in Rom. Auf dem Schild an der Kirchentür wird verlangt, daß der Rock nicht zu kurz ist und die Arme nicht nackt sind.

Mitunter gibt es in den römischen Kirchen auch Dinge, die für einen Außenstehenden schwer oder gar nicht zu begreifen sind. Auf dem Lateran, der ursprünglichen Residenz der Päpste, steht nahe der riesigen Laterankirche ein kleiner alter Bau. In ihm befindet sich eine Treppe, auf der Christus gegangen sein soll. Eine römische Kaiserin ließ sie vor 1600 Jahren nach Rom bringen. Gläubige rutschen die 28 Stufen auf den Knien hoch und sprechen dabei Gebete.

Mir ist es immer peinlich, wenn ich bei irgendwelchen Glaubensakten zuschaue. Doch der Priester, der am Fuße der Treppe Dienst hatte, erzählte sich mit einigen Leuten lustige

Sachen und lachte vergnügt, während zwei Meter neben ihm Frauen und Männer auf der untersten Treppenstufe niederknieten. Ich wollte nicht päpstlicher als der Papst (oder genauer: sein hier anwesender Vertreter) sein und sah mir die Kapelle genauer an.

Wenn die Gläubigen 28 Stufen hochgerutscht sind, haben sie zwei Möglichkeiten. Entweder sie folgen dem Pfeil auf dem großen Schild mit der Aufschrift »Souvenirs« nach links, oder sie gehen nach rechts in eine weitere Kapelle, in die wir bereits über eine zweite Treppe eingetreten sind. Diese Kapelle ist »sancta sanctorum«. Mein Latein reicht leider nicht aus, um die Gründe dieser besonderen Heiligkeit aus einer Inschrift zu entnehmen.

Wer hier gebetet hat, betritt eine dritte Kapelle, in der die Leidensstationen Christi abgebildet sind, vor denen nochmals gebetet wird. Sodann steht man vor einem großen Kasten mit der Aufschrift: Oferte, was sich leicht übersetzen läßt. Auf dem Kasten sind eine Anzahl Lampen montiert, jede mit einem roten Schirm, ähnlich Nachttischlampen oder Tischlampen in einer Nachtbar. Sobald der Gläubige nun Geld in den Schlitz des Kastens steckt, leuchtet ein Lämpchen auf.

Nun ist es bei den meisten Religionen üblich, nach Gebeten die Gottheit irgendwie auf sich aufmerksam zu machen. Auf meinen Reisen sah ich für diesen Zweck Gongs und Trommeln, in einigen Tempeln genügte es, dreimal in die Hände zu klatschen, in christlichen und nicht-christlichen Gotteshäusern werden Kerzen angezündet — in allen Fällen kann ich mir vorstellen, daß ein Gott sich dadurch bewogen fühlt, ein gütiges Auge auf den Bittenden zu richten. Aber daß ein Gott auf eine elektronische Schaltung und auf ein Lämpchen wie in einem Nachtklub reagiert, das übersteigt meine Phantasie.

Doch mit meiner Phantasiearmut stehe ich ziemlich alleine da. Die Lämpchen glühen eifrig auf, und das Geld klingelt im Kasten mit der Aufschrift: Oferte.

Über den Petersdom will ich nichts berichten. Er ist gewaltig und eindrucksvoll. Ob er zum Beten geeignet ist? Ich kann es mir nicht vorstellen. Wahrscheinlich haben seine Erbauer nur an repräsentative Feierlichkeiten gedacht. Riesig sind auch die Vatikanischen Museen. Endlos reihten sich Saal an Saal. Einige berühmte Statuen oder Gemälde werden von den Besuchern etwas länger betrachtet. Doch dann reißt der Strom der Touristen einen weiter. Das Endziel ist für alle die Sixtinische Kapelle. Michelangelos »Weltgericht« sieht in Wirklichkeit viel großartiger aus, als die Reproduktionen vermuten lassen. 10 x 20 Meter lassen sich eben nicht im Postkartenformat wiedergeben. Die Deckengemälde, besonders die Erschaffung Adams, sind beeindruckend. Doch die meisten Besucher haben Schwierigkeiten mit der religiösen Deutung der Bilder. Das ist überhaupt eines der Probleme bei der Besichtigung von Rom.

Wer sich in der alten römischen Geschichte nicht auskennt, weiß mit den Namen der Consulen und Cäsaren, die die Bauwerke in Auftrag gaben, wenig anzufangen. Ebenso ist es mit Gemälden, die biblische Motive darstellen. Man muß schon ziemlich bibelfest sein, um alle Bilder verstehen zu können. Ich erkenne zum Beispiel den Propheten Jonas und weiß, was er erlebte (die Geschichte mit dem Walfisch, der ihn fraß und wieder ausspuckte), doch warum Michelangelo ihn als zentrale Figur über das »Weltgericht« setzte, weiß ich nicht.

Außer Besuchen von historischen Stätten mußten wir in Rom natürlich auch etwas arbeiten. Unter anderem sah der Plan vor, daß wir die Spitze des I. R. I. -Konzerns aufsuchen sollten. Auf dem Weg dorthin trafen wir auf eine Demonstration. Den mitgeführten Transparenten nach handelte es sich um Chemiearbeiter, die zum Industrieministerium zogen, um dort gegen irgend etwas zu protestieren. Nun ist es immer richtig, sich bei Aufläufen im Ausland fernzuhalten. Wir gingen daher eine Stunde lang spazieren. Doch dann mußten wir wegen des Termins zu I. R. I.

Der Konzernsitz liegt neben dem Industrieministerium. Von dort kam ein riesiger Krach. Trommeln wurden geschlagen, Sprechchöre brüllten. Andererseits kamen uns Arbeiter entgegen, die ihre Transparente zusammenrollten und ihre Autos bestiegen. Vorsichtig pirschten wir uns durch die Straße. Demonstranten saßen friedlich auf den Treppenstufen der Häuser oder lagen auf dem Rasen unter Parkbäumen. Schließlich kamen wir vor das Industrieministerium und zur Quelle der Sprechchöre. Auf einem Auto war ein Lautsprecher montiert, und ein Tonband imitierte Volkszorn. In Italien ist eben manches anders, als man denkt.

Von den strengen Sicherheitsmaßnahmen berichtete ich bereits. Natürlich ist auch der Vatikan streng bewacht. Nun ist es ja natürlich ein großer Unterschied, ob ein Carabinieri in Khaki-Uniform mit einer Beretta dasteht oder ein Angehöriger der Schweizer Garde in der Tracht von 1550 mit einem langen Spieß. Er ist das Objekt unzähliger Fotoaufnahmen. Wenn ein hübsches Mädchen den Posten bittet und gerade kein Vorgesetzter zu sehen ist, läßt er sich auch mit ihr zusammen fotografieren. Der Unterschied in der Kleidung war oft gar nicht so groß. Die Kniebundhosen der alten Schweizer Söldner mit Schlitzen an der Seite waren auch gerade bei den jungen Damen modern.

Doch gerade als immer neue Fotos geschossen wurden, näherte sich ein Kardinal. Es war ein Neger mit schneeweißer Soutane und rotem Käppchen. Hinter ihm, mit zwei Schritt Respektabstand, schleppte ein weißer Geistlicher in schwarzer Kleidung die Aktenkoffer. Es war ein sehr ungewöhnliches Bild. Der Posten sprang zur Seite und erwies die Ehrenbezeigung: Aufstampfen mit der Lanze und mit dem linken

Fuß. Seine Eminenz drehte sich noch einmal lächelnd um und ließ sich fotografieren. Dann verschwand er im Vatikan.

Der Posten hatte einen solchen Schreck bekommen, daß er die Touristinnen nicht mehr an sich heranließ. Er starrte geradeaus und rührte sich nicht, wie es ein richtiger Posten (aus welchen Gründen auch immer) in der ganzen Welt tun muß.

Unser Aufenthalt in Rom ging zu Ende. Morgens um 7 Uhr fuhren wir mit unserem Bus zum Bahnhof. Der Himmel war, wie jeden Morgen, tiefblau. Die Luft war, wie jeden Morgen, leicht und erfrischend kühl. Die Ladeninhaber fegten, wie jeden Morgen, die Gehwege vor ihren Geschäften. Die Müllabfahrer holten bereits die Plastiksäcke mit Abfällen ab. Die Verkäuferinnen putzten die Schaufenster und die Messingbeschläge. Rom ist eine sehr saubere Stadt. Vor dem Bahnhof lagen über 100 Touristen auf dem Plattenboden. Die meisten hatten ihre Schlafsäcke über den Kopf gezogen. Einige deckten sich nur mit alten Zeitungen zu. Das milde Klima läßt das Schlafen im Freien zu. Man darf nur nicht an Stellen schlafen, wo man ausgeraubt werden kann. Daher ist der Bahnhofsvorplatz die sicherste Stelle.

Vom Bahnhof fuhren wir mit dem Zubringerbus zum Flugplatz. Der Weg führte am Forum Romanum und am Kolosseum vorbei. Ich grübelte, wie die römischen Baumeister eine Ellipse von fast 180 Metern in der einen Achse und 150 Metern in der anderen konstruierten und in der Natur absteckten. Eine erstaunliche Leistung! Wie vermaßen die Baumeister den Anstieg der 50 Meter hohen Sitzreihen?

Man sagt so leichthin, daß Sklaven diese Gebäude mauerten. An ihrem sozialen Status zweifle ich nicht, aber es waren hochqualifizierte Fachleute. Ich weiß nicht, ob wir in unserem Land genügend Maurer auftreiben könnten, um in sieben Jahren den Riesenbau mit seinen komplizierten Bögen zu mauern, Stein auf Stein! Hinzu kommen noch die ganzen Versorgungsprobleme. Das Material mußte termingerecht herangeschafft werden. Die gewaltigen Mörtelmengen mußten gemischt werden. Die Arbeiter mußten essen. Je mehr man über diesen Bau nachdenkt, desto mehr Probleme tauchen auf.

Weil alle Verkehrsmittel so gut funktionierten, waren wir eine Stunde zu früh auf dem Flugplatz. Wir gingen zu einem Schalter und fragten, ob wir nicht eine Maschine früher fliegen könnten. In einer Minute hatte der Computer uns umgebucht. Wir flogen nach Mailand.

Mailand ist eine Industriestadt. Man sagt uns, 20 Prozent der Steuereinnahmen Italiens kämen aus Mailand. Nach der Sauberkeit Roms fällt uns die Umstellung auf Mailand schwer. Der Mittelpunkt der Stadt ist der berühmte Dom. An der Ostsee, beobachtete ich oft Kinder (zwischen 4 und 80 Jahren), die den halbflüssigen Sand unmittelbar am Wasser in die hohle Hand nehmen und den Matsch langsam auf die Erde rinnen lassen. Es entstehen dabei Gebilde mit vielen spitzen Türmchen. Das Ganze, nur riesengroß und aus weißem Marmor, sieht so ähnlich wie der Dom zu Mailand aus. 2500 Figuren sollen auf den Pfeilern und Türmchen stehen. Dazu kommen noch 1000 Statuen im Innern. Eine weitere Besonderheit ist, daß man über 163 Stufen das Dach besteigen kann. Dort strömen die Besucher über die Marmorplatten, durch Marmorbögen über Marmortreppen. An den verborgensten Stellen, nur vom Dach an bestimmten Stellen sichtbar, stehen Statuen von Heiligen. Es ist ein erstaunliches Bauwerk, aber was die Erbauer sich dabei dachten, ist mir unerfindlich.

Wer in Mailand weilt, »muß« das Abendmahl von Leonardo da Vinci besichtigen. Der Reiseführer durch Mailand dämpft in seiner Beschreibung allzu hohe Erwartungen. Die Farben seien verblaßt, weil Leonardo versuchsweise besondere Farbmischungen benutzte. Das Bild sei beschädigt durch Alter und Kriegseinwirkung. Durch einen Nebeneingang eines ehemaligen Klosters traten wir in einen kleinen Vorraum. Zwei Fotos zeigten den Zustand des Gebäudes nach der Bombardierung durch die Amerikaner 1944. Die beiden Längswände des Raumes sind völlig eingestürzt. Die Querwände, von denen eine das Bild trägt, stehen trostlos in einer Ruinenlandschaft.

Inzwischen ist der ehemalige Speisesaal wieder aufgebaut. Es ist ein länglicher hoher Raum. Die Fenster befinden sich unter der Decke. Die Franzosen unter Napoleon I. sollen den Saal als Pferdestall benutzt haben. Von seiner Form her sieht er auch so aus.

Und nun das Bild! Wir betraten den Raum ziemlich an der Ecke, die dem Gemälde gegenüberliegt. Das Licht der Fenster fällt auf das Bild, und die Lichtrichtung, die Leonardo ins Gemälde legte, entspricht dem natürlichen Lichteinfall. Hier ist kein Bild auf eine Wand gemalt, sondern der Saal erscheint verlängert um einen Tisch, an dem 13 Leute sitzen. Über dem Gemälde scheint ein leichter Schleier zu liegen, der die Wirkung aber noch steigert. Erst wenn man nahe an die Wand herantritt, sind die Schäden auf dem Gemälde zu erkennen. Ich bin jedenfalls sehr beeindruckt. Was ich hier sehe, stimmt überhaupt nicht mit den Reproduktionen des Bildes überein. Es kann auch nicht übereinstimmen, denn es ist unmöglich fotografisch zu zeigen, wie Bild und Speisesaal zusammenhängen. Die Beschreibung Goethes vom Abendmahl übertrifft alle Kopien weit an Darstellungskraft.

Ich mache mir sonst nicht viel aus den italienischen Malern um 1500. Raffael finde ich zum Beispiel langweilig, und als ich die Bilder von Leonardo in der Ermitage in Leningrad sah, war ich enttäuscht. Doch sein Abendmahl gehört zu den Höhepunkten meiner Italienreise.

Im Museum der Stadt fanden wir noch eine halbfertige Pietà von Michelangelo. In der Peterskirche stand ich mit Hunderten von Menschen vor der berühmten Gruppe. Hinter der Absperrung und einer dicken Glaswand waren die Umrisse der Figuren zu erkennen. Was die Touristen »sahen«, war das Bild der Pietà, wie es ihnen von Postkarten und Reiseführern bekannt ist. Einzelheiten waren überhaupt nicht zu erkennen.

In Mailand, am halbfertigen Werk, konnte man die Arbeitsweise Michelangelos studieren. Aus dem Marmorblock treten die Gliedmaßen der Figuren heraus. Teilweise besitzen sie schon ihre endgültige Gestalt, teilweise sind sie roh behauen und noch an einzelnen Stellen mit dem Block verbunden. Christus liegt hier nicht dekorativ auf dem Schoß seiner Mutter wie in Rom. Hier hebt Maria einen wirklich toten Mann hoch.

Wir verließen gern den Dunstkreis von Mailand und fuhren mit dem Wagen das Aostatal hoch den Alpen zu. In einem Nebental besuchten wir ein Institut. Mit leichtem Neid sahen wir, welch einen herrlichen Flecken sich die Erbauer ausgesucht haben. Zur Nacht sollten wir in einem kleinen Gebirgshof wohnen.

Der »Gasthof der Minenarbeiter« war zwar unverschlossen, doch fanden wir keine Menschenseele in den Räumen. Auch lautes Rufen führte anfangs zu keinem Erfolg. Hier schien sich die Einbrecherfurcht von Rom und Mailand noch nicht herumgesprochen zu haben. Endlich tauchten drei Frauen auf, die lebhaft an die Hexen erinnerten, die in Macbeth-Aufführungen auf der Bühne böse Sprüche von sich geben. Die Haare verzottelt, die Kleidung schlampig, und sie sprachen einen Dialekt, der schaurig klang (obwohl wir ihn natürlich nicht verstanden). Wir sollten um 19 Uhr wiederkommen, wird uns beschieden, dann gäbe es Abendbrot. Wir sind etwas bedenklich wegen des Abendbrotes, doch in fremden Landen muß man alles so nehmen, wie es dort Brauch ist.

Um uns die Zeit zu vertreiben, fuhren wir mit dem Wagen tief in ein Nebental an einem fast 100 Meter breiten Flußbett entlang. Die Straße wurde enger und enger. Schließlich war nur noch ein schmaler Schotterweg da. Der Fluß wurde schmaler. Riesige weiße Felsbrocken füllten sein Bett. Sein Wasser konnten wir von dem Weg aus nicht sehen, weil dichtes Gebüsch die Ufer bedeckt und jetzt im Spätsommer das Flußbett größtenteils leer ist. Schließlich ist die Welt zu Ende. Drei Häuser und eine Kirche, alles aus Felsbrocken gebaut, bilden den Ort mit dem treffenden Namen Fonda – Ende. Eine Bogenbrücke aus Felsbrocken wölbt sich über den Fluß. Hier soll eine Römerstraße über die Alpen geführt haben, wird uns erzählt. Wir betraten die Brücke und schauten in das Flußbett. Nun sahen wir etwas, was Millionen Europäer niemals zu sehen bekommen und was doch wichtiger ist als alle Kunstschätze Italiens zusammen: völlig reines Wasser! Der Fluß ist so klar, daß wir seine Tiefe nicht abschätzen können, obwohl wir jeden Kieselstein auf dem Grund sahen. Das Wasser ist unsichtbar, nur an der Lichtbrechung, an den herausragenden weißen Felsen ist es zu erkennen und dort, wo die Strömung sich an den Steinen bricht. Der Schatten der Bäume am Ufer ist nicht an der Wasseroberfläche zu sehen wie bei unseren schmutzigen Flüssen, sondern erst auf dem Flußgrund. Um das Wasser sauberzuhalten, ist hier sogar das Angeln verboten, und es scheint eines der wenigen Verbote in Italien zu sein, die auch befolgt werden.

Im Gasthaus erwartete uns eine angenehme Überraschung. Unsere drei Hexen haben sich gekämmt, ordentlich angezogen und mit Lippenstift und etwas Farbe in normale hübsche Italienerinnen verwandelt. Nur ihr rauher Dialekt ist geblieben. Das Essen war vorzüglich, und befriedigt gingen wir zum Schlafen auf unsere Zimmer.

Ich bewohnte ein Eckzimmer. Nach italienischer Sitte sind die Fenster mit Holzläden verschlossen. Nach deutscher Sitte öffnete ich sie, um frische Luft hereinzulassen. Dann legte ich mich ins Bett und schlief ein. Laute Glockenschläge weckten mich. Unmittelbar vor meinem Fenster muß eine große Glocke hängen. Ich stand auf und schaute hinaus. Das Dorf liegt an einem Steilhang. Unter dem Gasthaus ist eine Kirche, und die Glocke des Kirchturms hängt 10 Meter vor meinem Fenster. Wie es sich für eine richtige Dorfkirchenturmuhr gehört, schlägt sie zu jeder halben Stunde einmal, und zur vollen Stunde gibt sie schön langsam und bedächtig ihre Zahl an. Ich schloß den Fensterladen und öffnete das Fenster auf der anderen Seite des Zimmers. Laut tönte mir ein Glokkenschlag entgegen. Dort steht ebenfalls eine Kirche. Ihre Uhr schlägt auch ausgiebig. Nur zwischen den Schlägen der ersten Kirche und der zweiten Kirche liegen fast fünf Minuten. Wahrscheinlich ist das so geregelt, damit die Dorfbewohner beim Zählen nicht durcheinanderkommen.

Notgedrungen schloß ich mich der italienischen Sitte der geschlossenen Fenster an und ließ mich um 23 Uhr mit 22 Schlägen in den Schlaf läuten.

Am nächsten Tag hatten wir in Genua zu tun. Unsere freie Zeit nutzten wir zu einer Stadtrundfahrt. Der Reiseleiter erklärte auf italienisch, französisch, englisch und deutsch die historischen Baudenkmäler. Natürlich interessierte uns besonders der Palast der Doria-Familie wegen Schillers »Verschwörung des Fiesko zu Genua« und wegen des Ausrufes »Donner und Doria«.

In jeder besseren italienischen Stadt steht mindestens ein Denkmal von Garibaldi, und es gibt eine Straße des 20. September. An diesem Tage marschierten 1870 die italienischen Truppen in den päpstlichen Herrschaftsbereich ein und beendeten die weltliche Macht der Päpste. Erst 1926 erkannte der Papst diesen Eingriff an und regelte mit Mussolini im Lateran-Vertrag das Verhältnis zwischen Italien und dem Vatikan. In Genua gibt es im Zusammenhang mit den Ereignissen der italienischen Einigung ein Denkmal des damaligen Königs. Der Herr sitzt auf einem sehr wilden Bronzeroß und schwenkt höflich und fröhlich seinen Hut. Nun leisteten die Genueser sich einen kleinen Scherz. Die Einigung Italiens erreichte (für den König) bekanntlich Cavour, ein Kollege Bismarcks. Es gab aber auch eine Gruppe Republikaner unter der Leitung eines Signore Mazzini. Er blieb zwar mit seinen Ansichten damals erfolglos. Doch die Genueser als alte Republikaner (bis 1800) setzten Mazzini ein Denkmal. Und sie stellten es mit feinem Humor so auf, daß der König vor seinem republikanischen Gegner respektvoll den Hut zieht.

Übrigens, das größte Goethedenkmal fand ich in Rom. Gibt es bei uns überhaupt ein Denkmal, das Goethe allein zeigt?

In dem Betrieb, den wir in Genua aufsuchten, wurde uns mitgeteilt, daß wir heute das Schweißen von Reaktorbehältern sehen sollten, und zwar in »Milän«. Alle Fachgespräche führten wir in Italien auf englisch. Wir trafen keinen Ingenieur, der Englisch nicht fließend beherrscht hätte. Aber wir trafen auch Busfahrer und Verkäufer, die sich in dieser Sprache ausdrücken konnten.

Wir sollten also nach »Milän«. Vorsichtig fragten wir, wo »Milän« denn läge. Nur eine gute Autostunde entfernt, wurde uns gesagt. Auf meiner Landkarte von Italien fand ich »Milän« nicht, bis unsere Italiener auf Milano zeigten. Sie hatten die Stadt nur mit dem englischen Ausdruck bezeichnet. Wir meinten, wir kämen gerade aus Milän, und wir hätten doch nicht nach Genua zu kommen brauchen, um nach Milän zu fahren. Doch da stießen wir auf wenig Verständnis. 150 Kilometer (eine Autostunde) sind keine Entfernung.

Über eine sehr gute Autobahn rasten wir mit 160 Kilometern in der Stunde nach Mailand. Der Weg führt anfangs durch lange Tunnel, dann wieder 100 Meter hoch über tiefe Täler, bis schließlich die Po-Ebene erreicht wird. Übrigens

muß auf italienischen Autobahnen Straßengebühr bezahlt werden. Benzin kostete bei unserem Aufenthalt umgerechnet 2 Mark je Liter. Trotz dieser hohen Ausgaben fuhren alle Auto und auch möglichst schwere Wagen.

In Mailand besichtigten wir nun die Herstellung der Reaktorgefäße für Atomkraftwerke. Für 17 Uhr war die Schweißvorführung geplant. Als wir uns zu dieser Zeit dem großen Automaten näherten, kam uns die Bedienungsmannschaft entgegen. Sie streikte ab 17 Uhr. Der uns begleitende Ingenieur erzählte, daß immer nur wenige Arbeiter streikten, und zwar überraschend und dort, wo durch den Streik der Betriebsablauf gehemmt würde. Dieses System sei für die Gewerkschaft am billigsten und für den Betrieb am kostspieligsten. In diesem Fall (so sagte der Ingenieur) wolle die Gewerkschaft erreichen, daß gesetzliche Feiertage, die auf Sonntage fielen, wie Arbeitstage bezahlt würden.

Am letzten Tag unseres Aufenthaltes in Genua besuchten wir noch die Küste des Ligurischen Meeres bis Rapallo, wo der erste Vertrag über Zusammenarbeit zwischen der UdSSR und dem ehemaligen Deutschen Reich geschlossen worden war. Palmen und südliches Klima scheinen Staatsmänner friedfertig zu stimmen. Meines Wissens sind bedeutend mehr Verträge in Genf, am Lago Maggiore, in Rapallo und Nizza abgeschlossen worden als in Narvik oder Murmansk.

Beim Flug über die Alpen war die Sicht ausnahmsweise sehr gut. Jeder Gebirgszug war zu erkennen. Wir überflogen mächtige Gletscher. Eine graue Schmutzschicht bedeckte sie. Uns wurde dadurch in Erinnerung gerufen, daß auch unser Flugzeug tonnenweise Dreck aus seinen Turbinen ausstößt, der ja irgendwo niedergehen muß.

Hinter uns blieb Italien zurück, mit seiner einmaligen Hauptstadt, mit seinen fröhlichen Menschen, seiner hervorragenden Technik und seinen vielen sozialen und ökonomischen Problemen.

Fernöstliche Sorgen

Das Flugzeug in Moskau wird mit uns und mit vielen Kisten voller Eier beladen. Unwillkürlich stelle ich mir vor, wie es aussehen würde, wenn beim Start oder bei der Landung die Maschine schnell gestoppt und die Eierkisten zu uns rutschen würden. Natürlich soll man so etwas nicht denken, vor allem nicht, wenn die Maschine gerade startet. Doch die Gedanken kommen, wie sie wollen, und nicht, wie sie sollen.

Die Uhr zeigt 20 Uhr Moskauer Zeit. In Berlin ist es jetzt erst 18 Uhr. Aber in Jakutsk, wo wir hinfliegen, ist es schon 2 Uhr morgens vom nächsten Tag. Schwierig, sich vorzustellen, daß dort nicht heute, sondern schon morgen ist.

Wären wir in Berlin nicht ostwärts, sondern westwärts geflogen, mit einem entsprechenden Schlenker nach Norden, um den Breitengrad, auf dem Jakutsk liegt, zu erreichen, so läge eine Stelle im nördlichen Kanada genauso weit fort wie Jakutsk. Nur mit der Überquerung des Ozeans verbinden wir das Gefühl einer sehr großen Entfernung, hingegen haben wir ostwärts das Empfinden, »immer noch in der SU« zu sein.

Natürlich überlegen wir, warum die Aeroflot ausgerechnet Eier um ein Viertel des Erdumfanges befördert. Dabei fallen uns einige Zahlen über Jakutien, die Jakutische Autonome Sozialistische Sowjetrepublik, ein. Zuerst einmal die Größe: über 3,1 Millionen Quadratkilometer, das heißt Jakutien ist um 3 Millionen Quadratkilometer größer als die DDR. Von diesem riesigen Gebiet sind weniger als ein Prozent landwirtschaftlich nutzbar, und zwar nur als Viehweide. Hühner ernähren sich hauptsächlich von Getreidekörnern. Daher der Eiertransport.

Aber wir sind noch nicht zufrieden. Warum werden die Eier ausgerechnet mit dem Flugzeug befördert? Jakutien besitzt keine Eisenbahn. Soweit reicht unser Wissen. In den nächsten Wochen werden weitere erstaunliche Tatsachen hinzukommen.

Am späten Nachmittag (Ortszeit) treffen wir in Jakutien ein. Das Thermometer zeigt 25 °Celsius im Schatten. Wir fragen die Genossen, die uns vom Flugplatz abholen, ob es in Sibirien immer so warm sei, immerhin befänden wir uns doch nicht weit vom Polarkreis. Jakutsk und Jakutien liegen nicht in Sibirien, werden wir belehrt. Sie gehören zum Fernen Osten der Sowjetunion. Im Laufe der nächsten Tage merken wir, daß die richtigen Fernöstler die Sibirier für ein Volk halten, das bereits verweichlicht ist und bei −40 °C zu Hause bleibt. Auch sei Sibirien schon viel zu dicht bevölkert. Hier in Jakutien lebten fast eine Million Menschen, also auf 3 bis 4 Quadratkilometern einer. Das sei erträglich!

Natürlich ist das, was auf diesem Gebiet gesagt wird, nicht ernst gemeint, aber etwas Stolz gegenüber »denen im Westen« klingt immer an. Das ist nicht nur bei den Ureinwohnern, den Jakuten, so, sondern auch bei denen russischer oder ukrainischer Nationalität, die längere Zeit hier leben.

Unsere Gastgeber, soweit sie Jakuten sind (etwa 50 % der Bevölkerung sind jakutisch, wird uns gesagt), sind klein, mit flachen, mongolischen Gesichtern. Sie sind vergnügt, es macht ihnen Spaß, uns zum Staunen zu bringen, und sie sind hervorragende Fachleute. Fachlich wollen wir wissen, wie sich eine Schweißkonstruktion bei −50 °C oder −60 °C verhält. Bei dem Temperaturunterschied von +50 °C im Sommer (in der Sonne) und −50 °C treten riesige Spannungen im Stahl auf. Die Antwort war eigentlich verblüffend: Am besten wird der billigste Stahl mit diesen Spannungen fertig, man muß nur die richtige Konstruktionsform wählen. Auf das »nur« kommt es natürlich — wie so oft — an.

Unser Hotel liegt an einer Verkehrsampel. Eigentlich wäre kein Grund vorhanden, hier eine Ampel anzubringen, denn so riesig ist der Verkehr in Jakutsk nicht. Aber sie ist nun einmal da, und immer, wenn rot aufleuchtet, quietschen die Bremsen. Die Jakuten fahren mit Schwung an die Ampel heran, und mitunter reicht dann der Bremsweg nicht mehr aus. Das Klirren zerspringender Fensterscheiben und eingedrückter Kotflügel dringt gleich am ersten Tag durch drei Fenster (hintereinander wegen der Winterkälte) zu uns ins Zimmer. Abends bei russischen und jakutischen Spezialitäten (z. B. geräucherter Pferdeschinken) kommt das Gespräch auf den Unfall.

»Es gibt bei uns nur sehr wenig Straßen. In der Stadt sind einige asphaltiert, auf dem Land gibt es meistens nur Feldwege. Da nutzen die Kraftfahrer die Asphaltstraßen aus!«

»Warum gibt es außerhalb Jakutsks kaum Straßen? Wenn es keine Eisenbahn gibt, besteht doch ein besonderes Bedürfnis nach Straßen.«

»Ganz Jakutien liegt auf gefrorenem Boden. Unter uns, wo wir hier sitzen, ist die Erde sechshundert Meter tief vereist. Im Sommer taut der Boden an der Oberfläche auf. Bäume und Gräser gedeihen in dieser aufgetauten Schicht. Aber eine Straße versinkt darin. Ihre Oberfläche nimmt die Sonnenwärme stärker auf als die Taiga rundherum. Dadurch taut der Boden unter der Straße, und sie versinkt.«

Wir erfahren noch mehr über diese Probleme, zum Beispiel, daß alle Häuser auf »Stelzen« stehen. Der untere Boden der Häuser befindet sich einen Meter über der Erde, nicht etwa, wie wir glaubten, wegen des Schmelzwassers im Frühjahr, sondern wegen der Isolierung der Erde gegen die Wärmeabgabe des Hauses.

Über die vorhin erwähnte Verkehrsampel erzählt uns unser Gastgeber eine schöne Geschichte. Michael, ein Russe (Doktor der Naturwissenschaften, er sitzt an unserem Tisch), wollte ein Auto haben. Bei seiner Dienststellung, seinen Leistungen und bei den Gehältern, die im Fernen Osten gezahlt werden, ist das an sich kein Problem. Der »Niwa« ist ein PKW, der extra für die unwirtlichen Gebiete der SU entwikkelt wurde. Wo es kaum Straßen gibt, ist Allradantrieb angebracht und eine tüchtige Portion Robustheit. Unser Freund Michael wünschte aber keinen »Niwa«, sondern einen »Lada«. Der ist in Jakutien nicht erhältlich.

Michael setzte sich daher ins Flugzeug und flog in den Westen nach Togliatti. Dort erstand er den gewünschten »Lada«. Nun fuhr er etwa 2000 Kilometer nordostwärts, bis die Straßen nicht mehr für den »Lada« zumutbar wurden. Dann verlud er den Wagen auf die Transsibirische Eisenbahn und ließ ihn 2000 Kilometer über die Schienen rollen. Weit von Jakutsk entfernt hörte auch diese Möglichkeit auf. Michael verfrachtete sein Auto und sich nun auf einen Frachtkahn (es war im Sommer) und schiffte 2000 Kilometer die Lena hinunter, bis zum Hafen von Jakutsk. Stolz rollte er mit seinem Wagen von Bord und ließ sich bewundern. Aber nur wenige Tage. Da fuhr er die Hauptstraße entlang und hielt vor der Verkehrsampel. Ein »Niwa«-Fahrer hinter ihm überschätzte seine Bremsen, und schon klirrte es.

Der Schaden war nicht übermäßig groß, doch die nächste Vertragswerkstatt für »Ladas« liegt schätzungsweise 5000 Kilometer entfernt. Nun ist Michael die Zielscheibe fernöstlichen Spotts.

In den nächsten Tagen besuchen wir verschiedene Forschungsinstitute. Der Institutsdirektor führt uns durch dick isolierte Türen in einen Keller oder besser gesagt in einen Stollen zwölf Meter unter der Erdoberfläche. Hier ist es im Sommer, wenn oben 30 Grad Wärme herrschen, angenehm kühl. Im Winter bei 50 Grad Frost hingegen ist es in diesem Keller für die echten Jakuten warm. Unabhängig von der Jahreszeit beträgt die Temperatur im Stollen −4 °C. Der Eisgehalt, so wird uns gesagt, beträgt etwa 20 Prozent, und die gefrorene Schicht unter uns ist 700 Meter dick. Diese Zahlen nimmt man erst einmal zur Kenntnis. Doch bei weiteren Erklärungen werden die Konsequenzen klarer. Ein Boden mit 20 Prozent Wasser ist ein Sumpf. Ohne den Dauerfrostboden wäre Jakutien ein riesiges Sumpfgebiet. Eine andere Konsequenz wird uns in einem Labor gezeigt. Der Laborleiter holt aus einem Kühlschrank eine weiße, sahneartige Masse. Als er sie in warmes Wasser wirft, verschwindet die weiße Masse. Blasen zeigen, daß sich offensichtlich ein Gas bildet. Der Chemiker reißt ein Zündholz an und bringt dessen Flamme über die Wasseroberfläche. Mit leisem Puffer entzündet sich das Gas. Was wir als weiße Masse sahen, war gefrorenes Erdgas. Im jakutischen Boden haben die Geologen riesige Erdgasfelder gefunden. Doch »das Gas liegt als feste Substanz vor«.

In einem anderen Institut zeigt man uns Übersichten, welche Bodenschätze Jakutien besitzt. Einfacher wäre es, zu erzählen, welche es nicht gibt, denn die Aufzählung aller Vorkommen ist endlos. Die jakutischen Kollegen zeigen einen gewissen Besitzerstolz. Wenn überall in der Welt die Vorräte erschöpft sind, so argumentieren sie, werden wir noch alle haben. Andererseits sind sie sich über die Probleme im klaren, die beim Abbau von Kohle, Erz, Gas und Mineralien auftauchen. Man braucht Geld, viel Geld sogar, Menschen, Transportwege und völlig neue Technologien.

Wir hatten von den berühmten Lena-Felsen gehört, die in der Nähe von Jakutsk liegen sollten. Als wir gefragt wurden, ob wir sie sehen wollten, stimmten wir natürlich sofort zu. Uns schwebte ein Ausflug vor wie von Dresden zum Elbsandsteingebirge, vielleicht etwas größer. Michael wurde mit der Vorbereitung des Ausfluges betraut, mit der Bemerkung seines Direktors, wer einen »Lada« von Togliatti nach Jakutsk schafft, ist auch geeignet, einen Ausflug zu den Lena-Felsen zu organisieren. Als Reisedauer wurden zwei Tage festgelegt, wodurch unsere Vorstellung Dresden-Bastei schon ins Wanken geriet.

Am Sonnabendmorgen besteigen wir im Stadthafen ein Schiff. Es ist ein richtiges Schiff, wie es die Warnowwerft in Warnemünde auch baut, mit Steuerhaus, Decksaufbauten, Schornstein und was sonst noch dazu gehört. Der kleine Unterschied liegt nur darin, daß die Schiffe der Warnowwerft 120 Meter lang sind und unseres auf der Lena 12 Meter. Doch der Kapitän trägt die in der Sowjetunion übliche Schiffsoffiziersmütze, schön kreisrund, weiß mit Gold am Schirm. Seine Besatzung besteht aus einem Steuermann und dem Maschinisten.

Da wir zehn Passagiere sind, Jakuten, Russen, Ukrainer, Deutsche, sowohl weiblichen als auch männlichen Geschlechts, handelt es sich um ein Passagierschiff mit einem Verhältnis Mannschaft zu Passagier von 1:3,3, einem Wert, von dem der Kapitän der »Völkerfreundschaft« nur träumen kann.

Dann fahren zwei Autos vor, vollbeladen mit Lebensmitteln und Getränken. Unser Schifflein sinkt zusehends immer tiefer unter der Last von Menschen und Ladung. Der einzige Trost für den Kapitän muß es (unserer Meinung nach) sein, daß die Lebensmittel im Laufe von zwei Tagen verzehrt werden sollen und sein Tiefgang wieder verändert wird. Michael als Reiseleiter klärt uns auf: Die Vorräte sind nur für einen Tag berechnet. Sonntag kommt mit einem anderen Schiff Nachschub.

Heftig tutend legen wir vom Kai ab. Die Passagiere aalen sich auf den »von Menschen überquellenden Decks« in der Sonne, d. h. um bei der Wahrheit zu bleiben, wie so oft in der

SU ist trotz Überfülle (nach deutschen Begriffen) noch sehr viel Platz (nach einheimischer Auffassung).

Die Lena ist etwa 10 Kilometer breit. Da der Fluß von zahllosen Inseln durchsetzt ist, kommen die zehn Kilometer optisch nie zur Wirkung. Auch meidet unser Schiffsführer den Hauptstrom. Er folgt den Windungen engerer Nebenarme. Nach einiger Zeit gibt es einen kleinen Ruck im Schiff. Diesen Ruck kennen wir als alte Wassersportler als untrügliches Zeichen, daß die berühmten zehn Zentimeter Wasser unter dem Kiel fehlen.

Strömung und die rückwärts arbeitende Schraube machen das Schiff schnell wieder frei. Beim nächsten Anlauf findet der Kapitän die schmale Fahrrinne zwischen zwei Sandbänken.

Da uns diese Navigationsmethode interessiert, machen wir einen Besuch auf der Kommandobrücke, man muß wohl sagen »Brückchen«. Der Kapitän steht am Log und liest die Tiefe ab. 2,5; 2,0; 1,5 – das Schiff sitzt fest. Etwas weiter backbord wird es noch einmal versucht. 2,5; 2,0; 2,0; 2,5 m. Wir sind durch.

Alexej, der Kapitän, erklärt uns, seine schwache Maschine käme zu langsam in der Hauptströmung voran. Hier in den

Nebenarmen sei die Strömung viel geringer. Früher hätte ein Matrose vorn am Bug mit einer langen Stange gestanden und die Tiefe gemessen wie jener berühmte amerikanische Humorist.

»Mark Twain, auf dem Mississippi?«

»Richtig, wie Mark Twain. Jetzt wird die Tiefe genauer und vor allem ununterbrochen mit Ultraschall gemessen.«

Wir fragen Alexej, wie er als Russe auf die Lena gekommen ist. Er erzählt, daß er ursprünglich Seemann und Hochseefischer war. Dann wäre er einmal hierher abkommandiert worden und hier geblieben. Flußfahrt auf der Lena – 4000 Kilometer Schiffahrtsweg – sei ungeheuer interessant. Und der Winter, wollen wir wissen. Kein Problem für Alexej. Er schläft lange, liest die Zeitungen vom Sommer und trifft sich abends mit Freunden zum Wodka. Außerdem jage und fische er noch.

Nach dem Westen zurück?

Niemals! Er wolle auch als Rentner in Jakutsk bleiben.

Die anderen Nichtjakuten reden so ähnlich. Die Frauen machen dazu aber ein bedenkliches Gesicht. Es sind zwei moderne Frauen, Doktoren der Wissenschaft und geschieden. Ihre Kinder haben sie nach Riga und Moskau zum Studium geschickt.

Der Winter ist hart, meinen sie, nicht nur die Kälte und Dunkelheit machen ihnen zu schaffen, auch der Flußnebel ist schlimm. Und dann die Entfernung zur russischen Kultur. Die Kinder sollen ein anderes Klima kennenlernen und russisches Theater und Konzert. Nach dem Studium sollen sie selbst entscheiden, wo sie leben wollen. Das abenteuerliche Jakutien ist doch wohl mehr für Männer als für Frauen.

Unser Schiff folgt den ganzen Tag den Flußarmen der Lena. Gegen Abend steuert der Kapitän in einen toten Arm des Flusses ein. Vor uns liegt eine Wiese mit Büschen und vielen Blumen. Der Kapitän hält voll darauf zu und setzt den

Schiffsbug weich und tief in das Ufer. Über den Bug wird ein Brett zum Festland gelegt. Schon ist das Anlegemanöver beendet und die Verbindung zum Land hergestellt.

Der Maschinist bringt einen riesigen Kessel für Fischsuppe, einen Wasserkessel für Tee, zwei gabelförmige Eisenstangen sowie eine Querstange an Land. In Sekunden ist eine Feuerstelle aufgebaut, der Kessel und der Wassertopf hängen an der Querstange und warten auf das Feuer. Wir Deutschen werden ausgeschickt, um Treibholz zu sammeln. Die Jakuten pflücken Küchenkräuter. Die Wiese steht voller würzig duftender Pflanzen, wobei uns eine Art Knoblauch besonders auffällt. Aus dem Kühlschrank des Kapitäns werden Fische herbeigebracht (»Gestern selbst gefangen«), und andere Mitglieder unserer Reisegesellschaft verarbeiten sie für die Fischsuppe.

»Möchte jemand baden?«

Wir denken an den Dauerfrostboden, über den der Fluß fließt, und wollen verzichten.

»Dort ist ein Teich mit warmem Wasser.«

In einer Wiesensenke ist von der letzten Überschwemmung ein Tümpel stehengeblieben. Die starke Sonneneinstrahlung hat sein Wasser aufgeheizt. Es ist fast unwirklich: lauwarmes Wasser im Freien, auf ewigem Frostboden nahe dem Polarkreis.

Die Fischsuppe und der Inhalt der großen Körbe, die in Jakutsk an Bord geschleppt wurden, schmecken köstlich. Faul und satt liegen wir auf unseren Decken. In einigem Abstand stecken Erdhörnchen neugierig ihre Köpfe hoch und betrachten die seltsamen Eindringlinge auf ihrer Insel. Sobald wir uns bewegen, verschwinden die Tiere blitzartig.

Unsere Jakuten singen uns Lieder in ihrer Sprache vor. Der Tonfolge nach sind es Gesänge, die unsere europäischen Ohren an heulenden Schneesturm, rußige Jurte und endlose Winter erinnern. Dann wird uns jakutisches Ringen vorgeführt. Die Kämpfer stehen sich mit nacktem Oberkörper gegenüber. Ihre Haltung ist leicht vorgebeugt. So belauern sie sich einige Zeit. Dann plötzlich ist ein Wirbel von Beinen, Armen und nackten Leibern da. Unsere europäischen Augen haben nicht bemerkt, wie die Arme blitzschnell zugriffen. Wir können auch nicht erkennen, wer wen durch die Luft wirbelt. Ein Körper schlägt klatschend auf den weichen Wiesengrund auf. Der Sieger steht schwer atmend aufrecht. Das Ganze dauert eine Sekunde.

Schon treten die nächsten Gegner auf. Bewundernd schauen wir auf die zwar kleinen, aber wohlproportionierten Körper der Jakuten. Die Natur hat hier eine Rasse herangezüchtet, die in dem unwirtlichen Klima überleben konnte.

Der Direktor eines großen Forschungsinstitutes erzählt uns, er sei noch in einer Jurte geboren, das heißt, als er geboren wurde, mußte seine Mutter die Jurte verlassen und das Kind im Freien zur Welt bringen. Das war bei Schnee und Kälte sicher besonders grausam. Doch draußen war die Infektionsgefahr für Mutter und Kind sicherlich bedeutend geringer als in der verräucherten Jurte. Die Überlebenschancen für jakutische Kinder waren früher sehr niedrig. Erst durch die Sowjetmacht trat ein grundsätzlicher Wandel ein.

Im Laufe meiner Reisen sah ich viele Völker, die in wenigen Jahren den Schritt aus dem Altertum in die europäische Zivilisation machten. Nicht alle wurden mit diesem Sprung fertig, hauptsächlich, weil die weiße Oberschicht sie daran hinderte (z. B. ihnen keine Schulbildung gab).

Bei den vielen Völkerschaften in der Sowjetunion bemerkte ich immer wieder, daß sie sehr gut mit zwei Kulturen fertig wurden.

Die Großeltern des Institutsdirektors lebten noch so wie unsere Vorfahren zur Zeit der Völkerwanderung vor 2000 Jahren. Seine Eltern lebten noch wie eine Jägerfamilie zu Zeiten der Reformation in Deutschland. Und im Jahre 1980 ist der Enkel ein bedeutender Wissenschaftler. Das hinderte ihn aber nicht, am Lagerfeuer melancholische Jakutenlieder zu singen und sich im Ringkampf durch die Luft schleudern zu lassen.

Gegen 23 Uhr wird es dämmrig. Der Kapitän meint, nun sei die richtige Zeit zum Fischen. Aus seinem winzigen Dampfer zaubert der Bootsmann einige Fischerstiefel hervor, deren Schäfte bis an den Leib reichen. Dazu kommt noch ein feinmaschiges Netz von etwa zehn Meter Weite.

Ein Netzflügel bleibt am Ufer. Der andere wird mit einem Boot auf den Fluß hinausgefahren. Am Mittelstück ziehen Russen in den langen Fischerstiefeln. In diesem Fall sind die langbeinigen Europäer den kleinen Jakuten überlegen. Als um 1 Uhr die Morgenröte am Himmel aufflammt, ist der Fischzug beendet. Das Ergebnis ist ein Eimer fingerlanger Fische. Die Einheimischen streuen Salz über den Fisch und verspeisen ihn an Ort und Stelle.

Langsam werden wir müde. Die Gäste legen sich in den Kammern der Besatzung nieder. Die Frauen aus dem Institut schlafen auf dem Sofa im Aufenthaltsraum. Die Besatzung und die Jakuten rollen sich in Zeltplanen und schlafen auf dem Deck des Schiffes oder auf der Wiese. Es ist viel Platz da, man muß ihn nur nutzen.

Als wir am selben Morgen um 8 Uhr aufstehen, pfeift bereits der Teekessel über dem Lagerfeuer. Die Vorratskörbe enthalten noch allerlei leckere Sachen. Doch nach dem Frühstück sind sie leer. Unsere Schätzung, sie enthielten zuviel für zwei Tage, ist binnen 24 Stunden widerlegt. Sorgfältig werden alle Reste unseres Lagers gesammelt, verbrannt und vergraben. Zurück bleibt zertrampeltes Gras und ein schwarzer Fleck, wo unser Feuer brannte. Die Jakuten sind sehr umweltbewußt. Der Boden ihres Landes reagiert empfindlich auf jeden Eingriff. Man rechnet, daß es 40 Jahre dauert, bis eine

Störung des biologischen Gleichgewichtes wieder behoben ist.

Unser Schiff arbeitet sich noch zwei Stunden lang durch Seitenarme voran. Dann erreichen wir den riesigen Hauptstrom. Der Kapitän fährt sein Boot wieder mit dem Bug auf das Ufer, und dann warten wir. Aber Michael hat die Reise bestens organisiert und alle Termine sorgfältig abgestimmt. Nach kurzer Zeit erscheint stromabwärts ein Punkt, der sich schnell vergrößert. Ein Tragflügelboot rast heran. Wir steigen von unserem Minidampfer auf die »Rakete« um.

Ein herzlicher Abschied vom Kapitän und seiner Besatzung, dann nimmt die »Rakete« Fahrt auf und braust stromaufwärts. Natürlich türmen sich die unvermeidlichen Körbe mit Lebensmitteln und Getränken aller Art in der Kabine. Der Tag ist lang, wird uns erklärt. Wir müßten noch 200 Kilometer bis zu den Lenafelsen fahren. Daher sei es gut, oft und viel zu essen. Die Logik ist zwar nicht unmittelbar einzusehen, doch wir fügen uns der Landessitte.

Ich kenne die Wolga, den Nil und natürlich auch unsere deutschen Flüsse. Im Vergleich zur Lena sind sie harmlose Rinnsale. Dieser Strom ist ein etwas klein geratenes Meer. Die Lena-Felsen sind wie das Elbsandsteingebirge mal zehn, aber ohne Straßen und Häuser zwischen Fluß und Fels. Unsere »Rakete« ermöglicht es uns, überhaupt zu diesem Fleck der Erde zu kommen. Sie gibt uns auch erst die Möglichkeit, die ganze Felsenwand von einem zum anderen Ende entlang zu fahren (mit 60 km/h). Wir sind auch dankbar dafür.

Doch ganz im Inneren habe ich das Gefühl, daß ein Tragflächenboot nicht auf diesen Urstrom gehört. Die riesigen Schubverbände und die endlosen Flöße passen auf den Fluß. Ihre Masse entspricht der Größe der Umwelt. Die »Rakete« wirkt unpassend. Der Strom scheint auch nicht mit ihr einverstanden zu sein. Alle zehn Minuten schiebt er soviel treibendes Buschwerk vor die Stelzen der Tragflügel, daß das

Boot stoppen muß. Die Maschinen gehen dann rückwärts, bis das Buschwerk abgestreift ist. Mitunter legt der Fluß einen riesigen Baumstamm quer über unseren Kurs. Ein Zusammenstoß hätte weitgehende Folgen für unser Schiff. Der Kapitän späht daher aus seiner engen Führerkabine ununterbrochen auf den Strom vor uns, während er uns in die Geheimnisse der Flußschiffahrt einweiht.

Auf der Rückfahrt, »nicht weit vor Jakutsk« (60 Kilometer), legen wir an einer Insel an. Hier haben die Angler des Institutes ihr Lager. Sie haben sich ein wunderhübsches Stück Erde ausgesucht. Dichtes, fast undurchdringliches Gebüsch wächst auf der Insel. Am Buschrand blühen unzählige Lilien. Vor dieser Kulisse wurden den ganzen Tag Fische gefangen, gekocht, gebacken und gebraten, um uns gebührend zu empfangen. Wir müssen alle Fischarten durchprobieren. Das Schlimme ist nur, daß sie alle sehr gut schmecken und wir daher nochmals von vorne mit der Probe anfangen.

Wir wollen wissen, wie die Angler von Jakutsk hierherkommen. Sie fahren mit dem »Niwa« bis zu einem Dorf in der Nähe und dann mit dem Boot noch 5 Kilometer. Ob es denn eine Straße gäbe? Nun, nicht gerade eine Straße, aber mit dem »Niwa« wäre es nicht so kompliziert, den Weg zurückzulegen. Da wir gerne ein Dorf sehen möchten, motort man uns die 5 Kilometer zum Ufer. Die wenigen Holzhäuser stehen hoch über dem Fluß auf dem Steilufer. Als die Beauftragten der Zaren Jakutien in Besitz nahmen, legten sie entlang der Flüsse in bestimmten Abständen Dörfer an. Der Verkehr erfolgte mit Schlitten auf dem Flußeis, und in den Dörfern konnten die Pferde gewechselt werden. Heute rollt der Lastwagenverkehr in den Wintermonaten immer noch über den Fluß. Das Eis ist die beste und billigste Straße in den meisten Monaten des Jahres.

Auf dem Hof des einen Hauses steht ein beschnitzter Pfahl. Gestalten und Symbole sind in den Stamm eingehauen. Das Holz ist noch frisch, und der Künstler kann sein Werk erst in diesem Sommer vollendet haben. Uns wird erklärt, hier handle es sich um einen jakutischen Hausgeist. Er stand früher vor jeder Jurte. Jetzt wäre es modern, im Winter solche Pfosten zu schnitzen. Wir sehen erst einmal in dem beschnitzten Pfosten die kunsthandwerklichen Fähigkeiten des Kolchosbauern, der ihn aufstellte. Wenn wir länger nachdenken, fällt uns ein, daß für einen Jakuten des Jahres 1900 dieser Pfahl etwa die gleiche Bedeutung hatte wie seinem europäischen Zeitgenossen ein Kruzifix. Es ist nur unser Vorurteil, anzunehmen, daß der europäische Gott (oder gar preußische) realer sei als der Gott anderer Völker.

Nun stelle ich mir vor, bei uns würde ein LPG-Bauer ein großes Kreuz in seinem Garten aufstellen, vielleicht noch mit einer Figur dran, und sagen, das sei der Ausdruck seiner künstlerischen Betätigung und entspräche außerdem der Traditionspflege seines Volkes ... Jenseits des Urals sind viele Probleme einfacher!

Die 500 oder 600 Kilometer Flußfahrt waren (neben dem wissenschaftlichen Teil) der Höhepunkt unseres Aufenthaltes in Jakutsk an der Lena.

Ein Flugzeug bringt uns in westlicher Richtung etwa 1000 Kilometer nach Mirny. Ich muß in diesem Bericht immer wieder Entfernungen angeben. Einmal habe ich als Naturwissenschaftler etwas für Zahlen übrig, und dann sind der Ferne Osten und Sibirien nur zu verstehen, wenn man die Größenverhältnisse in Zahlen sichtbar macht. Mirny, so wissen wir aus dem Fernsehen und der NBI, ist die junge Stadt der Diamanten. Im Geiste überlegen wir schon, was wir mit den Diamanten anfangen wollen, die dort (wie in jeder richtigen Diamantenstadt) auf der Straße herumliegen.

Irgendwie ist die Ankündigung, daß wir kämen, falsch gelaufen. Am Flugplatz erwartet uns der Vorsitzende des Stadtsowjets, ein Sekretär der Parteileitung für den Rayon Mirny und (was uns beruhigt) Dr. Dordin vom Institut für physikalisch-technische Probleme des Nordens.

Als wir das Flughafengebäude verlassen, zündet sich der Vertreter des Paton-Institutes, der uns auf der ganzen Reise begleitet, eine Zigarette an. Das Zündholz läßt er achtlos auf den Boden fallen. Durch die Menge, die mit uns das Gebäude verläßt, geht ein Ruck. Dann fallen die Umstehenden über den Raucher her. Ob es bei ihm zu Hause üblich sei, Zündhölzer auf den Fußboden zu werfen? Was er sich überhaupt dabei gedacht habe? (Nichts!) Und vor allem, er solle den Zündholzstummel schleunigst aufheben. Mit hochrotem Kopf sammelt er den Streichholzrest auf und legt ihn in die Zündholzschachtel.

Wir beobachten, daß jeder Raucher in Mirny eine Schachtel für Zigarettenstummel und abgebrannte Zündhölzer mit sich führt. Natürlich wünschen wir die Bewohner von Mirny für einige Zeit in unsere Städte, und das sagen wir dem Vorsitzenden des Stadtsowjets auch. Er meint, das sei nicht möglich, aber an diesem Beispiel könnten wir lernen, daß es möglich sei, selbst in einer etwas rauhen Minenstadtbevölkerung Ordnung und Sauberkeit durchzusetzen. Dabei lächeln sich der Vorsitzende und der Parteisekretär vergnügt zu.

Wir nehmen uns während der Fahrt zum Gebäude des Stadtsowjets die Zeit, um den Bürgermeister (um den deutschen Ausdruck zu gebrauchen) genauer anzusehen. Dr. Dawydow ist, wie alle Jakuten, für unsere Begriffe sehr klein. In seinem flachen Gesicht glitzern zwei vergnügte Schlitzaugen. Gekleidet ist er in einen tadellos sitzenden Maßanzug. Wer die Großzügigkeit sowohl der sowjetischen Bekleidungsindustrie als auch der meisten Männer in bezug auf Paßformen bei Anzügen kennt, kann sich vorstellen, wie Bürgermeister Dawydow von seiner Umgebung absticht. Zum Anzug kommt noch ein weißes Hemd mit dezenter Krawatte und passendem Taschentuch in der Brusttasche. Vom

Parteisekretär hören wir einen kurzen Abriß von Dr. Dawydows Lebenslauf. Geboren in einer Jurte am Polarkreis, Hilfsarbeiter in einem russischen Vermessungstrupp, Facharbeiter, Ingenieur, Kandidat und Doktor der Geologie, Staatspreisträger sind Schlagworte zu einem bewegten Leben.

»Und nun habt ihr mich zum Vorsitzenden gemacht«, sagt Dawydow vorwurfsvoll. »Jeder Bürokrat könnte meine Arbeit besser machen.«

Der Parteisekretär widerspricht lebhaft: »Nein, das stimmt nicht. Die Probleme unserer Stadt kann nur ein Mann lösen, der etwas vom hohen Norden und von Geologie versteht.«

»Na ja«, meint schließlich der Bürgermeister, »ich habe in meinem Leben schon so viele Tätigkeiten ausgeübt, dann kann ich auch noch für einige Jahre Vorsitzender des Stadtsowjets sein.«

Der Rayon Mirny ist so groß wie die DDR. Der Rayon-Sekretär der KPdSU ist also vom Flächeninhalt des Landes dem Generalsekretär der SED gleichgestellt. Anders sieht es mit der Bevölkerung aus. Auf über 100 000 Quadratkilometern leben ganze 60 000 Menschen. Davon wohnen 40 000 bei unserem Bürgermeister in der Stadt Mirny. Und mit denen hat Dr. Dawydow Sorgen.

»Es gibt zuwenig Frauen«, erzählt er.

»Verständlich«, meinen wir. »Die Minenarbeiter sind alle jung, und die wollen Freundinnen und Ehefrauen haben.«

»Das ist nicht das Hauptproblem. Es fehlt uns vor allem an Großmüttern, an Babuschkas.«

»??«

Dr. Dawydow erklärt uns, daß die jungen Frauen größtenteils in der Verwaltung oder den Versorgungseinrichtungen tätig sind. Sie bringen ihre Babys und Kinder in die Krippen und Kindergärten. »Aber wie soll man bei fünfzig Grad Kälte einen Säugling in die Krippe bringen? Wissen Sie das?«

Wir gestehen, daß wir keinerlei Erfahrung auf diesem Gebiet besitzen.

»Sehen Sie«, sagt Dr. Dawydow, »daher brauchen wir Babuschkas, die zu Hause auf die Kinder aufpassen.«

Nun sind wir augenscheinlich bei seinem Lieblingsthema: die Kinder seiner Stadt. Er erzählt, daß einige Sowchosen gegründet wurden, die in Treibhäusern Gemüse züchten. »Das erhalten natürlich die Kindergärten.« Auch mit Frischmilch kann er die Kinder seit kurzem beliefern. Die Erwachsenen müssen sich mit Milchpulver begnügen.

Der ganze Nachschub für die Stadt und die Diamantenmine rollt über eine 400 Kilometer lange Straße von einer Bahnstation der Transsibirischen Eisenbahn. Jedes Gramm Zucker, jedes Ei muß über einige Tausend Kilometer herangeschafft werden.

»Und wenn es nicht klappt, wer ist schuld? Natürlich immer der Vorsitzende des Stadtsowjets. Und nun der neue Ärger mit den Frauen«, sagt Dawydow zu uns, halb zum Parteisekretär gewandt.

Natürlich sind wir neugierig, welche Schwierigkeiten es mit den Frauen gibt. Es gibt eine Verordnung der Regierung, daß jede Familie 600 Quadratmeter Datschenland erhalten kann. Bisher wußte niemand im Fernen Osten mit einem Stück Frostboden etwas anzufangen. Doch nun haben die Folienzelte Eingang in die Datschengärten gefunden. Wenn ein Gärtner Glück hat, keine ganz schweren Frosteinbrüche im Sommer eintreten (und er vielleicht etwas mit einer elektrischen Heizung nachhilft), erntet er auf dem Frostboden im Zelt sogar Tomaten. Soweit ist alles gut. Aber nun ernten die Datschenlandbesitzer mehr, als sie auf einmal aufessen können. Einige haben sogar Kartoffeln aus ihren Folienzelten geholt. Wo soll eine Mirnyer Hausfrau ihre Gemüsevorräte aufbewahren? Keller gibt es nicht, da alle Häuser auf Stelzen über dem Boden stehen. In allen ungeheizten Räumen sind ab Herbstanfang 20 Grad Kälte. In den geheizten Räumen bei 18 bis 20 °C halten sich Kartoffeln und Gemüse nur kurze Zeit. Die Frauen verlangen aber von ihrem Bürgermeister, er solle sich etwas einfallen lassen.

Uns wird klar, warum die Partei keinen Verwaltungsfachmann, sondern einen Ingenieur als Stadtoberhaupt einsetzte.

Nachdem wir die Probleme des Bezirkes und der Stadt kennengelernt haben, führt Dr. Dawydow uns ins Kulturhaus. Es liegt gleich neben seinem Amtssitz und ist ein riesiger Palast aus Glas (alles dreifach), Beton und sibirischen Hölzern.

Für die Kinder der Stadt findet gerade eine Vorstellung des Staatszirkus statt. Überhaupt sind viele Räume des Kulturpalastes für die Kinder eingerichtet. Mit Stolz wird uns der Ballettsaal gezeigt. 600 Erwachsene von Mirny nehmen an Ballettkursen teil. Dazu kommen noch die Kurse für Kinder und normale Tanzkurse. Wir sind sehr beeindruckt von dem, was für die Einwohner getan wird. Doch der Kulturhausleiter ist unzufrieden und beklagt sich beim Bürgermeister. Er, der Leiter, habe unter großen Mühen tropische

Pflanzen aus Suchumi nach Mirny geholt. Aber diese Pflanzen seien eingegangen, weil (bei −50 °C) die Innentemperatur unter 20 Grad Wärme gesunken sei. Dr. Dawydow und der Kulturhausleiter einigen sich nach einigem Hin und Her darauf, nochmals Pflanzen aus Suchumi zu holen und das Haus stärker zu heizen.

Fernöstliche Maßstäbe und Ansprüche sind immer wieder erstaunlich für uns.

Beim Mittagessen erfahren wir, daß Bürgermeister Dawydow einmal im Monat einen Tag der Sauberkeit ansetzt, wo alles, was einen Besen halten kann, auf die Straße geht und das wegfegt, was die städtische Müllabfuhr an »Feinheiten« vergessen hat. Die bereits erwähnte Schachtel für abgebrannte Streichhölzer und Zigarettenkippen hat sich nicht zuletzt deswegen durchgesetzt, weil die Bürger sie sonst am Tag der sauberen Stadt aufsammeln müssen. Vielleicht, so vermuten wir, werden die Straßen gefegt, um einen Diamanten zu finden. Dr. Dawydow erklärt uns, daß die Diamanten nur in blauem Kimberit lägen, und den fänden sie sicher nur im Krater der Grube.

Das Restaurant ist in bezug auf Einrichtung, Bedienung und Güte der Speisen so, daß jeder Oberkellner in einem Interhotel neidisch würde. Es liegt auch weit über dem sonstigen Standard in der Sowjetunion.

Dr. Dawydow liebe gutes Essen, wird uns gesagt, und er habe nach seinen Auslandsreisen das eingeführt, was ihm dort besonders gefallen habe.

Von Mirny fahren wir 120 Kilometer auf einer Schotterstraße zum Kraftwerk Tschernyschewski. Beim letzten Wohnblock der Stadt beginnt die Taiga. Lärchen, Gebüsche, kleine Hügel wiederholen sich endlos. An einer Stelle fahren wir zehn Kilometer durch ein abgebranntes Gebiet. Solche Brände entstünden in heißen Sommern durch Blitzschlag, erzählt unser Begleiter. Wie man sie bekämpfe, fragen wir. »Bekämpfen? Überhaupt nicht. Der Brand läuft sich nach einiger Zeit tot.«

Wir sehen ein, daß unsere Frage sinnlos war. Es gibt hier keinen Menschen, um ein Feuer zu melden oder es gar zu löschen.

Tschernyschewski heißt nach dem russischen Schriftsteller, der hierher verbannt war. In den letzten Jahren entstand hier ein Wasserkraftwerk, das erste auf dem Frostboden. Der mächtige Betondamm ist so in den Felsen verankert, daß er nicht im Boden versinken kann. Der Direktor zeigt uns mit Stolz die Anlage. »Wir haben etwa zweihundertfünfzig Mitarbeiter. Der größte Anteil sind Putzfrauen und Maschinisten, die den Maschinensaal pflegen. Und dann die Spezialisten für den Fall von Störungen.«

Hier kann man nicht »schnell mal« ein Auto in ein Werk schicken, um einen fehlenden Bolzen zu holen. Jedes Ersatzteil muß 10000 Kilometer anreisen. Das Werk darf auch nicht ausfallen. Es hängt nicht am Verbundnetz der Sowjetunion. Wenn es steht, erfriert Mirny.

Hinter dem Staudamm dehnt sich der Stausee fast 500 Kilometer weit. An seinen Ufern gibt es keine Siedlung. Die Bewohner des Dorfes haben in einem kleinen Hafen eine Flottille von Motorbooten vertäut, mit denen sie in die Einsamkeit hinausfahren, um zu angeln, zu jagen, Pilze zu sammeln oder sich einfach von den vielen Menschen des Dorfes (etwa 1000) zu erholen.

Natürlich hat das Werk auch Treibhäuser gebaut, um die Kindergärten mit Gemüse zu versorgen. Unser Direktor schimpft auf die Bürokraten im Westen. Sie rechnen ihnen das Gemüse nicht als Produktion an, dafür aber den Strom zur Heizung der Treibhäuser als Verlust.

»Bedenken Sie! Es ist für unsere Kinder. Da kann man uns doch nicht mit Verlusten belasten«, schimpft er. Doch dann lächelt er verschmitzt. »Wir machen einige Millionen Rubel

Gewinn. Da stören uns achtzigtausend Rubel für die Kinder überhaupt nicht.«

Am Abend verlassen wir Mirny. Zwar fanden wir keine Diamanten, aber wir sind wieder um einige Erfahrungen über den Fernen Osten reicher.

Das Flugzeug bringt uns nach Irkutsk. Damit sind wir zwar weit im tiefsten Sibirien, aber nach der Ansicht der Jakuten befinden wir uns wieder an der Stufe zum verweichlichten Westen mit Intourist-Reisebüro, Eisenbahnen und vor allem mit vielen Menschen.

Zum Schluß

Wer 30 Jahre lang in jedem Jahr einige Monate reist, legt nicht nur viele Kilometer zurück, er erlebt auch viel. Einiges von diesen Erlebnissen steht in den offiziellen Reiseberichten, über einiges kann aus verschiedenen Gründen auch heute noch nicht gesprochen werden, doch der Rest war immer noch so umfangreich, daß ich eine Auswahl treffen mußte.

Dem aufmerksamen Leser ist sicher nicht entgangen, daß dieser Auswahl bestimmte Tendenzen zugrunde liegen.

Ich dachte, es sei für junge Leute ganz interessant, wie vor 25 oder 30 Jahren die Verkehrsverhältnisse waren und welche Probleme sich daraus ergaben, daß wir an den verschiedenen Landesgrenzen einen Staat vertraten, den es nach Meinung der dortigen Grenzbehörden nicht gab.

Nachträglich scheint es mir, als hätte ich zu oft von Colts und Maschinenpistolen gesprochen. Doch wenn ich überlege, wie angenehm es ist, daß vor meiner Sparkasse und meiner Post keine bewaffnete Wache steht und daß mein Abschnittsbevollmächtigter der VP ohne Handschellen am Hosenbund und ohne dicken Knüppel herumläuft, dann ist es vielleicht gut, über die Sicherheitsbegriffe anderer Völker ausgiebig zu berichten.

Schließlich hoffe ich, daß der Leser merkt, wie ich mit jeder Reise bescheidener und toleranter gegenüber anderen Sitten und Gebräuchen geworden bin.

Dieses Buch ist mit Dankbarkeit meinen Freunden in aller Welt gewidmet.